파워포인트 2016

Powerpoint 2016

스마트정보화 ⑪ **파워포인터 2016 자료 다운로드 방법**

다음 페이지

스마트정보화 자료 다운로드

1 렉스미디어 홈 페이지(http://rexmedia.net)에 접속한 후 [자료실]-[대용량 자료실]을 클릭합니다.

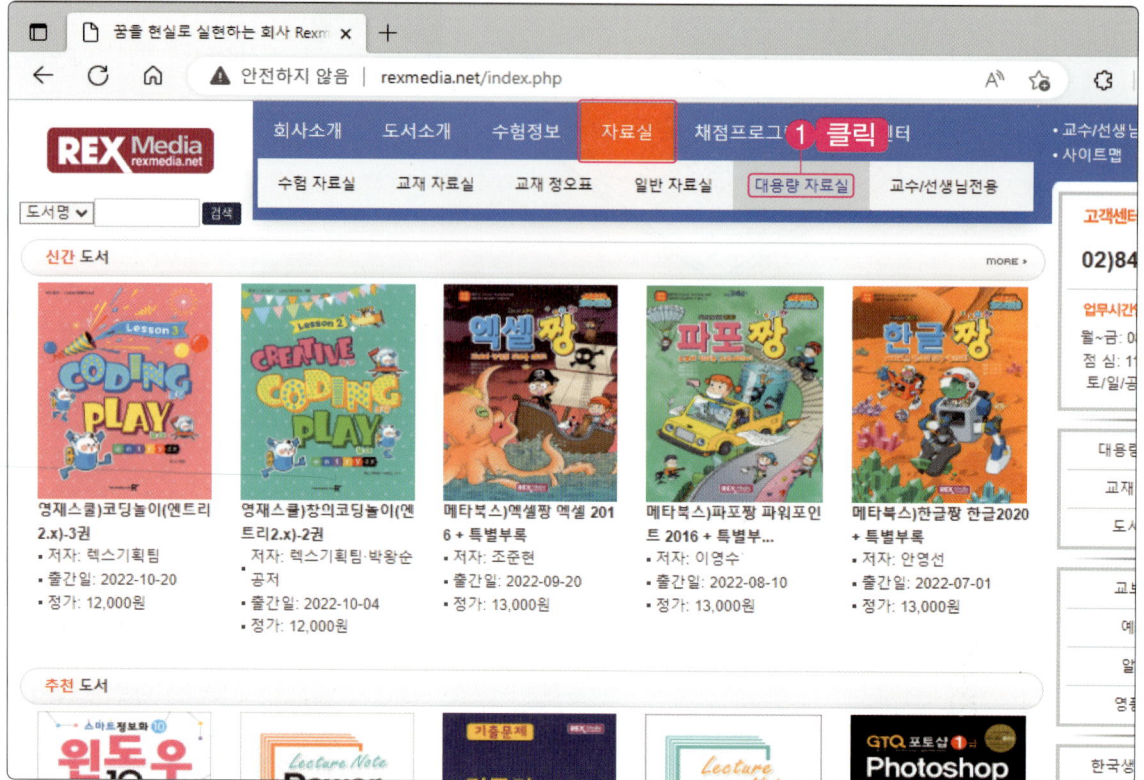

2 렉스미디어 자료실 페이지가 나타나면 [스마트정보화]를 클릭한 후 [스마트정보화(11).exe]를 클릭합니다.

Powerpoint 2016

스마트정보화 자료 다운로드

3 '스마트정보화(11).exe은(는) 일반적으로 다운로드되지 않습니다. 열기 전에 스마트정보화(11).exe을(를) 신뢰하는지…'라고 메시지가 나타나면 … [추가 작업]을 클릭한 후 [유지]를 클릭합니다. 그런 다음 [열기 전에 스마트정보화(11).exe을(를) 신뢰할 수 있는지 확인합니다.] 메시지가 나타나면 ∨[더 보기]를 클릭한 후 [그래도 계속]을 클릭합니다.

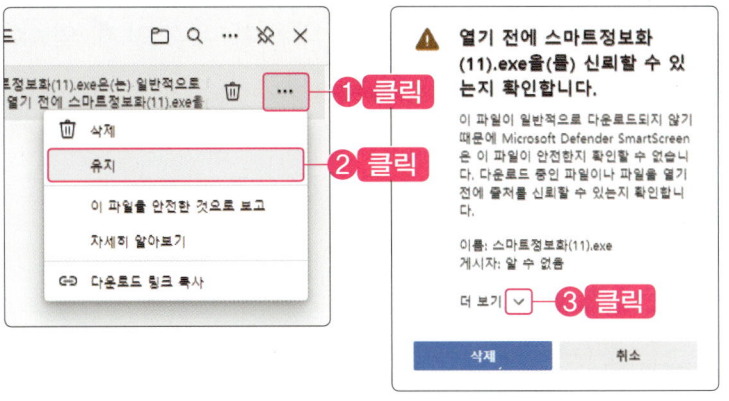 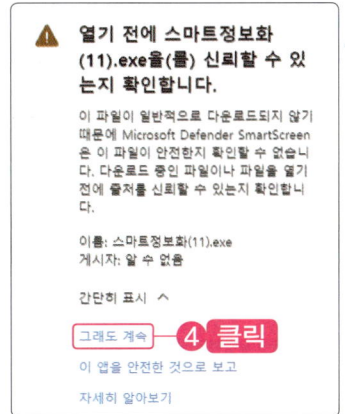

4 다운로드가 완료되면 [파일 열기]를 클릭합니다. 그런다음 'Windows의 PC 보호' 화면이 나타나면 [추가 정보]를 클릭한 후 [실행]을 클릭합니다.

5 파일 탐색기를 실행한 후 'C:\스마트정보화11' 폴더를 선택하면 다음과 같이 스마트정보화 자료가 다운로드된 것을 확인할 수 있습니다.

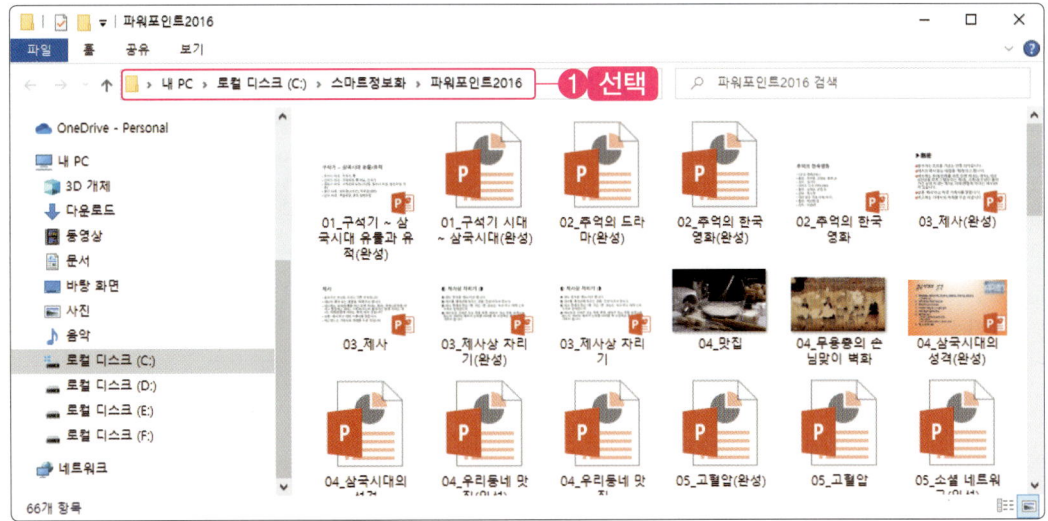

이 책의 구성

장(Chapter)

장의 제목과 장에서 다루는 학습 내용에 대한 설명입니다. 학습 내용이 무엇인지 알 수 있습니다.

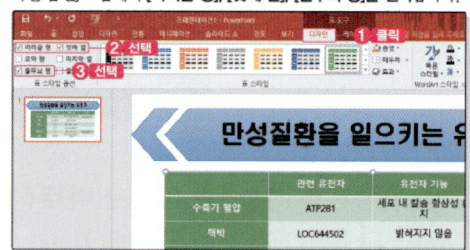

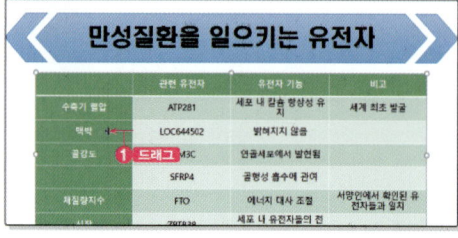

따라하기(Step)

학습 내용을 배우고 익히는 과정입니다. 누구나 쉽고 빠르게 학습 내용을 배우고 익힐 수 있습니다.

- Tip : 따라하는 과정에서 필요한 내용이나 참고할 내용입니다.

Powerpoint 2016

이 책의 구성

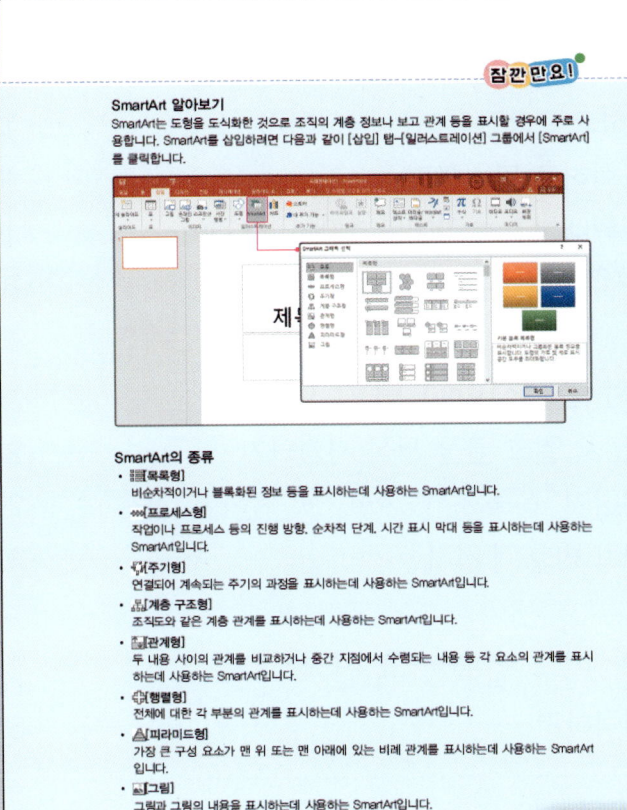

잠깐만요!
학습 내용과 관련은 있지만 따라하는 과정에서 다루지 못한 내용입니다.

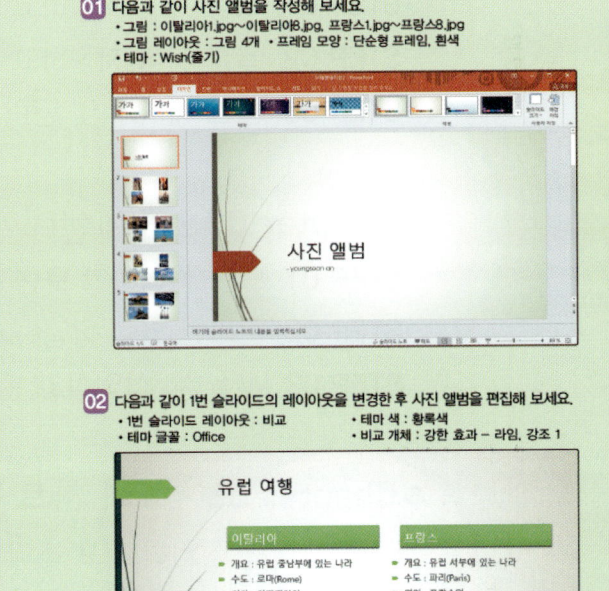

실전 연습 문제
장별로 학습 내용을 얼마나 배우고 익혔는지 확인할 수 있는 문제입니다.

이 책의 차례

● Chapter 01 • 파워포인트 2016 구경하기
- STEP 01. 파워포인트 2016 시작하기 ······ 12
- STEP 02. 레이아웃 변경하고 프레젠테이션 작성하기 ······ 13
- STEP 03. 리본 메뉴 최소화하고 복원하기 ······ 16
- STEP 04. 슬라이드 화면 확대하고 슬라이드 창에 맞추기 ······ 18
- STEP 05. 프레젠테이션 저장하고 파워포인트 종료하기 ······ 20

● Chapter 02 • 글꼴 서식 지정하고 단락 다루기
- STEP 01. 프레젠테이션 문서 열고 글꼴 서식 지정하기 ······ 24
- STEP 02. 목록 수준 변경하기 ······ 29
- STEP 03. 글머리 기호 넣고 번호 매기기 ······ 30

● Chapter 03 • 한자와 기호 입력하고 인쇄하기
- STEP 01. 한자와 기호 입력하기 ······ 36
- STEP 02. 인쇄하기 ······ 41

● Chapter 04 • 배경 서식 지정하고 그림 삽입하기
- STEP 01. 배경 서식 지정하고 그림 삽입하기 ······ 48
- STEP 02. 글꼴 서식 지정하고 단락 간격 지정하기 ······ 53
- STEP 03. 번호 매기기 및 단락 수준 내리기 ······ 55

● Chapter 05 • 프레젠테이션 꾸미기
- STEP 01. 도형 삽입하고 도형 서식 지정하기 ······ 60
- STEP 02. 온라인 그림 삽입하고 편집하기 ······ 64
- STEP 03. WordArt 삽입하고 편집하기 ······ 68

● Chapter 06 • 표와 차트 작성하기
- STEP 01. 표 삽입하고 표 스타일 적용하기 ······ 74
- STEP 02. 표 편집하기 ······ 81
- STEP 03. 슬라이드 추가하기 ······ 84
- STEP 04. 차트 작성하기 ······ 87
- STEP 05. 차트 스타일 지정 및 차트 편집하기 ······ 90

이 책의 차례

● Chapter 07 • 슬라이드 디자인하기
- STEP 01. WordArt 삽입하여 제목 작성하기 ············· 98
- STEP 02. 표를 삽입하고 일정표 만들기 ················· 101
- STEP 03. 온라인 그림 삽입하고 편집하기 ··············· 105
- STEP 04. 테마 지정하고 테마 색 변경하기 ············· 109

● Chapter 08 • 슬라이드 마스터 설정하고 동영상 삽입하기
- STEP 01. 슬라이드 마스터 설정하기 ··················· 114
- STEP 02. 온라인 그림 삽입하고 편집하기 ··············· 119
- STEP 03. 동영상 삽입하기 ·························· 123

● Chapter 09 • 애니메이션 지정하고 슬라이드 쇼 진행하기
- STEP 01. 화면 전환 효과와 애니메이션 지정하기 ······· 130
- STEP 02. 하이퍼링크와 실행 단추 삽입하기 ············ 139
- STEP 03. 슬라이드 쇼 진행하기 ····················· 145

● Chapter 10 • 사진 앨범 만들기
- STEP 01. 사진 앨범 만들고 편집하기 ················· 150
- STEP 02. 사진 앨범에 화면 전환 효과와 애니메이션 지정하기 ········ 155
- STEP 03. 사진 앨범에 하이퍼링크와 실행 단추 지정하기 ··········· 160

파워포인트 2016

Powerpoint 2016

P·o·w·e·r·P·o·i·n·t

- **01장** ······ 파워포인트 2016 구경하기
- **02장** ······ 글꼴 서식 지정하고 단락 다루기
- **03장** ······ 한자와 기호 입력하고 인쇄하기
- **04장** ······ 배경 서식 지정하고 그림 삽입하기
- **05장** ······ 프레젠테이션 꾸미기
- **06장** ······ 표와 차트 작성하기
- **07장** ······ 슬라이드 디자인하기
- **08장** ······ 슬라이드 마스터 설정하고 동영상 삽입하기
- **09장** ······ 애니메이션 지정하고 슬라이드 쇼 진행하기
- **10장** ······ 사진 앨범 만들기

파워 포인트 2016

Powerpoint 2016

화면 구성

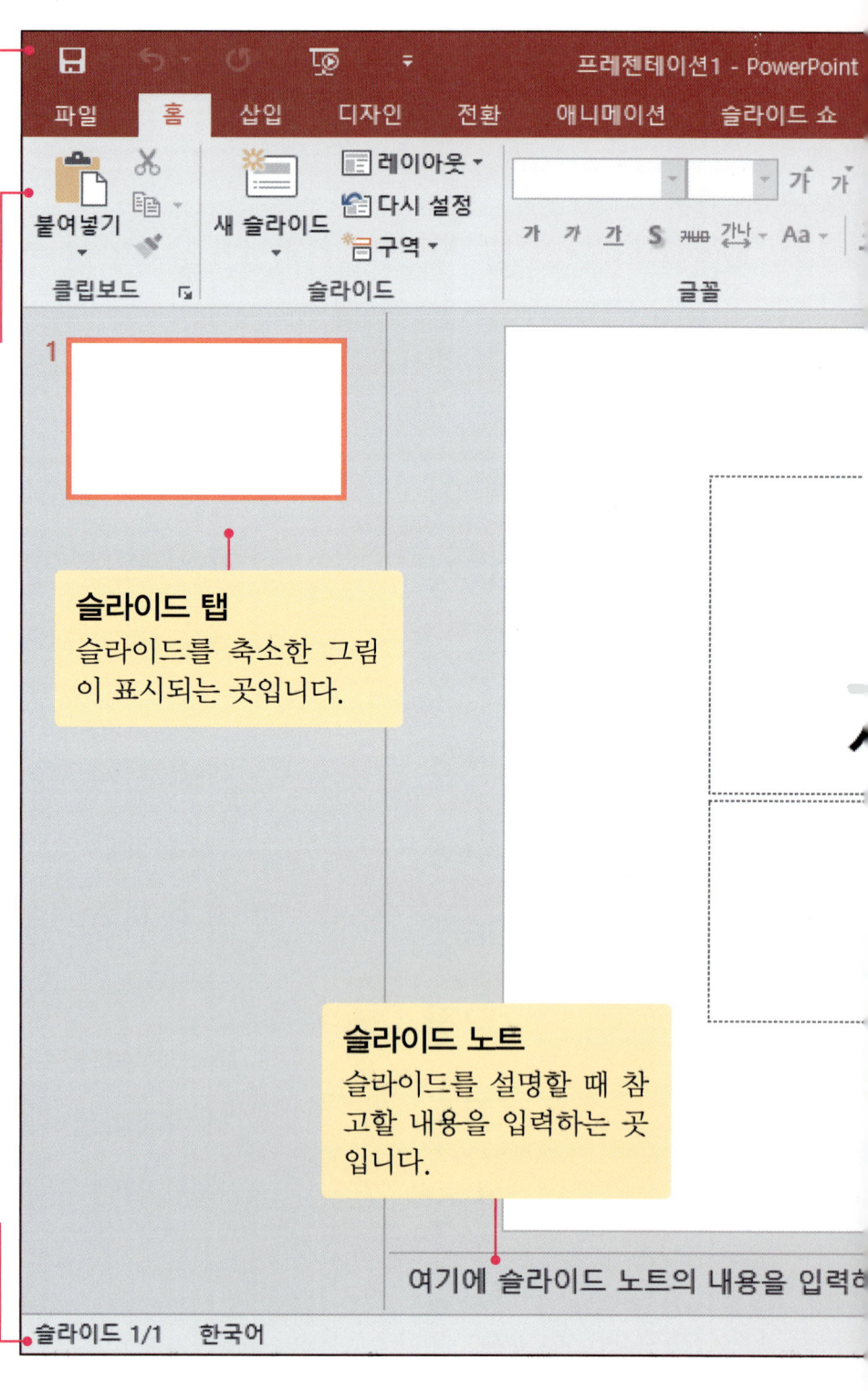

빠른 실행 도구 모음
자주 사용하는 도구를 빠르게 실행할 수 있는 도구 모음으로 [저장], [실행 취소], [다시 실행]으로 구성되어 있습니다.

리본 메뉴
[홈], [삽입], [디자인] 등의 탭으로 구성되어 있으며 각 탭은 서로 관련 있는 명령들을 묶어서 표시한 그룹으로 구성되어 있습니다. [추가 옵션]을 클릭하면 해당 대화상자가 나타나서 그룹에 표시된 명령 이외의 추가 옵션을 지정할 수 있습니다.

슬라이드 탭
슬라이드를 축소한 그림이 표시되는 곳입니다.

슬라이드 노트
슬라이드를 설명할 때 참고할 내용을 입력하는 곳입니다.

상태 표시줄
현재 작업중인 슬라이드 번호, 입력중인 언어 등의 현재 작업 상태가 표시되는 곳입니다.

파워포인트 2016의 화면은 제목 표시줄, 리본 메뉴, 슬라이드 탭, 슬라이드 창, 슬라이드 노트 등으로 구성되어 있습니다.

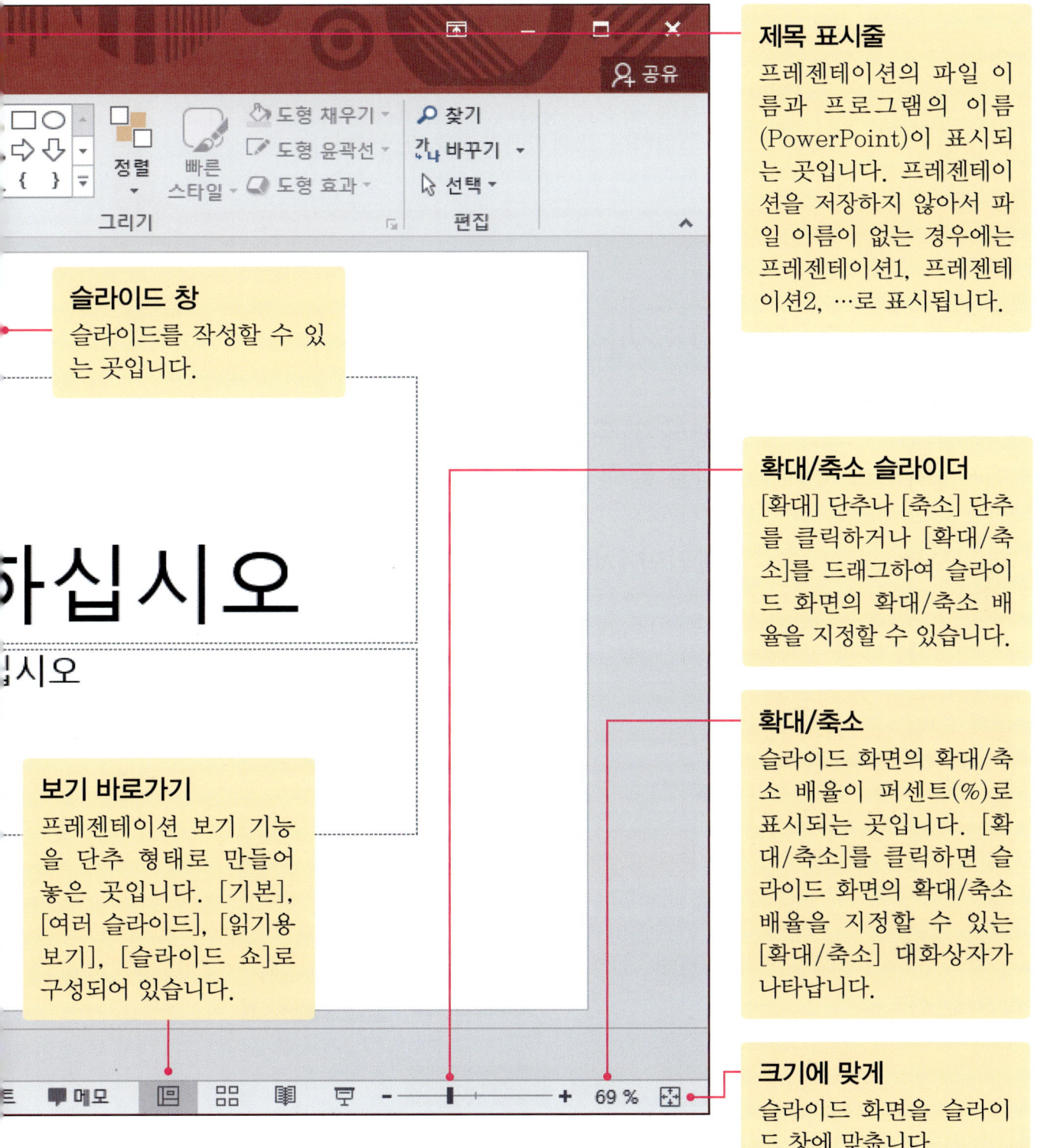

제목 표시줄
프레젠테이션의 파일 이름과 프로그램의 이름(PowerPoint)이 표시되는 곳입니다. 프레젠테이션을 저장하지 않아서 파일 이름이 없는 경우에는 프레젠테이션1, 프레젠테이션2, …로 표시됩니다.

슬라이드 창
슬라이드를 작성할 수 있는 곳입니다.

확대/축소 슬라이더
[확대] 단추나 [축소] 단추를 클릭하거나 [확대/축소]를 드래그하여 슬라이드 화면의 확대/축소 배율을 지정할 수 있습니다.

보기 바로가기
프레젠테이션 보기 기능을 단추 형태로 만들어 놓은 곳입니다. [기본], [여러 슬라이드], [읽기용 보기], [슬라이드 쇼]로 구성되어 있습니다.

확대/축소
슬라이드 화면의 확대/축소 배율이 퍼센트(%)로 표시되는 곳입니다. [확대/축소]를 클릭하면 슬라이드 화면의 확대/축소 배율을 지정할 수 있는 [확대/축소] 대화상자가 나타납니다.

크기에 맞게
슬라이드 화면을 슬라이드 창에 맞춥니다.

Chapter 01 파워포인트 2016 구경하기

자신의 의견을 여러 사람에게 전달하는 것을 '프레젠테이션'이라고 하는데, 파워포인트는 프레젠테이션을 작성할 수 있는 프로그램 중에서 가장 대표적인 프로그램입니다. 프레젠테이션을 구성하는 각각의 화면을 '슬라이드'라고 하며, 슬라이드에 텍스트 상자나 SmartArt 등의 개체를 삽입한 후 개체에 텍스트를 입력하여 프레젠테이션을 작성합니다.

Step 01 파워포인트 2016 시작하기

1 파워포인트 2016을 실행하기 위해 [시작] 단추를 클릭한 후 앱 뷰에서 [PowerPoint 2016]을 클릭합니다.

2 파워포인트 2016이 실행되면 [새 프레젠테이션]을 클릭합니다.

Step 02 레이아웃 변경하고 프레젠테이션 작성하기

1 [홈] 탭-[슬라이드] 그룹에서 **[레이아웃]을 클릭**한 후 **[제목 및 내용]을 클릭**합니다.

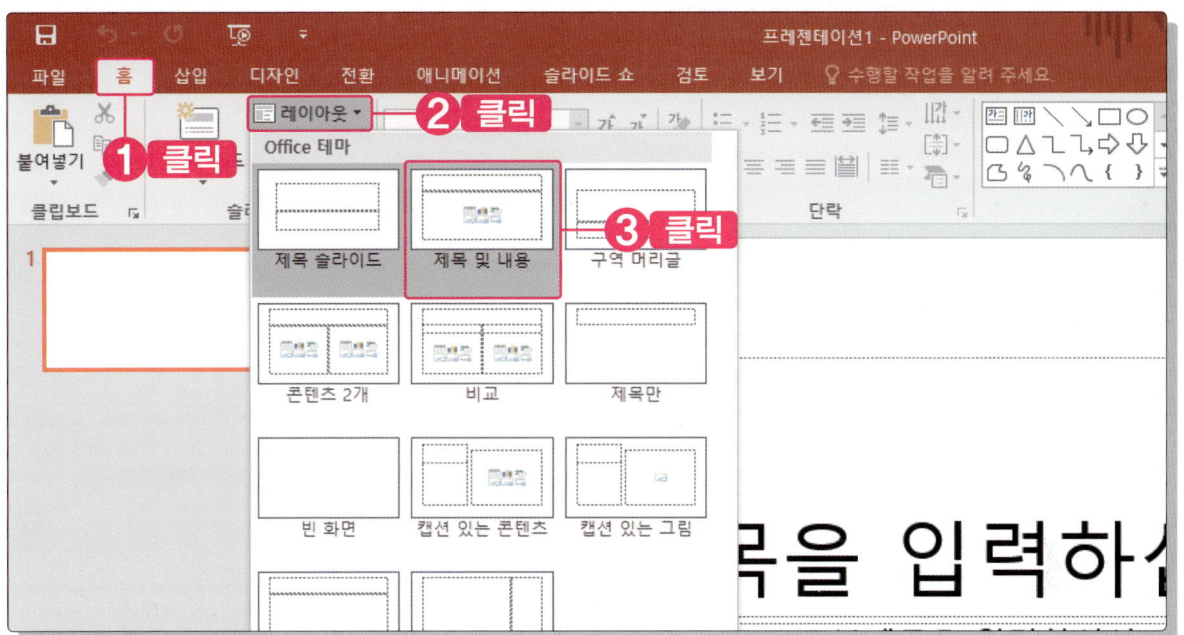

> **Tip**
> 슬라이드에서 텍스트 상자, 표, 차트, SmartArt 등의 개체가 배치되는 모양을 '레이아웃'이라고 합니다. 레이아웃은 제목 슬라이드, 제목 및 내용, 구역 머리글 등 11종류로 분류되어 있습니다.

2 다음과 같이 레이아웃이 변경됩니다.

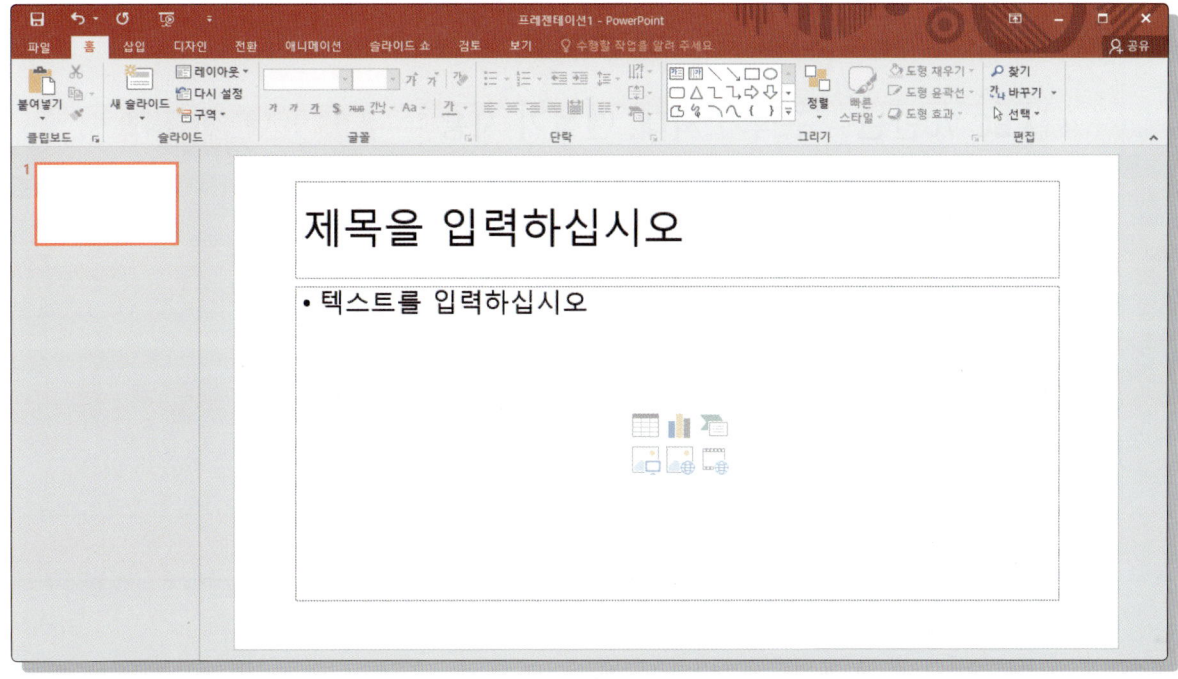

3 제목 개체 틀을 선택한 후 '구석기 시대 ~ 삼국시대'를 입력합니다.

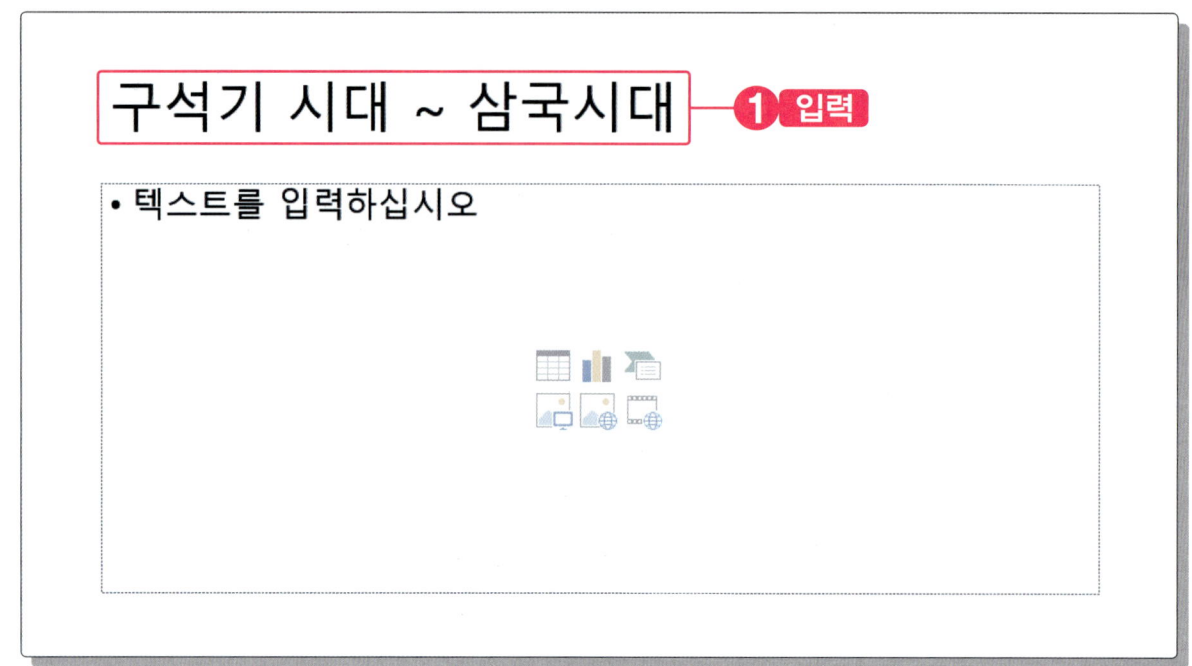

> **Tip**
> 제목 개체 틀(제목을 입력하십시오)의 테두리로 마우스 포인터를 가져가 마우스 포인터가 모양으로 변했을 때 클릭하면 제목 개체 틀을 선택할 수 있습니다. 제목 개체 틀로 가져가 마우스 포인터가 I 모양으로 변했을 때 클릭한 후 '구석기 시대 ~ 삼국시대'를 입력해도 됩니다.

4 텍스트 개체 틀을 선택한 후 'BC 70만년 – 구석기 시대. 뗀석기 사용'을 입력한 다음 Enter를 누릅니다.

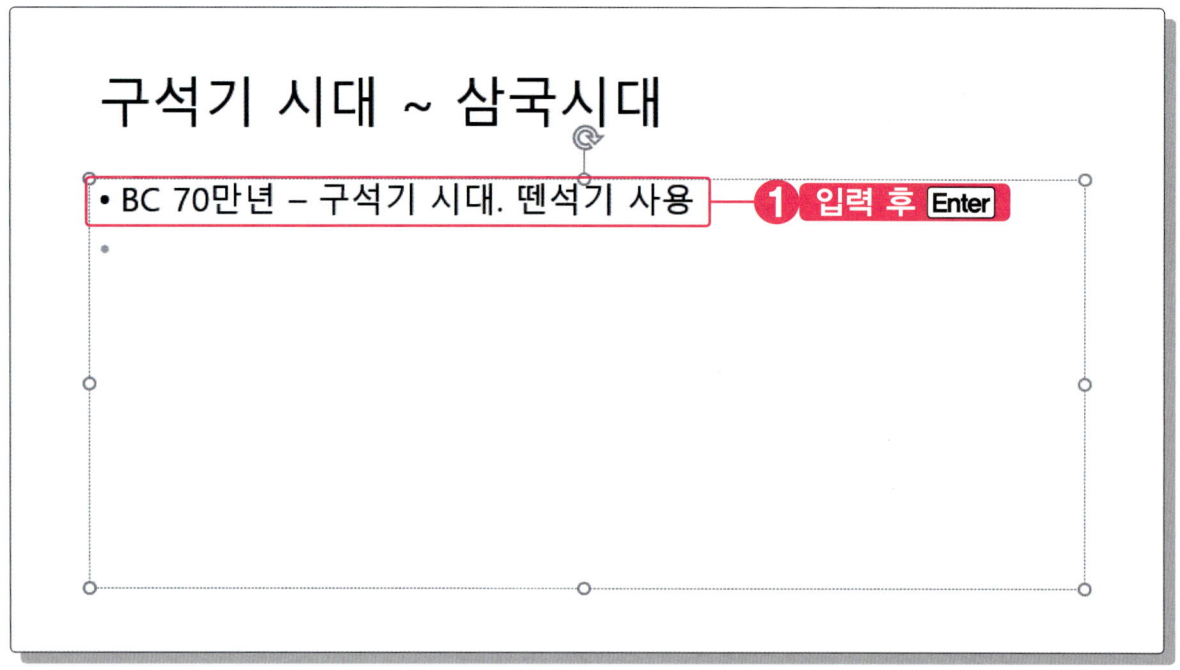

5 같은 방법으로 다음과 같이 **내용을 입력**합니다.

구석기 시대 ~ 삼국시대

- BC 70만년 – 구석기 시대. 뗀석기 사용
- BC 2333년 – 단군, 고조선 건국
- BC 1100년 – 고조선, 8조금법 시행
- BC 1000년 – 청동기 시대
- BC 400년 – 철기 시대
- BC 108년 – 고조선 멸망, 한사군 설치
- BC 57년 – 박혁거세, 신라 건국
- BC 37년 – 주몽, 졸본에서 고구려 건국
- BC 18년 – 온조, 위례성에서 백제 건국

잠깐만요!

슬라이드 복제하기

[여러 슬라이드] 보기를 클릭한 후 복제할 슬라이드를 Ctrl을 누른 상태에서 드래그한 다음 원하는 위치에서 마우스 단추를 놓으면 슬라이드가 복제됩니다.

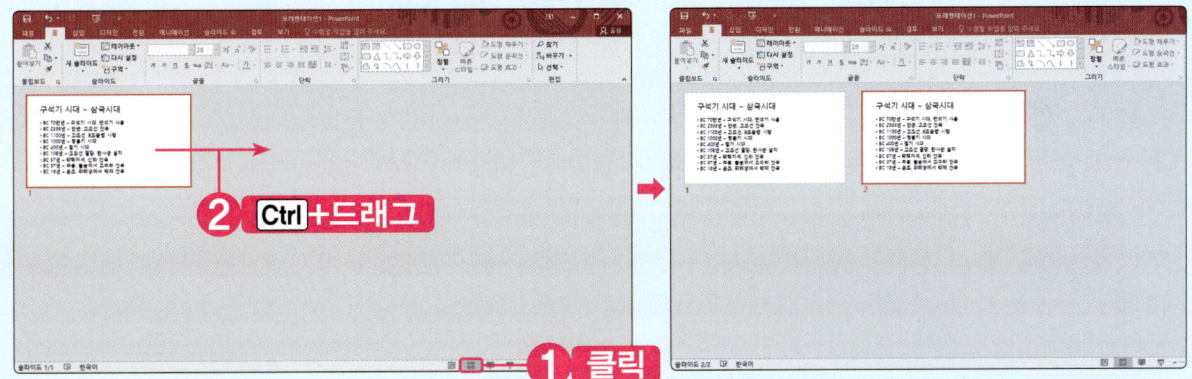

슬라이드 이동하기

이동할 슬라이드를 드래그한 후 원하는 위치에서 마우스 단추를 놓으면 슬라이드가 이동합니다.

슬라이드 추가하기

슬라이드의 바로 가기 메뉴에서 [새 슬라이드]를 클릭하면 새 슬라이드가 추가됩니다.

슬라이드 삭제하기

삭제할 슬라이드를 선택한 후 Delete를 누르면 슬라이드가 삭제됩니다. 삭제할 슬라이드의 바로가기 메뉴에서 [슬라이드 삭제]를 클릭하면 슬라이드를 삭제할 수 있습니다.

Step 03 리본 메뉴 최소화하고 복원하기

1 리본 메뉴를 최소화하기 위해 [리본 메뉴 표시 옵션]을 클릭한 후 [탭 표시]를 클릭합니다.

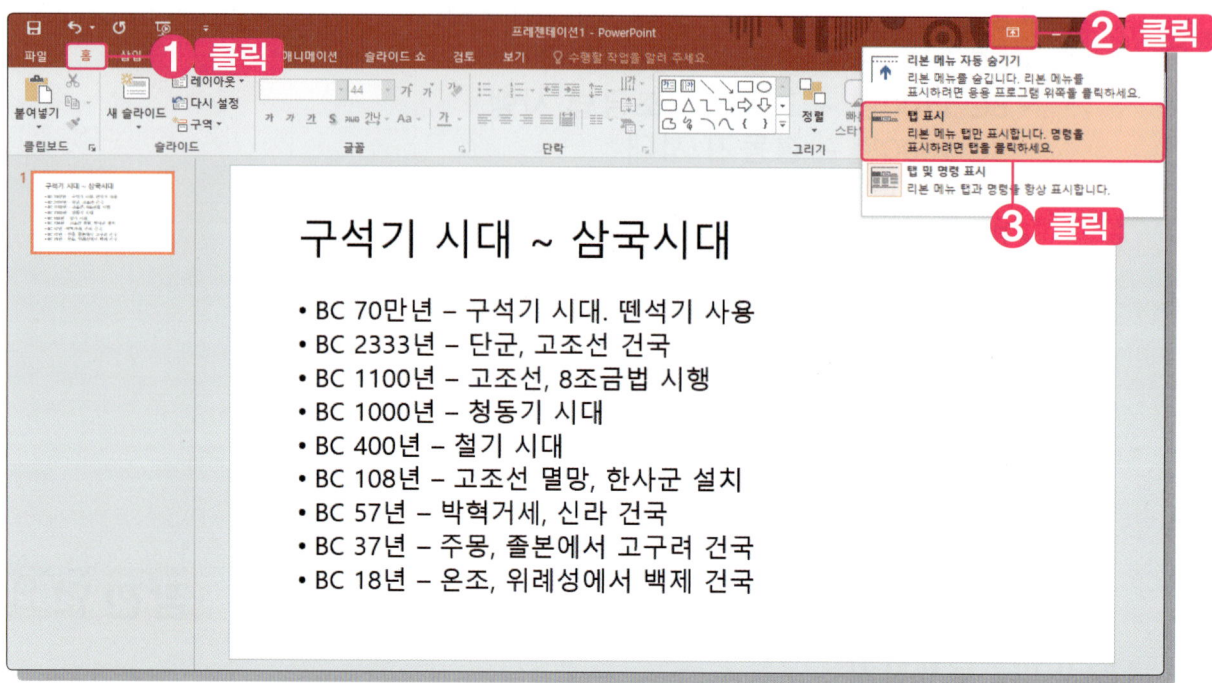

> **Tip**
> 리본 메뉴에서 [리본 메뉴 축소]를 클릭하거나 Ctrl+F1을 눌러 리본 메뉴를 최소화 할 수도 있습니다.

2 다음과 같이 리본 메뉴가 최소화됩니다.

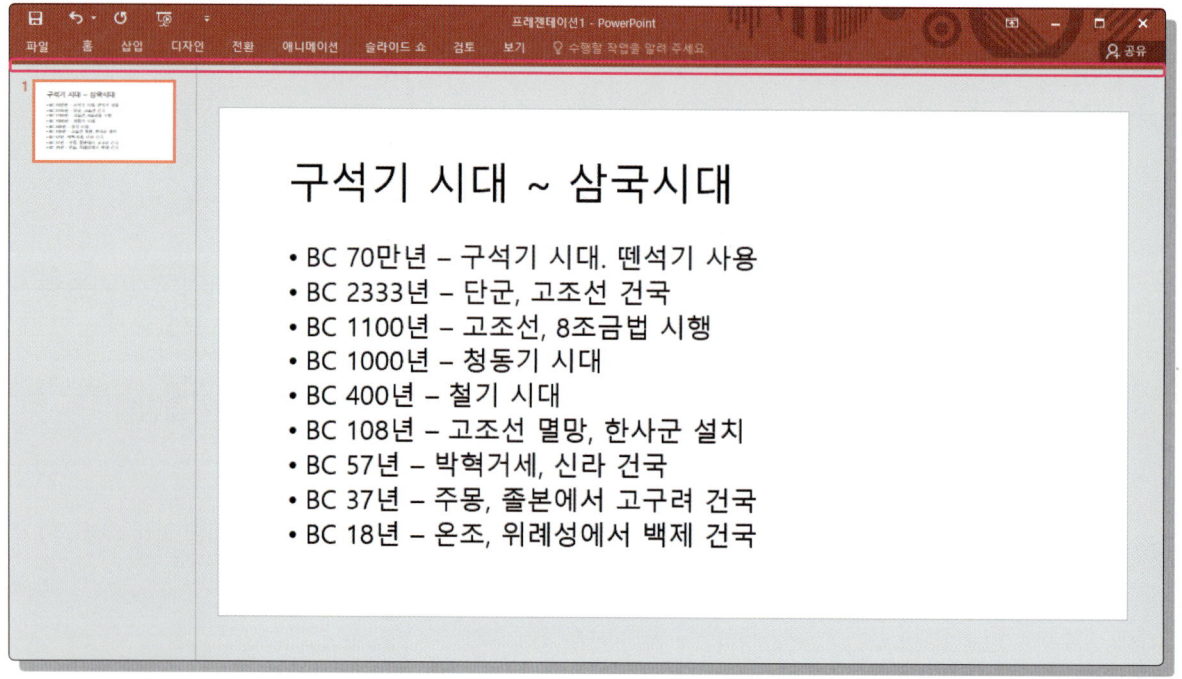

3 리본 메뉴를 다시 복원하기 위해 [리본 메뉴 표시 옵션]을 클릭한 후 **[탭 및 명령 표시]**를 클릭합니다.

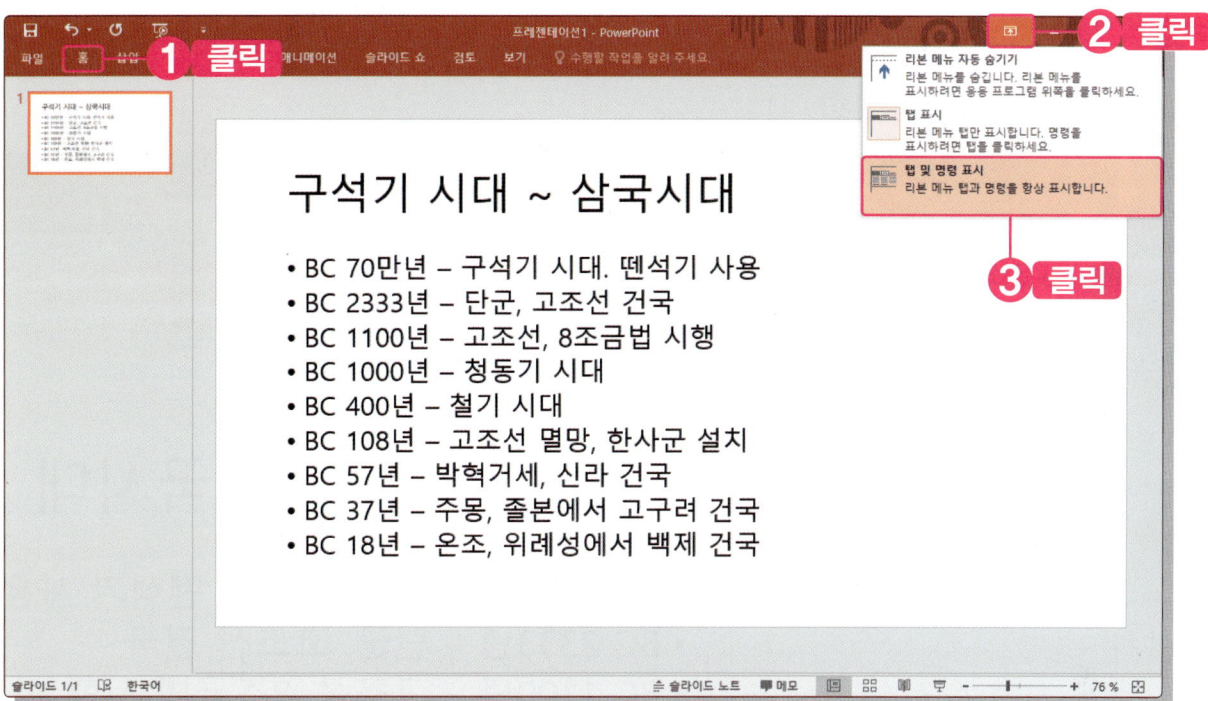

4 다음과 같이 리본 메뉴가 복원됩니다.

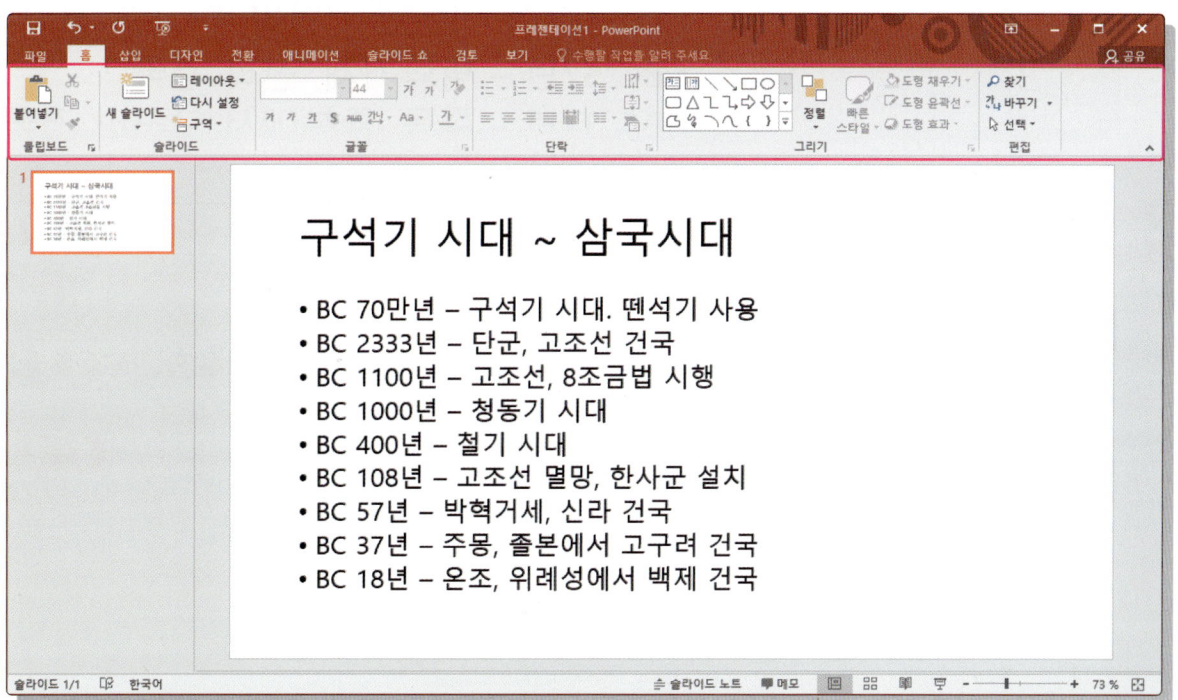

Step 04 슬라이드 화면 확대하고 슬라이드 창에 맞추기

1 슬라이드 화면을 확대하기 위해 [보기] 탭-[확대/축소] 그룹에서 **[확대/축소]를 클릭**합니다.

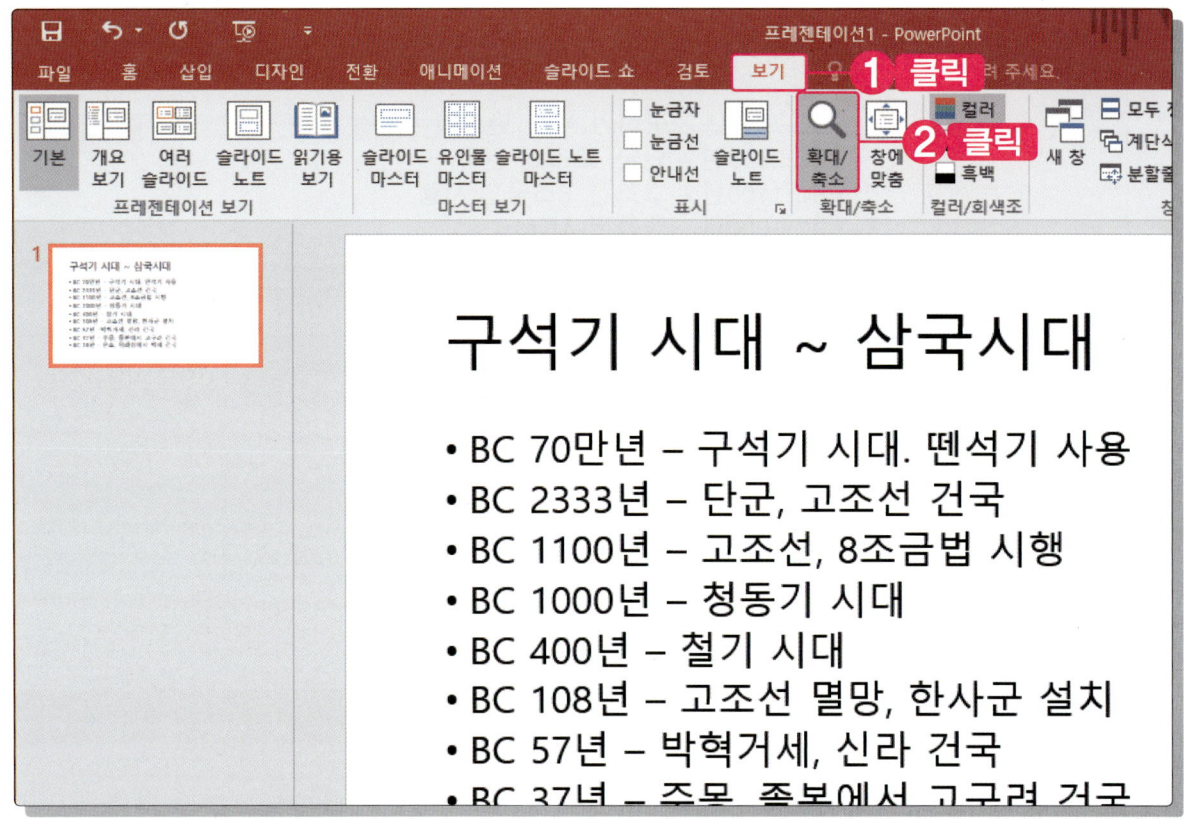

2 [확대/축소] 대화상자가 나타나면 **사용자 지정(110)을 입력**한 후 **[확인] 단추를 클릭**합니다.

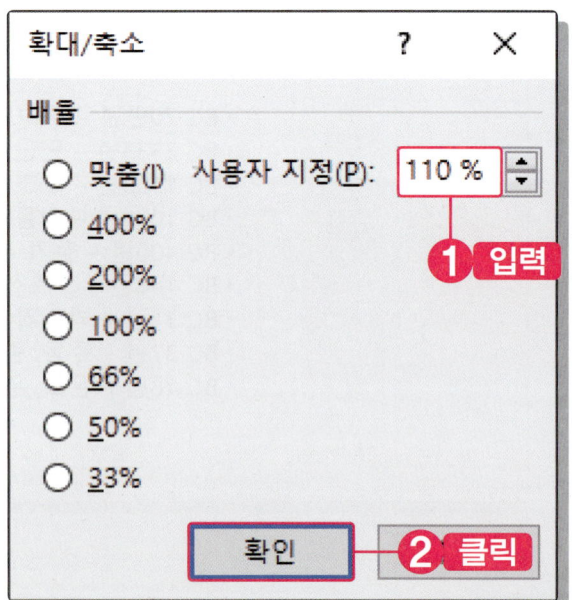

> **Tip**
> 미리 지정된 배율이 아닌 다른 배율을 입력하면 자동으로 배율이 '사용자 지정'으로 선택됩니다.

3 슬라이드 화면이 확대되면 다시 [보기] 탭-[확대/축소] 그룹에서 **[창에 맞춤]을 클릭**합니다.

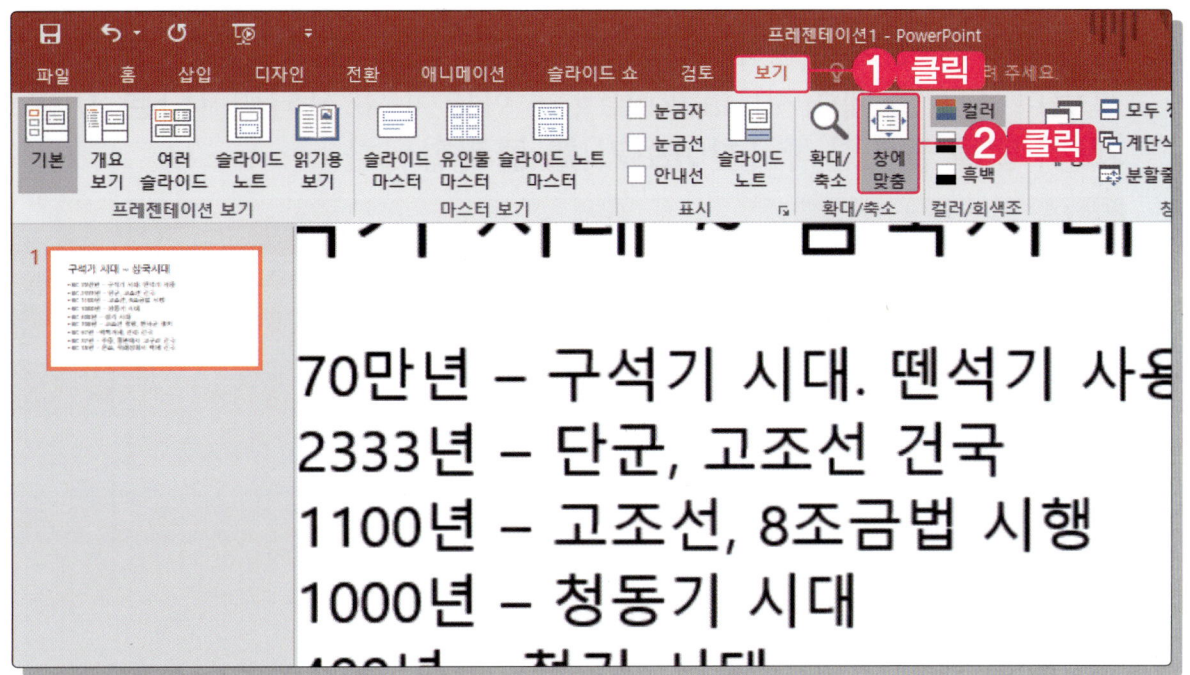

Tip
슬라이드 화면을 과도하게 확대하면 슬라이드가 슬라이드 창 중앙에 표시되어 일부 내용이 보이지 않습니다.

4 다음과 같이 슬라이드 화면이 슬라이드 창에 맞춰집니다.

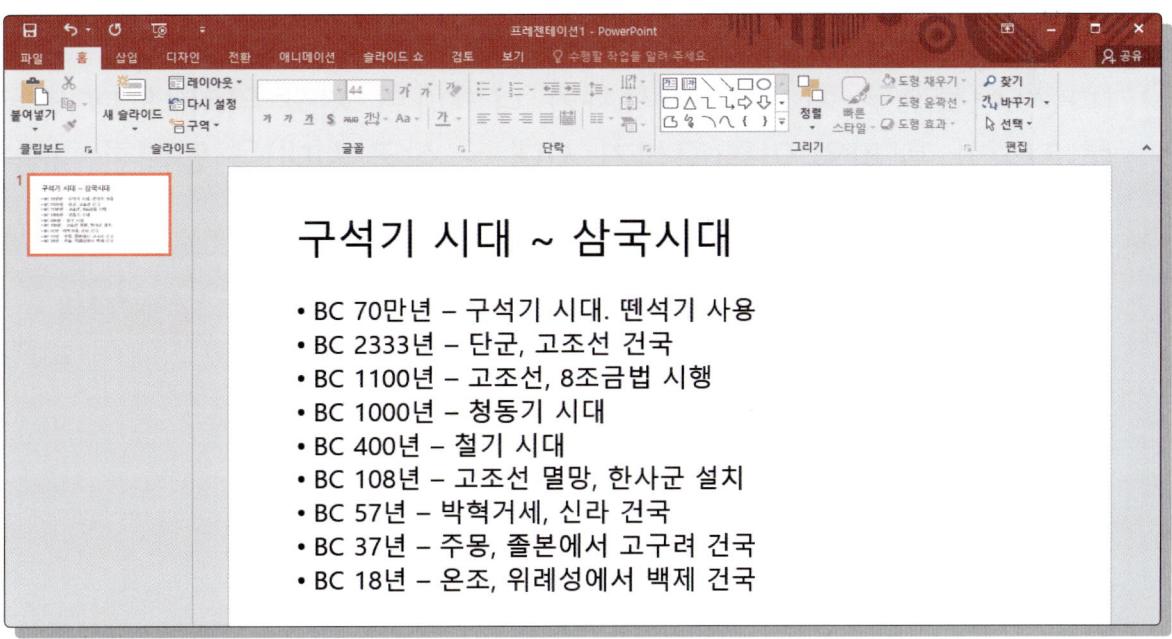

Tip
상태 표시줄에서 [슬라이드를 현재 창 크기에 맞춥니다.]를 클릭하여 슬라이드 화면을 슬라이드 창에 맞출 수 있습니다.

Chapter 01 - 파워포인트 2016 구경하기 **19**

Step 05 프레젠테이션 저장하고 파워포인트 종료하기

1 작성한 프레젠테이션 문서를 저장하기 위해 **[파일] 탭을 클릭**합니다. 그런다음 백스테이지(Backstage) 화면이 표시되면 **[다른 이름으로 저장] 탭을 클릭**한 후 **[찾아보기]를 클릭**합니다.

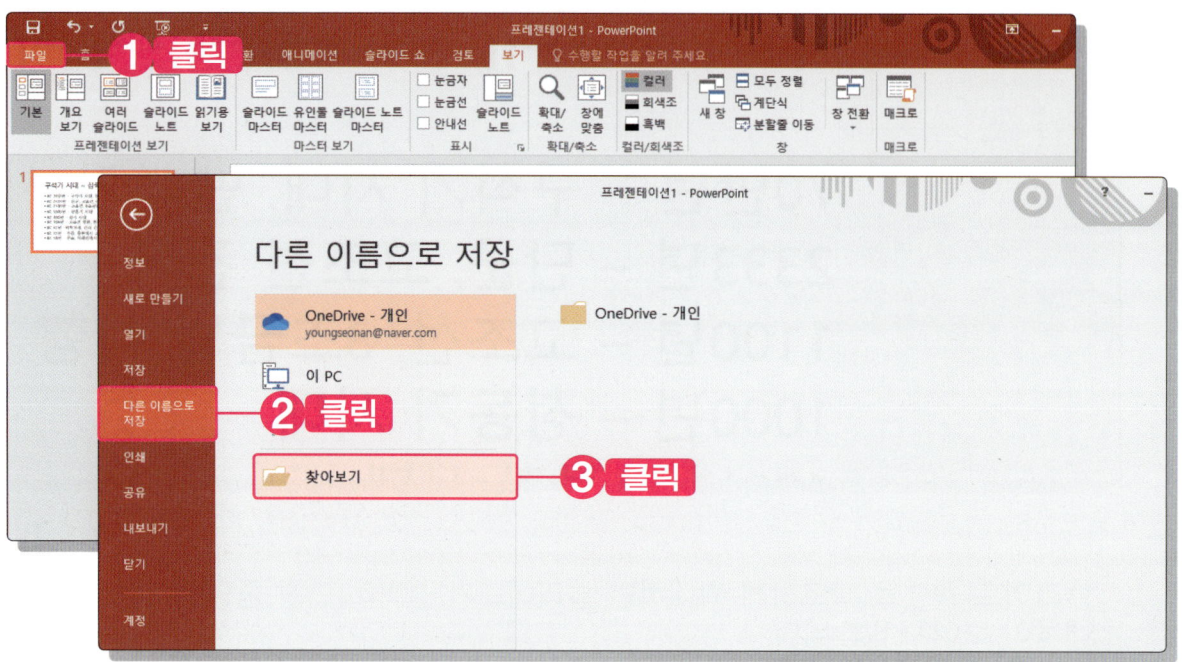

Tip

Ctrl+S를 눌러 프레젠테이션 문서를 저장할 수 있습니다.

2 [다른 이름으로 저장] 대화상자가 나타나면 **저장 위치(내 PC₩문서)를 지정**한 후 **파일 이름(구석기 시대 ~ 삼국 시대)을 입력**한 다음 **[저장] 단추를 클릭**합니다.

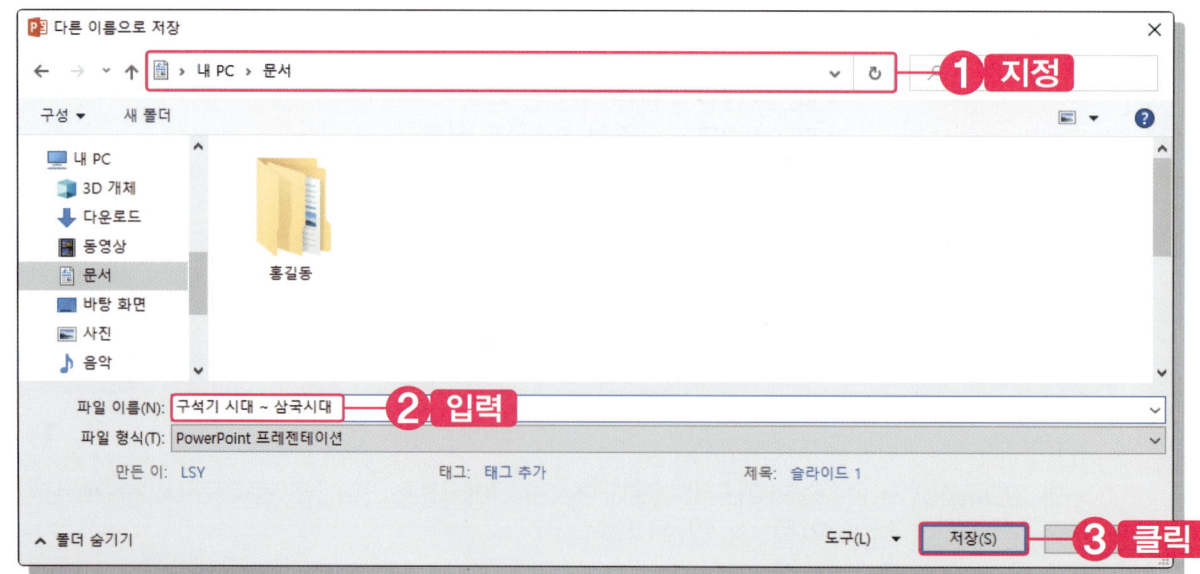

20 파워포인트 2016

3 프레젠테이션 문서가 저장되면 제목 표시줄(구석기 시대 ~ 삼국시대 - PowerPoint)이 변경됩니다.

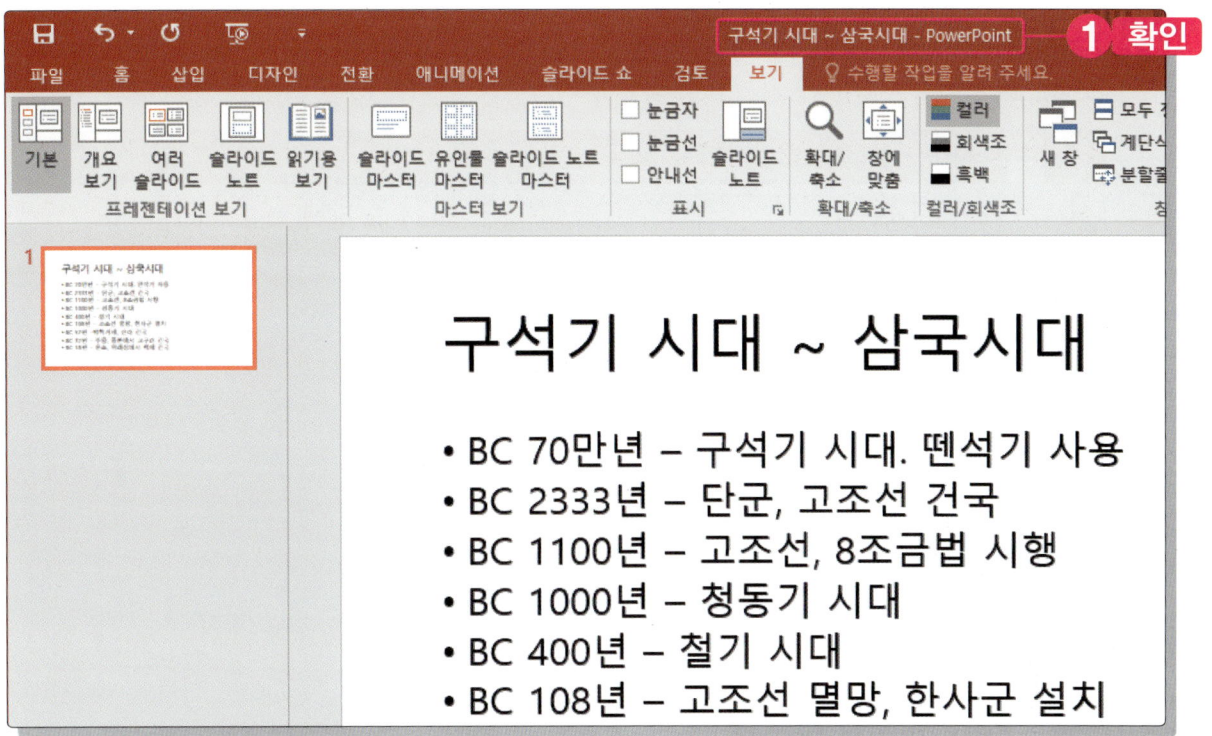

4 파워포인트를 종료하기 위해 ❌[닫기]를 클릭합니다.

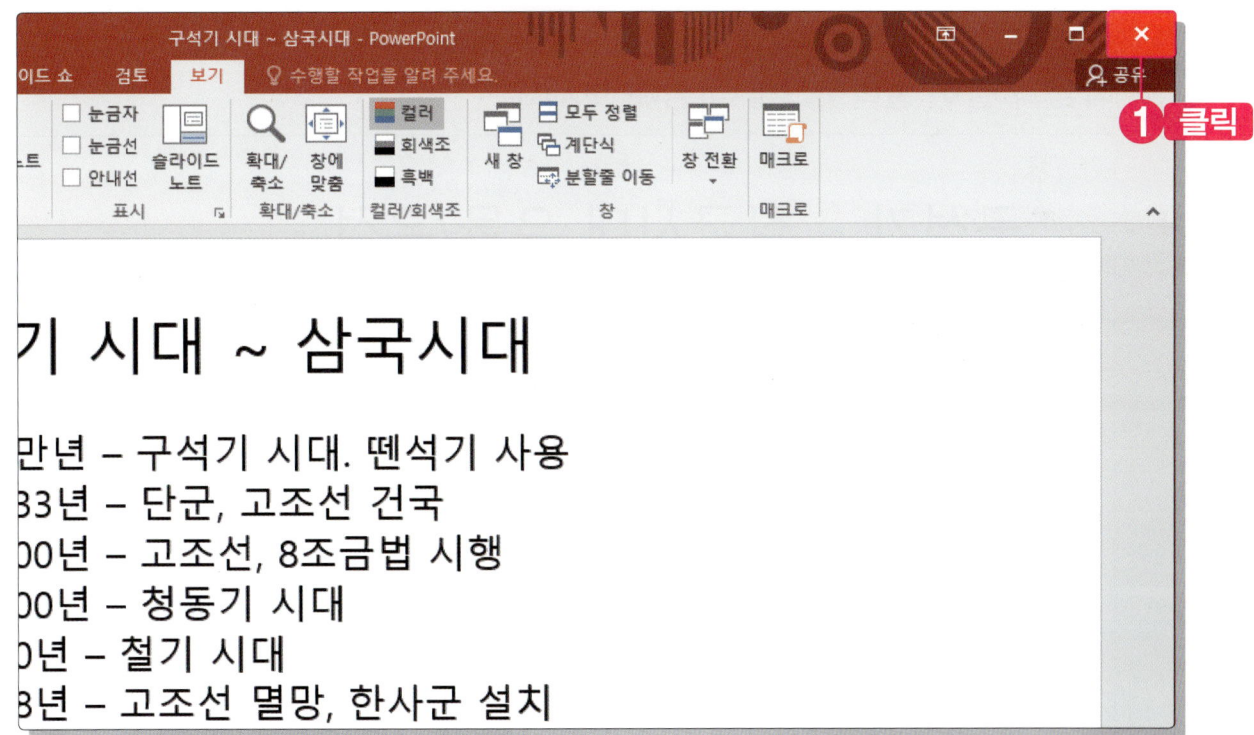

5 파워포인트 2016이 종료됩니다.

실전 연습 문제

01 파워포인트를 실행한 후 다음과 같이 레이아웃(제목 및 내용)을 변경해 보세요.

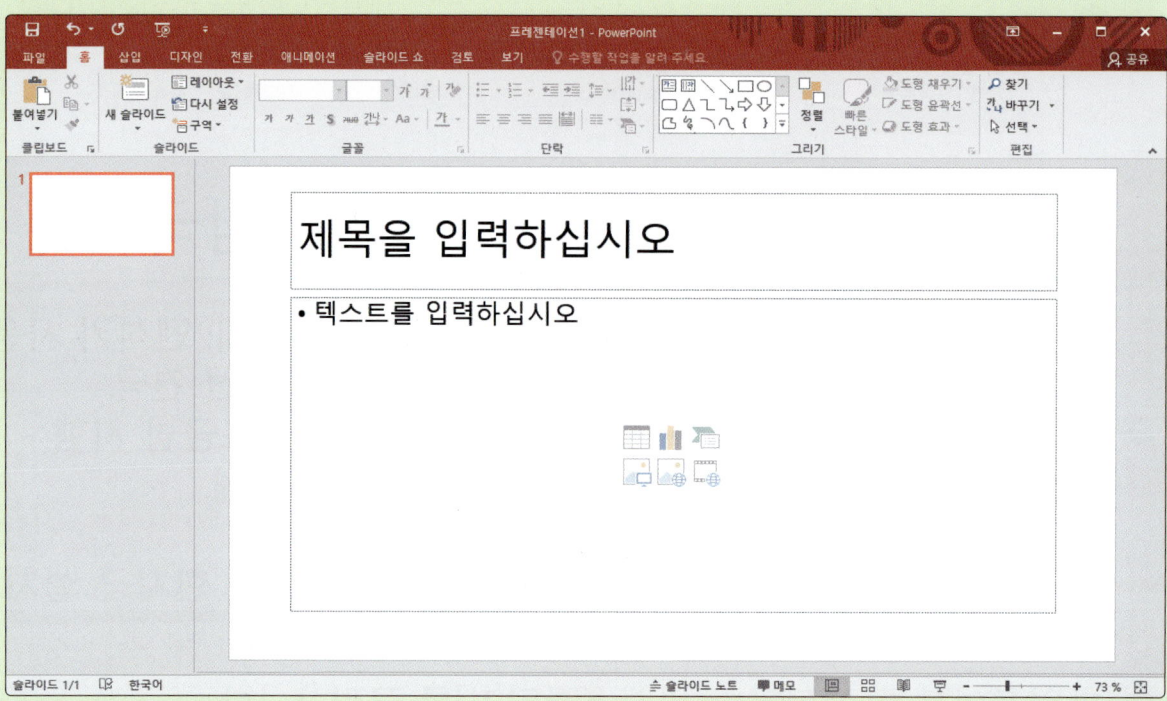

02 다음과 같이 슬라이드를 작성해 보세요.

구석기 ~ 삼국시대 유물/유적

- 중석기 시대 : 잔석기, 활
- 신석기 시대 : 가락바퀴, 뼈 바늘, 간석기
- 청동기 시대 : 거석문화 등장(고인돌, 돌무지 무덤, 돌널무덤, 선돌)
- 철기 시대 : 널무덤(고조선), 독무덤(삼한)
- 삼국 시대 : 벽돌무덤, 굴식 돌방무덤

실전 연습 문제

03 다음과 같이 슬라이드 화면의 확대/축소 배율(100%)을 변경해 보세요.

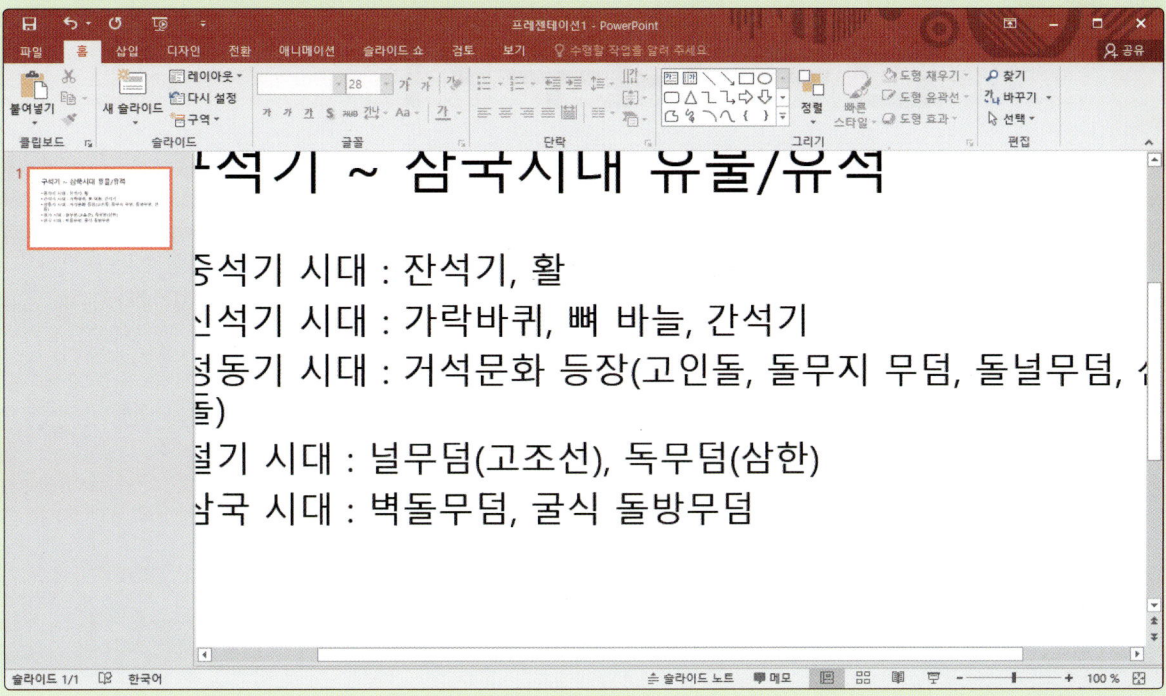

04 슬라이드 화면의 확대/축소 배율(맞춤)을 변경한 후 '구석기 ~ 삼국시대 유물과 유적'으로 저장해 보세요.

- 저장 위치 : 내 PC₩문서

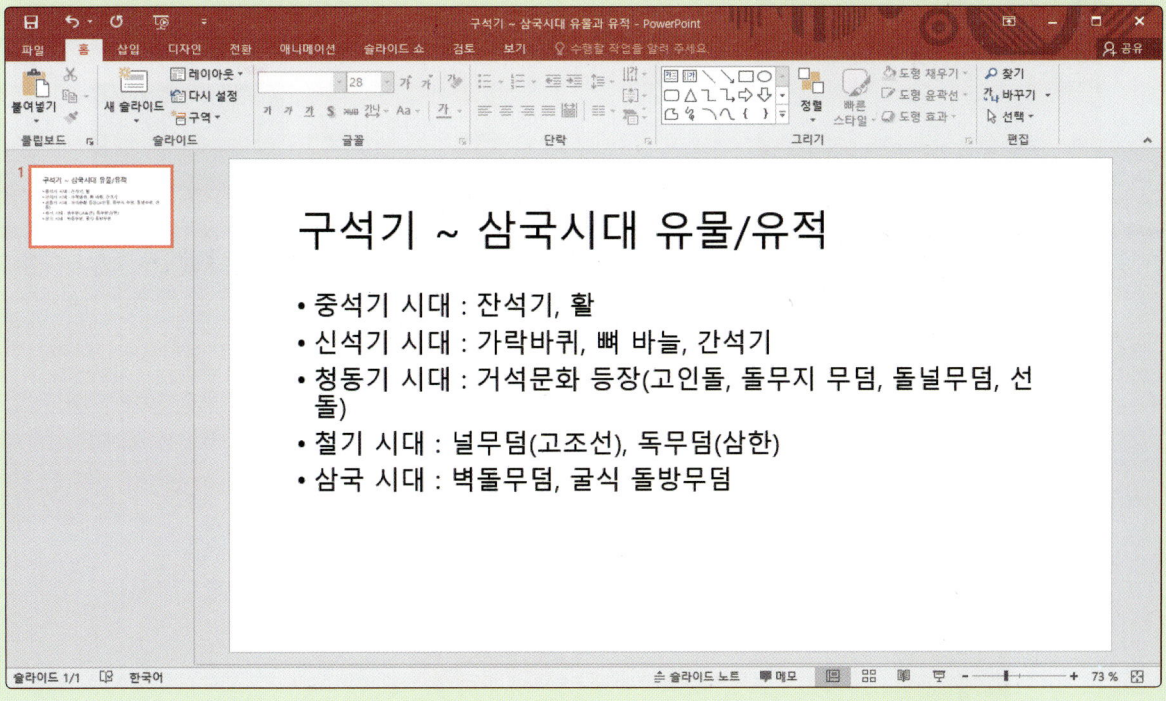

Chapter 02 글꼴 서식 지정하고 단락 다루기

파워포인트에서 텍스트에 글꼴, 글꼴 크기, 글꼴 색 등과 같은 글꼴 서식을 지정할 수 있으며 서식 복사를 사용하면 서식을 일일이 지정하지 않고 특정 텍스트에 지정한 서식을 다른 텍스트에 그대로 지정할 수 있습니다. 또한 단락 수준을 높이거나 낮출 수 있으며 글머리 기호를 사용하여 단락을 구분할 수 있습니다.

Step 01 프레젠테이션 문서 열고 글꼴 서식 지정하기

1 파워포인트를 실행한 후 [다른 프레젠테이션 열기]를 클릭합니다. 그런다음 [열기] 탭의 백스테이지(Backstage) 화면이 나타나면 **[찾아보기]를 클릭**합니다.

2 [열기] 대화상자가 나타나면 **찾는 위치((스마트정보화) 파워포인트 2016)를 지정**한 후 **파일 이름(02_추억의 한국영화)을 선택**한 다음 **[열기] 단추를 클릭**합니다.

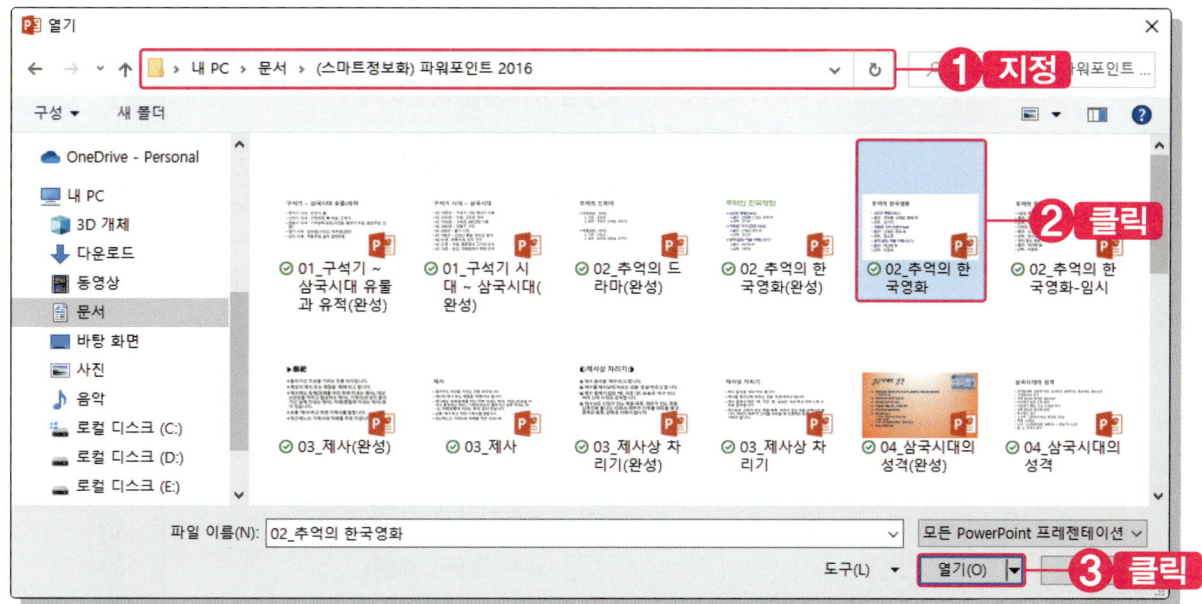

> **Tip**
> 교재에 사용된 예제는 렉스미디어 홈페이지(www.rexmedia.net)로 이동한 후 [자료실]-[대용량 자료실]-[스마트정보화] 폴더로 이동하면 교재 자료(텍스트, 그림, 동영상 등)를 다운로드 받을 수 있습니다. 교재 2페이지를 참고하세요.
> 관련 자료는 압축 파일이며, 압축 해제를 한 후 사용하면 됩니다.

3 프레젠테이션 문서가 열리면 **2번 단락과 3번 단락을 드래그하여 블록으로 설정**한 후 [홈] 탭-[글꼴] 그룹의 **[추가 옵션]을 클릭**합니다.

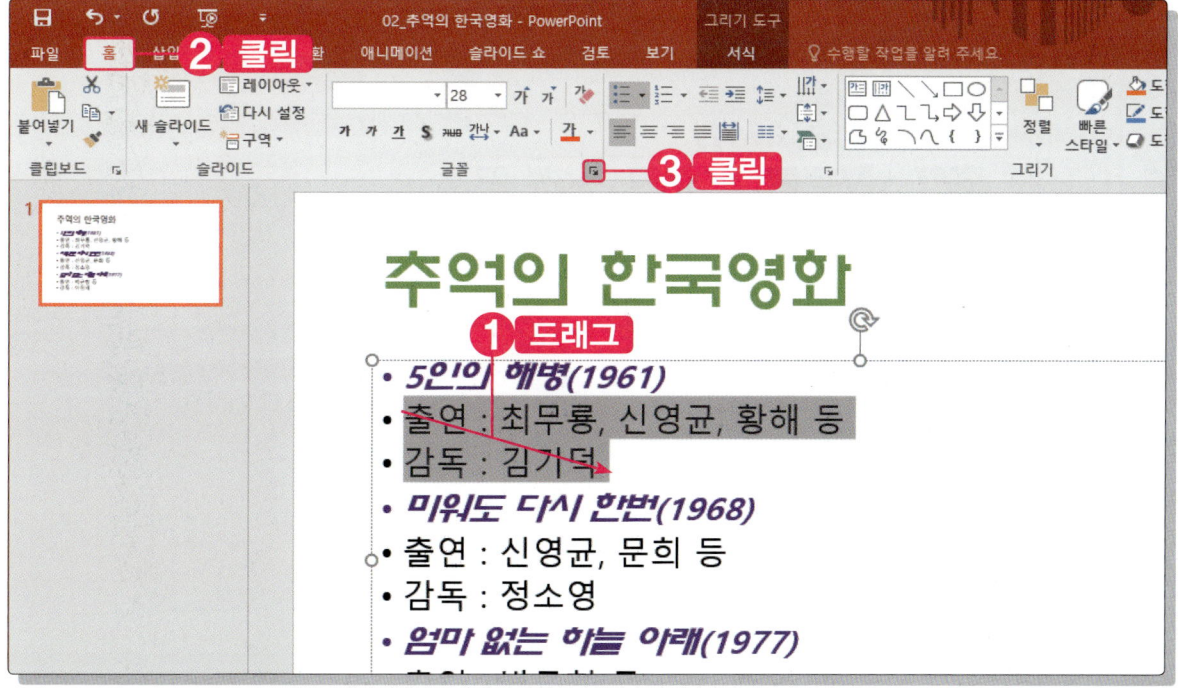

4 [글꼴] 대화상자가 나타나면 [글꼴] 탭에서 한글 **글꼴(휴먼엑스포)**, 글꼴 **스타일(기울임꼴)**, **크기(28)**, 글꼴 **색(청회색, 텍스트 2)**을 지정한 후 [확인] 단추를 클릭합니다.

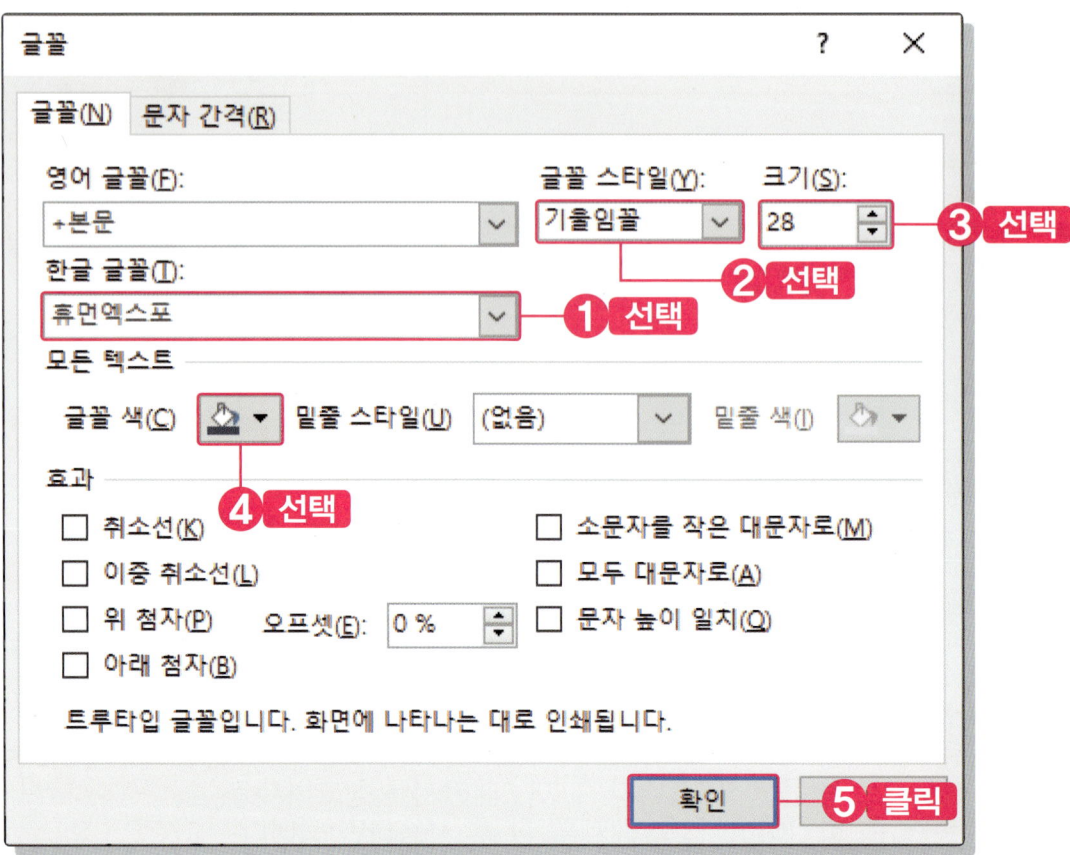

5 다음과 같이 글꼴 서식이 지정됩니다.

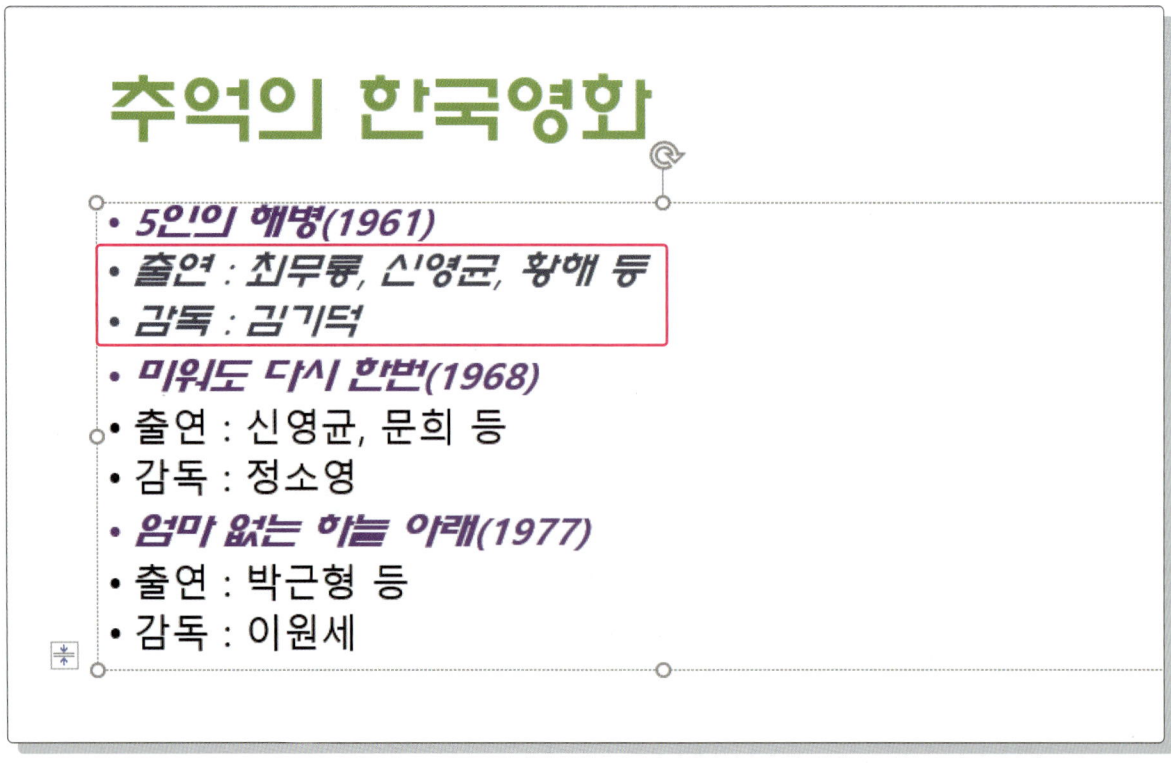

6 단락에 블록이 설정된 상태에서 [홈] 탭-[클립보드] 그룹에서 [서식 복사]를 **더블클릭**합니다.

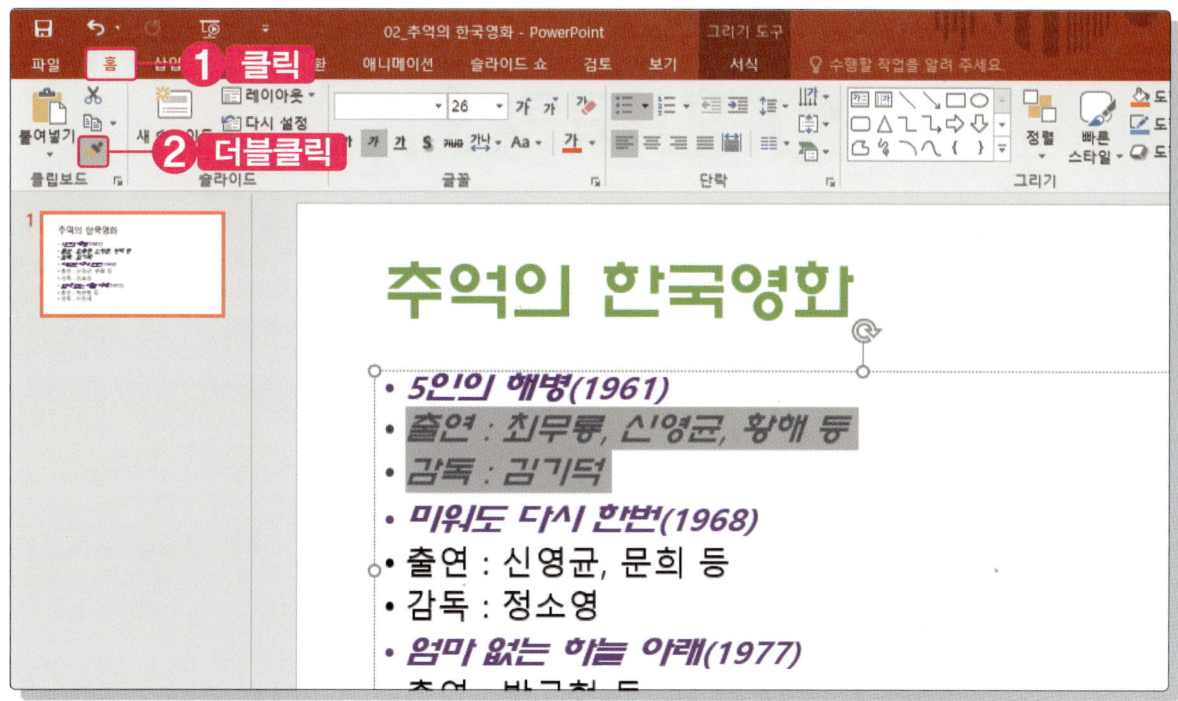

> **Tip**
> [서식 복사]를 클릭하면 서식 복사를 한 번만 할 수 있고 더블클릭하면 Esc를 눌러 해제할 때까지 계속할 수 있습니다.

7 마우스포인터 모양이 모양으로 변경되면 **5번과 6번 단락을 드래그**합니다.

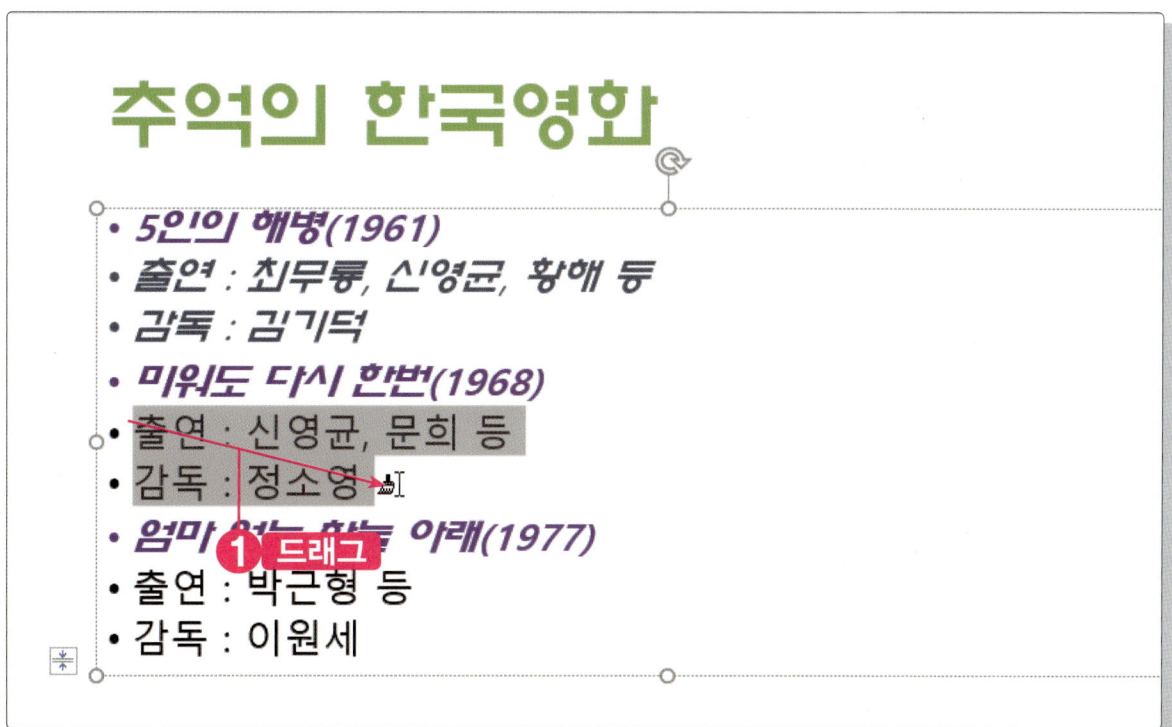

Chapter 02 - 글꼴 서식 지정하고 단락 다루기 **27**

8 다음과 같이 5번과 6번 단락에 서식이 지정되면 **8번과 9번 단락을 드래그**한 후 **Esc를 누릅니다.**

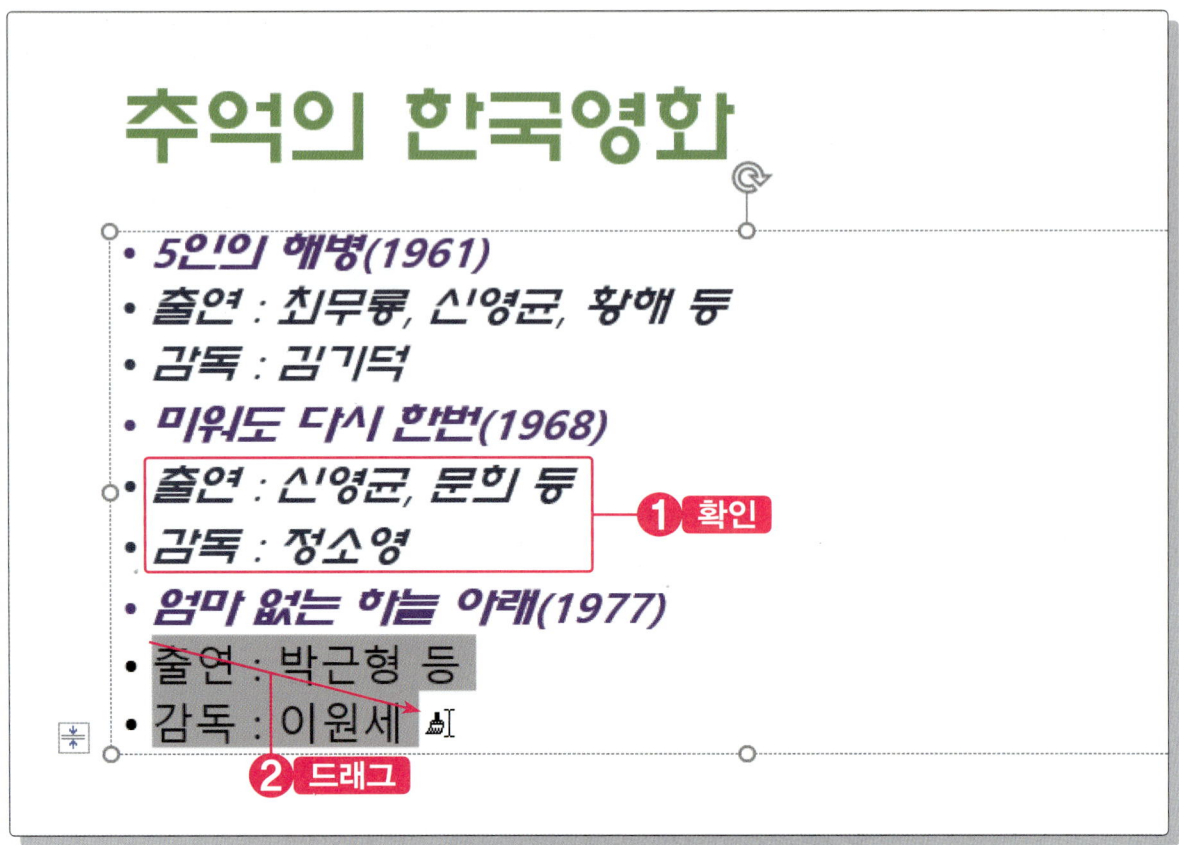

9 다음과 같이 8번과 9번 단락에 서식이 지정됩니다.

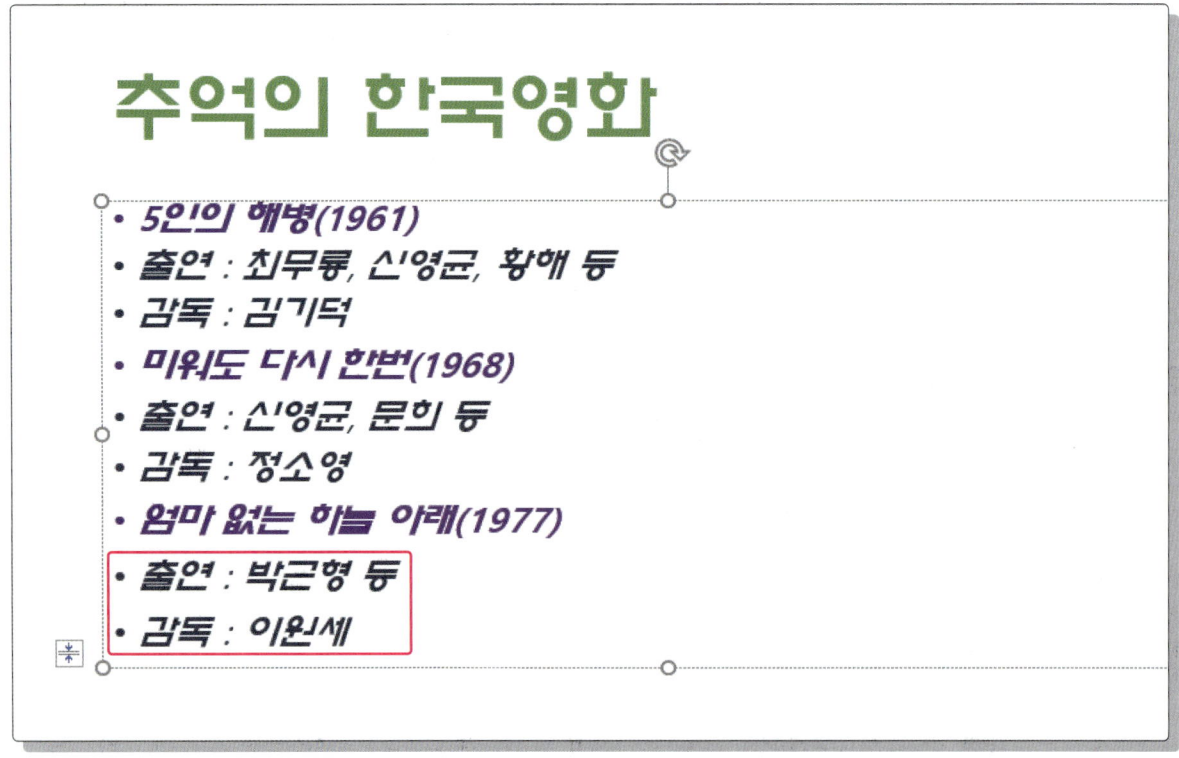

Step 02 목록 수준 변경하기

1 2번과 3번 단락을 드래그하여 블록으로 설정한 후 Ctrl을 누른 상태에서 5~6번, 8~9번 단락을 드래그한 다음 [홈] 탭-[단락] 그룹에서 [목록 수준 늘림]을 클릭합니다.

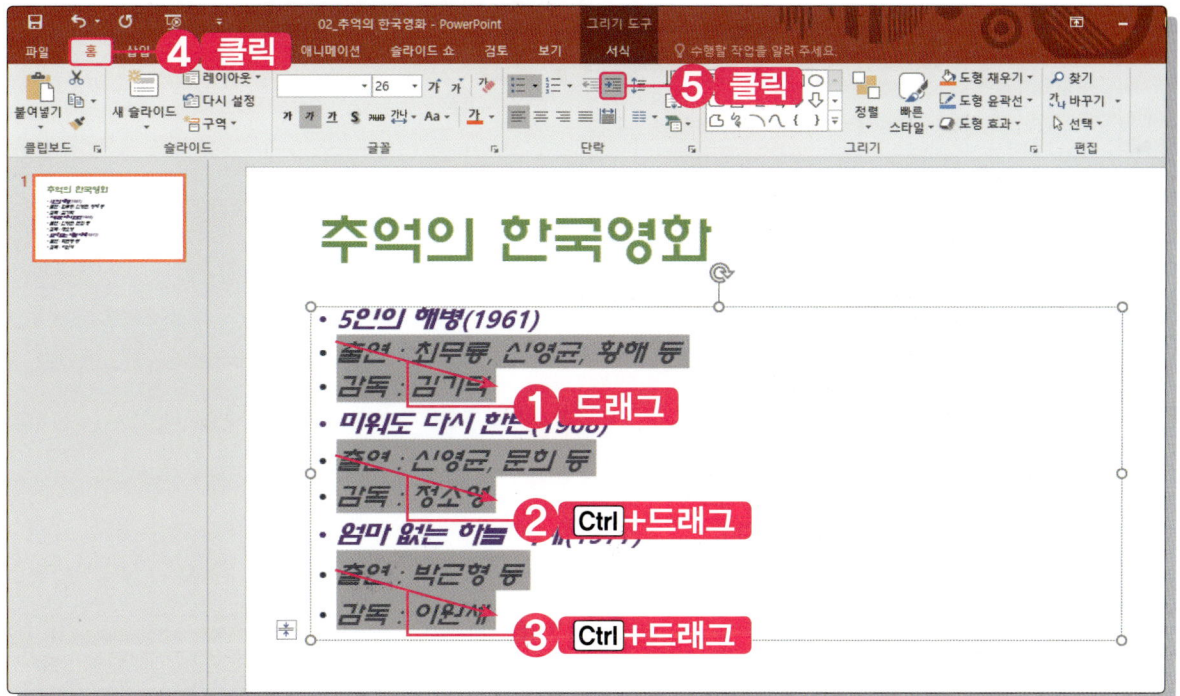

Tip
단락 앞에 커서를 위치한 후 Tab을 눌러 단락 수준을 변경할 수 있습니다.

2 다음과 같이 2~3번, 5~6번, 8~9번 단락 수준이 변경됩니다.

Chapter 02 - 글꼴 서식 지정하고 단락 다루기

Step 03 글머리 기호 넣고 번호 매기기

1 슬라이드 창에서 **1번** 단락을 드래그하여 블록으로 설정한 후 Ctrl을 누른 상태에서 **4번, 7번** 단락을 드래그하여 블록으로 설정합니다.

2 글머리 기호를 삽입하기 위해 [홈] 탭-[단락] 그룹에서 [글머리 기호]의 [목록] 단추를 클릭한 후 [별표 글머리 기호]를 클릭합니다.

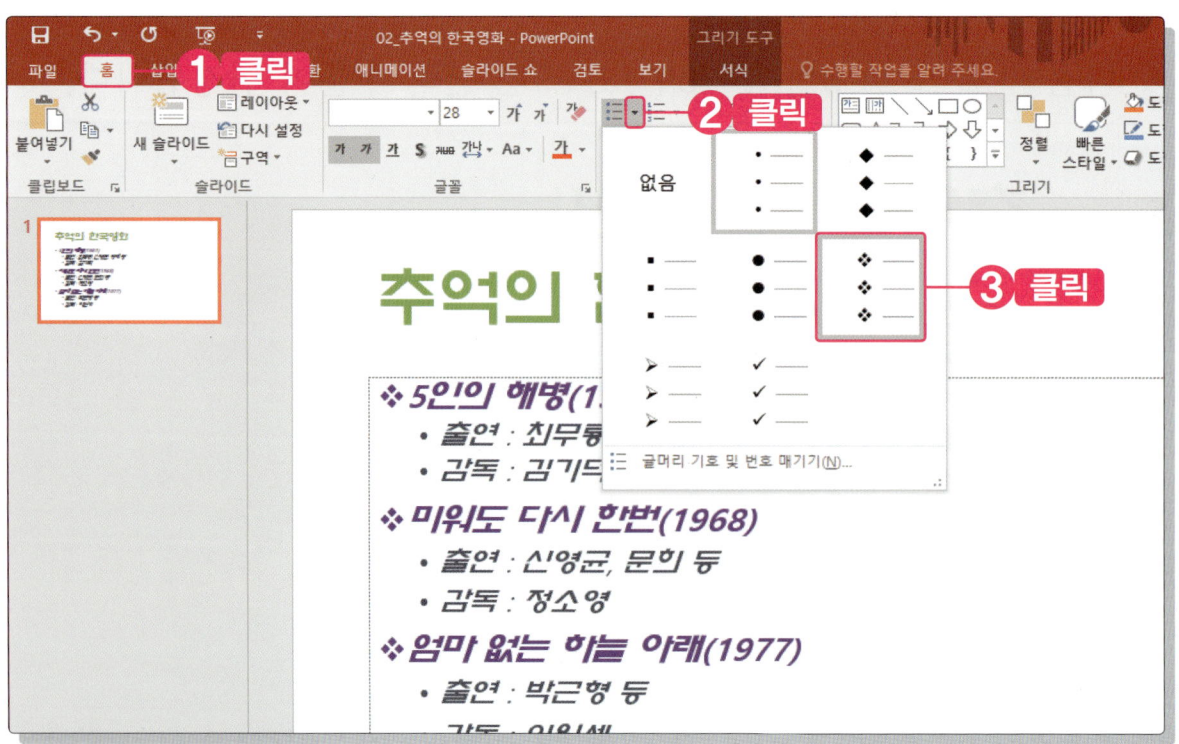

3 슬라이드 창에서 2~3번 단락을 드래그하여 블록으로 설정한 후 Ctrl 을 누른 상태에서 5~6번, 8~9번 단락을 드래그하여 블록으로 설정합니다.

4 글머리 기호를 삽입하기 위해 [홈] 탭-[단락] 그룹에서 [글머리 기호]의 [목록] 단추를 클릭한 후 [글머리 기호 및 번호 매기기]를 클릭합니다.

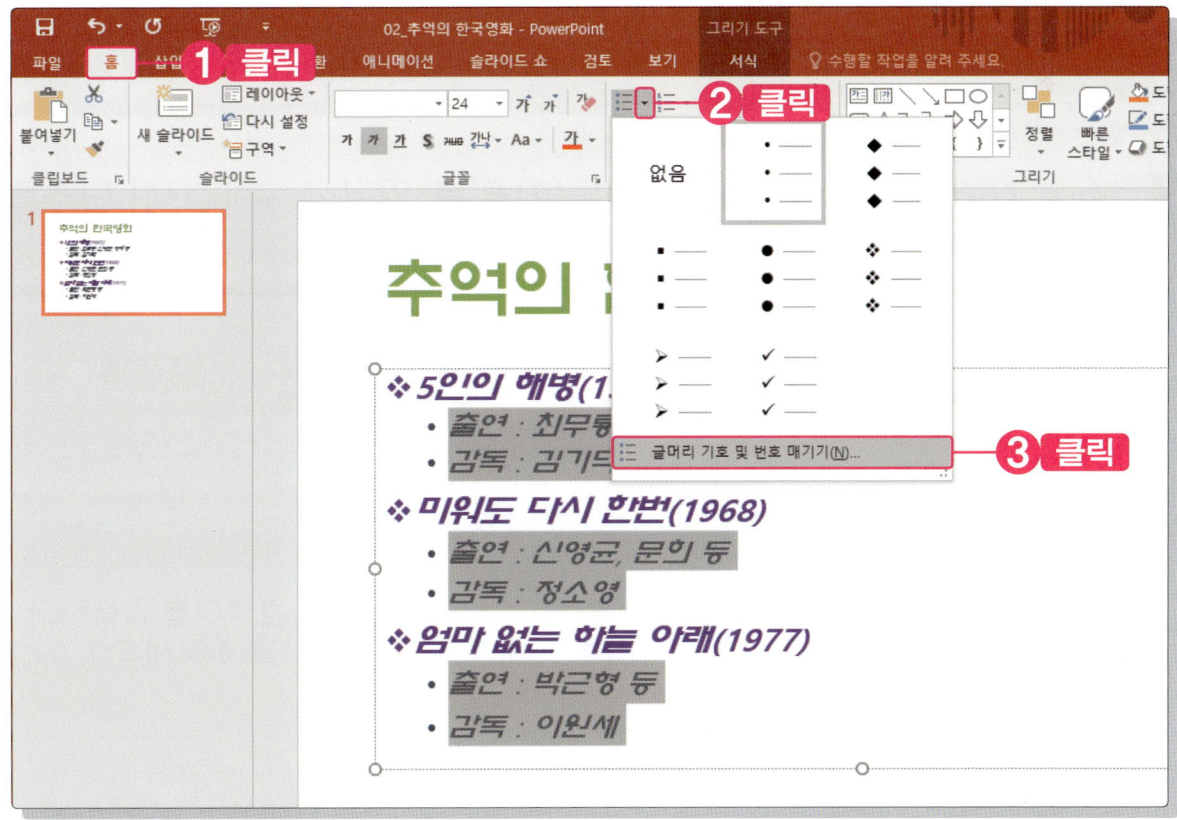

Chapter 02 - 글꼴 서식 지정하고 단락 다루기

5 [글머리 기호 및 번호 매기기] 대화상자가 나타나면 [글머리 기호] 탭에서 **[그림] 단추를 클릭**합니다.

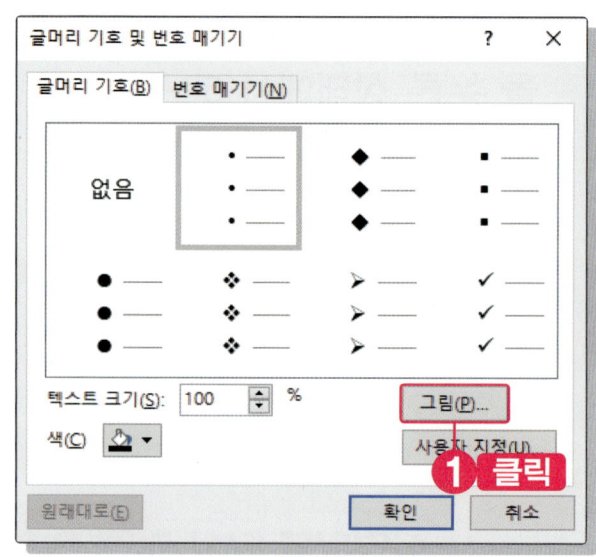

6 [그림 삽입] 대화상자가 나타나면 **[Bing 이미지검색]을 클릭**합니다.

7 bing 검색 대화상자가 나타나면 **'기호'를 입력**한 후 **[검색] 단추를 클릭**합니다.

8 '기호' 이미지가 검색되어 나타나면 **삽입할 그림을 선택**한 후 **[삽입] 단추를 클릭**합니다.

Tip
온라인 그림은 교재에서 사용한 그림이 없을 수 있습니다.
동일한 그림이 없을 경우 비슷한 그림을 선택하여 삽입합니다.

9 글머리 기호가 선택한 그림 형식의 글머리 기호로 바뀐 것을 확인할 수 있습니다.

실전 연습 문제

01 다음과 같이 프레젠테이션 문서를 작성해 보세요.

추억의 드라마

- 아씨(TBC, 1970)
- 각본 : 임희재
- 출연 : 김희준, 김세윤, 여운계

- 여로(KBS, 1972)
- 각본 : 이남섭
- 출연 : 장욱제, 태현실, 박주아

02 다음과 같이 2~3번, 6~7번 단락의 단락 수준을 한 수준 내려 보세요.

추억의 드라마

- 아씨(TBC, 1970)
  - 각본 : 임희재
  - 출연 : 김희준, 김세윤, 여운계

- 여로(KBS, 1972)
  - 각본 : 이남섭
  - 출연 : 장욱제, 태현실, 박주아

실전 연습 문제

03 다음과 같이 1번, 5번 단락에 글머리 기호를 넣어 보세요.

추억의 드라마

✓아씨(TBC, 1970)
- 각본 : 임희재
- 출연 : 김희준, 김세윤, 여운계

✓여로(KBS, 1972)
- 각본 : 이남섭
- 출연 : 장욱제, 태현실, 박주아

04 다음과 같이 2~3번, 6~7번 단락에 번호를 매긴 후 '추억의 드라마'로 저장해 보세요.

추억의 드라마

✓아씨(TBC, 1970)
① 각본 : 임희재
② 출연 : 김희준, 김세윤, 여운계

✓여로(KBS, 1972)
① 각본 : 이남섭
② 출연 : 장욱제, 태현실, 박주아

Chapter 03 한자와 기호 입력하고 인쇄하기

일반적인 한자 변환은 직접 입력하지 않고 한글을 입력한 후 [한글/한자 변환] 대화상자를 이용하여 한자를 변환합니다.
또한 작성한 프레젠테이션 문서를 다양한 방법으로 인쇄하여 청중에게 효과적으로 내용을 전달할 수 있습니다.

Step 01 한자와 기호 입력하기

1 다음 세부 조건을 이용하여 **프레젠테이션 문서를 작성**합니다.
  ○ 1번 슬라이드
  • 제목 : 글꼴(HY견고딕), 글꼴 크기(54)
  • 글머리 기호 : 온라인 그림(원)

제사
- 돌아가신 조상을 기리는 전통 의식입니다.
- 제사의 예식 또는 예절을 '제례'라고 합니다.
- 제사에는 유제(장례를 마친 뒤에 지내는 제사), 대상(3년상을 마치고 탈상하는 제사), 기제사(조상이 돌아가신 날에 지내는 제사), 차례(명절에 지내는 제사)등이 있습니다.
- 보통 '제사'라고 하면 기제사를 말합니다.
- 최근에는 기제사와 차례를 주로 지냅니다.

Tip
온라인 그림은 교재에서 사용한 그림이 없을 수 있습니다.
동일한 그림이 없을 경우 비슷한 그림을 선택하여 삽입합니다.

○ 2번 슬라이드
- 제목 : 글꼴(HY견고딕), 글꼴 크기(54)
- 글머리 기호 : 온라인 그림(원, 대추)
- 목록 수준 늘림 : 2~5번, 7~10번 단락

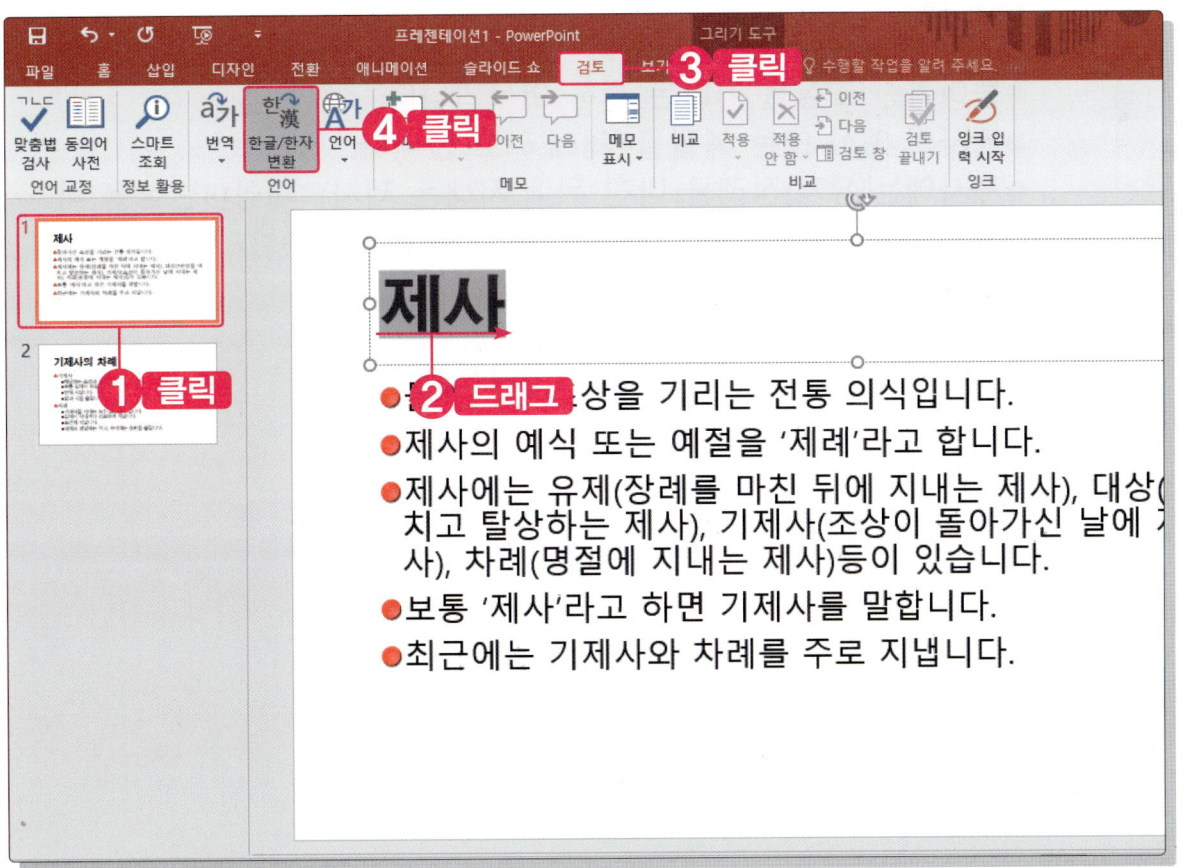

2 1번 슬라이드를 선택한 후 '제사'를 드래그하여 블록으로 설정한 다음 [검토] 탭-[언어] 그룹에서 [한글/한자 변환]을 클릭합니다.

Chapter 03 - 한자와 기호 입력하고 인쇄하기

3 [한글/한자 변환] 대화상자가 나타나면 **한자(祭祀)와 입력 형태(漢字)를 선택**한 후 **[변환]** 단추를 **클릭**합니다.

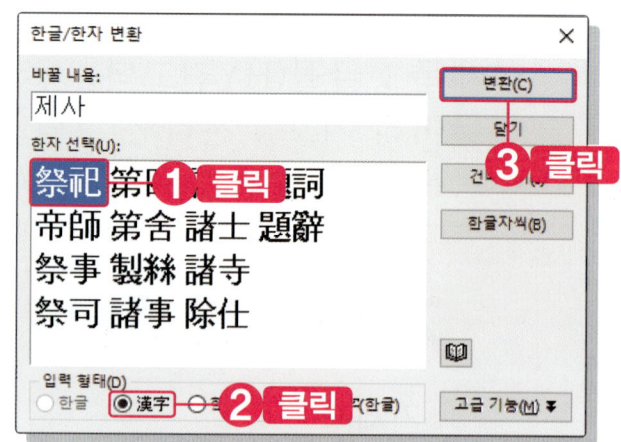

잠깐만요!

입력 형태
- 한글 : 祭祀 → 제사
- 한글(漢字) : 제사 → 제사(祭祀)
- 漢字 : 제사 → 祭祀
- 漢字(한글) : 제사 → 祭祀(제사)

4 다음과 같이 제목 개체틀의 '제사'가 한자 '祭祀'로 변환됩니다.

- 돌아가신 조상을 기리는 전통 의식입니다.
- 제사의 예식 또는 예절을 '제례'라고 합니다.
- 제사에는 유제(장례를 마친 뒤에 지내는 제사), 대상(3년상을 마치고 탈상하는 제사), 기제사(조상이 돌아가신 날에 지내는 제사), 차례(명절에 지내는 제사)등이 있습니다.
- 보통 '제사'라고 하면 기제사를 말합니다.
- 최근에는 기제사와 차례를 주로 지냅니다.

5 기호를 입력하기 위해 제목 개체 틀의 **祭祀앞에 커서를 위치**시킨 후 [삽입] 탭-[기호] 그룹에서 **[기호]**를 클릭합니다.

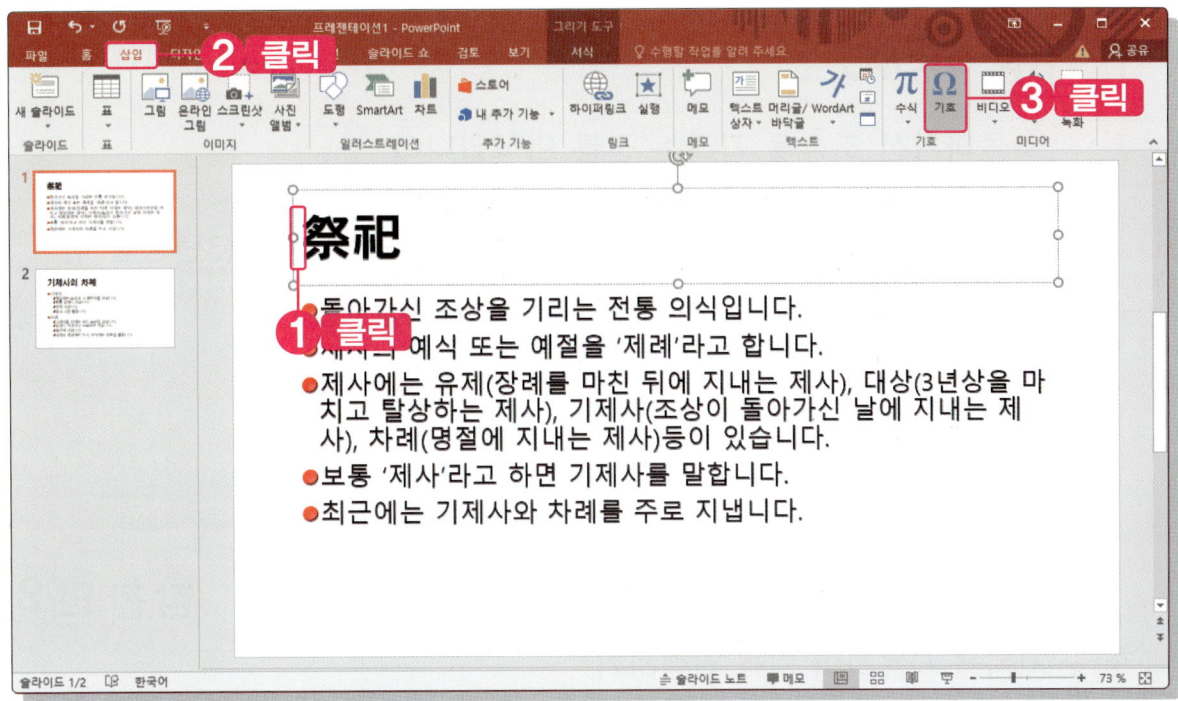

6 [기호] 대화상자가 나타나면 **글꼴(맑은 고딕)과 하위 집합(도형 기호)을 선택**한 후 '▶' **기호를 선택**한 다음 [삽입] 단추를 클릭합니다. 그런다음 기호가 삽입되면 **[닫기]** 단추를 클릭합니다.

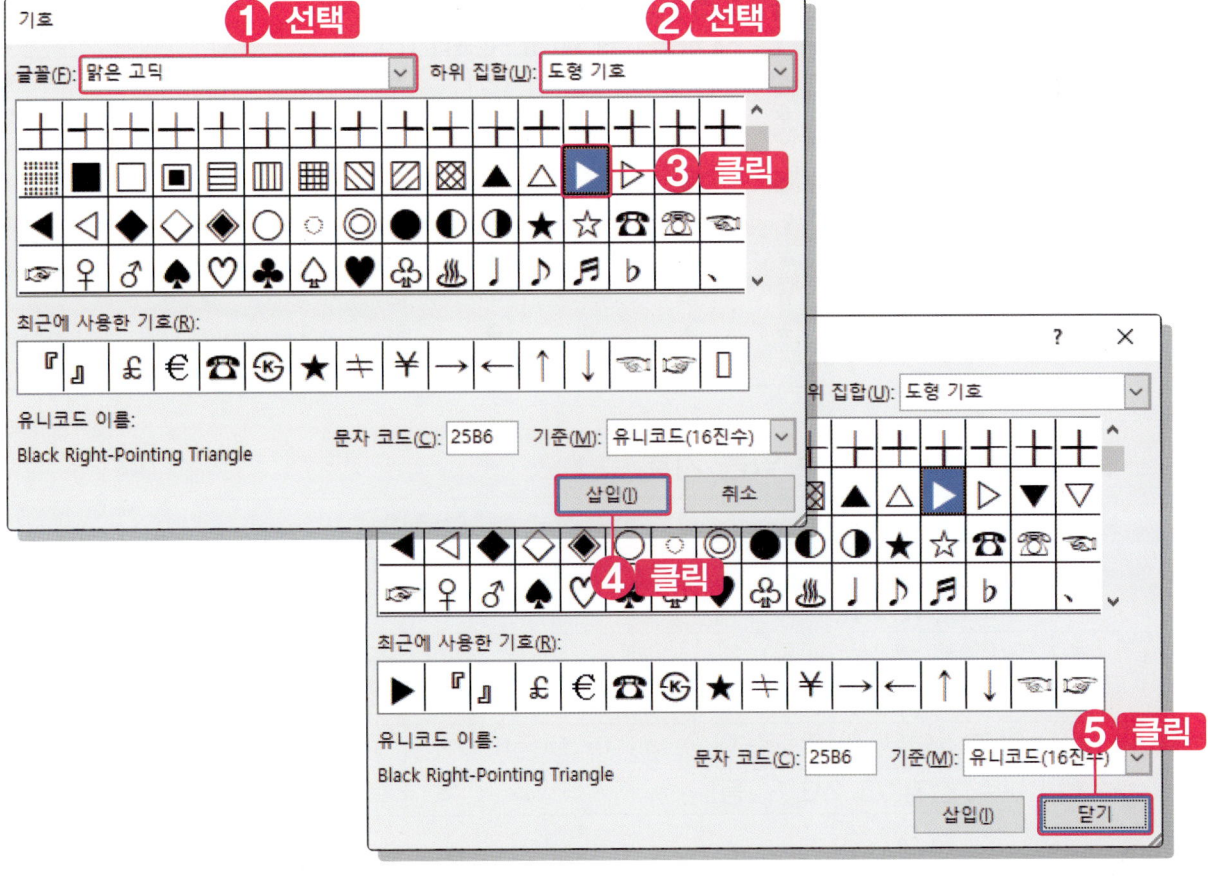

Chapter 03 - 한자와 기호 입력하고 인쇄하기

7 다음과 같이 한자 앞에 기호가 삽입됩니다.

▶祭祀
- 돌아가신 조상을 기리는 전통 의식입니다.
- 제사의 예식 또는 예절을 '제례'라고 합니다.
- 제사에는 유제(장례를 마친 뒤에 지내는 제사), 대상(3년상을 마치고 탈상하는 제사), 기제사(조상이 돌아가신 날에 지내는 제사), 차례(명절에 지내는 제사)등이 있습니다.
- 보통 '제사'라고 하면 기제사를 말합니다.
- 최근에는 기제사와 차례를 주로 지냅니다.

한글 자음을 사용하여 기호 입력하기

다음과 같이 한글 자음을 입력한 후 한자를 눌러 기호를 입력할 수 있습니다.

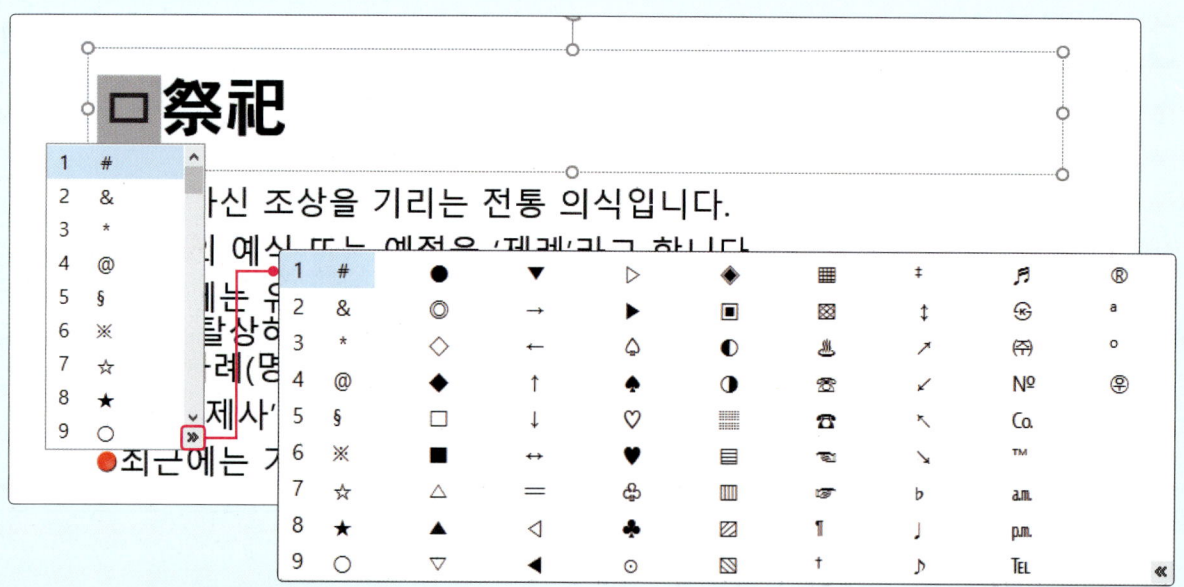

한글 자음별 입력할 수 있는 기호

한글 자음	입력할 수 있는 기호	한글 자음	입력할 수 있는 기호
ㄴ	괄호《(,)【 , 】등)	ㄷ	수학 기호(÷, ≠, ∴, ≒ 등)
ㄹ	단위(₩, mm³, km³, ㎍ 등)	ㅁ	도형(●, ㅁ, ▲, ♥ 등)
ㅂ	상자 그리기(─, │, ┬, ┼ 등)	ㅅ	원/괄호 한글(㉠, ㉮, (ㄱ), (가) 등)
ㅇ	원/괄호영문, 원/괄호숫자(ⓐ, (a), ①, (1) 등)	ㅈ	숫자, 로마 숫자(0, 9, ⅰ, Ⅹ 등)
ㅊ	분수, 첨자(1/3, 2/3, ¹, ₄등)	ㅎ	로마 문자(Δ, Θ, Ω, π등)

Step 02 인쇄하기

1 슬라이드 크기를 지정하기 위해 [디자인] 탭-[사용자 지정] 그룹에서 **[슬라이드 크기]를 클릭**한 후 **[사용자 지정 슬라이드 크기]를 클릭**합니다.

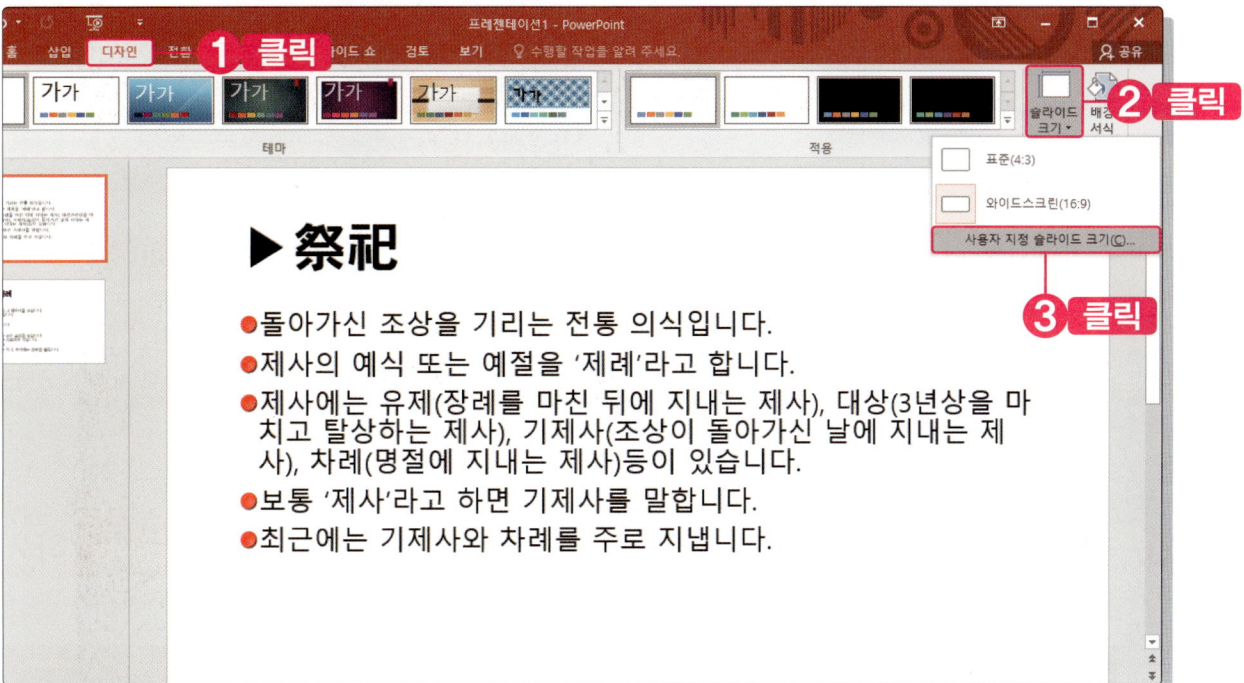

2 [슬라이드 크기] 대화상자가 나타나면 **슬라이드 크기(A4 용지(210×297mm))를 선택**한 후 **[확인] 단추를 클릭**합니다.

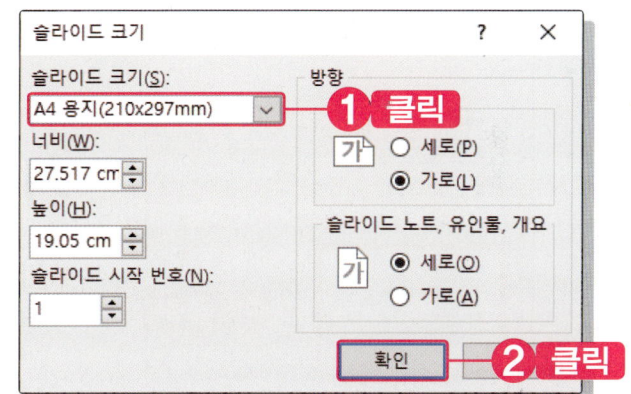

[슬라이드 크기] 대화상자

[슬라이드 크기] 대화상자는 슬라이드의 크기 및 방향 등을 지정하는 기능으로 슬라이드의 크기에 따라 슬라이드 쇼를 진행할 때 화면의 크기 및 인쇄 사이즈가 다르게 나타납니다.
- 슬라이드 크기 : 작성하려는 슬라이드의 크기를 결정합니다.
- 방향 : 슬라이드, 슬라이드 노트, 유인물, 개요 등이 인쇄되는 방향을 결정합니다.
- 슬라이드 시작 번호 : 슬라이드의 시작 번호를 결정합니다.

Chapter 03 - 한자와 기호 입력하고 인쇄하기

3 [Microsoft PowerPoint] 대화상자가 나타나면 **[맞춤 확인]**을 클릭합니다.

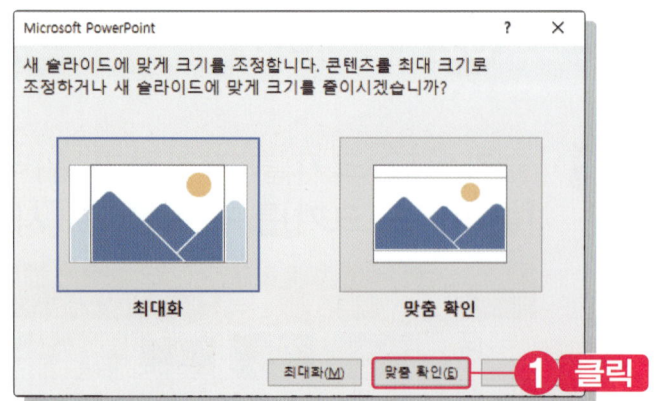

> Tip
> - **최대화** : 슬라이드 크기를 확대할 때 슬라이드 콘텐츠의 크기를 확대하려면 이 옵션을 선택합니다. 이 옵션을 선택하면 콘텐츠가 슬라이드에 맞지 않을 수 있습니다.
> - **맞춤 확인** : 슬라이드 크기를 축소할 때 콘텐츠의 크기를 축소하려면 이 옵션을 선택합니다. 이 옵션을 선택하면 콘텐츠가 작게 표시되지만 슬라이드에 전체 콘텐츠가 표시됩니다.

4 다음과 같이 슬라이드 크기가 지정되면 2번 슬라이드만 인쇄하기 위해 **슬라이드 탭에서 2번 슬라이드를 선택**합니다.

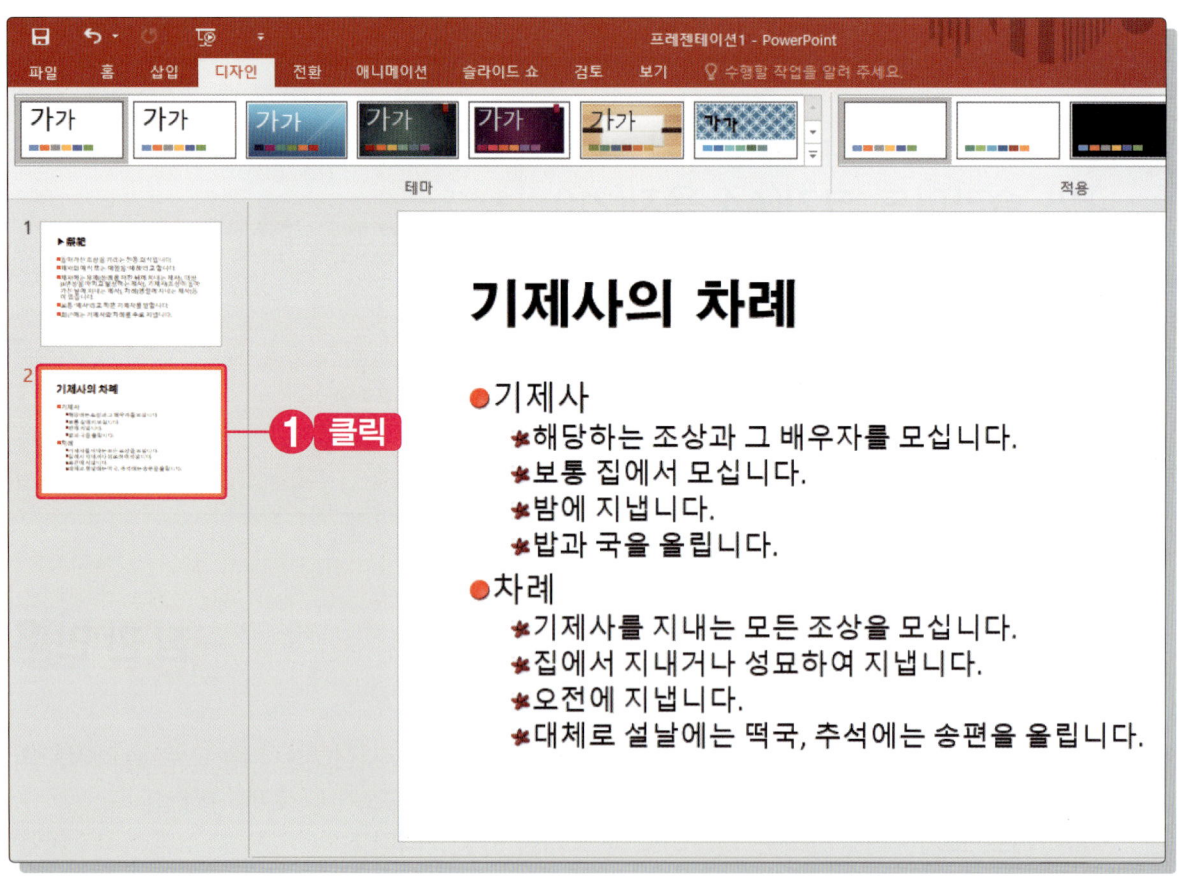

5 2번 슬라이드가 선택되면 [파일] 탭을 클릭합니다. 그런다음 백스테이지(Backstage) 화면이 표시되면 [인쇄] 탭을 클릭합니다.

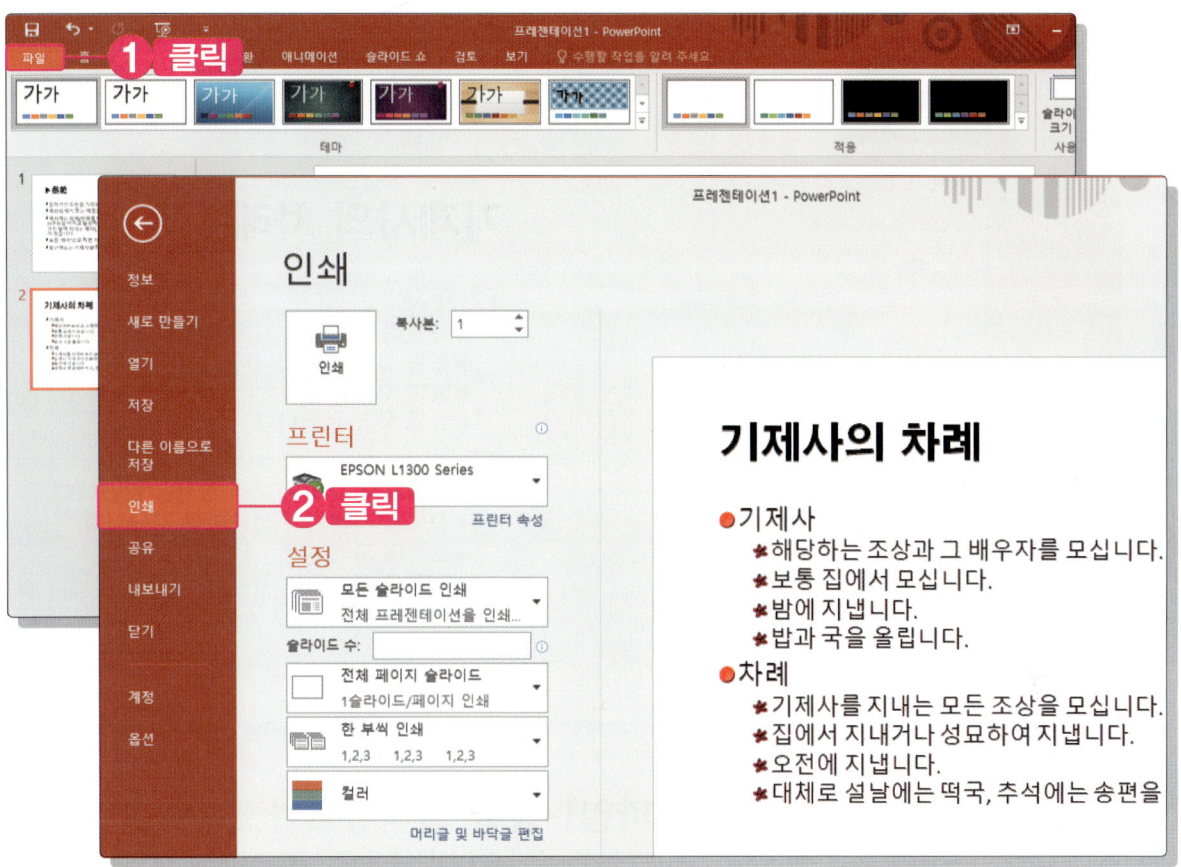

6 인쇄 범위를 [현재 슬라이드 인쇄]를 선택합니다.

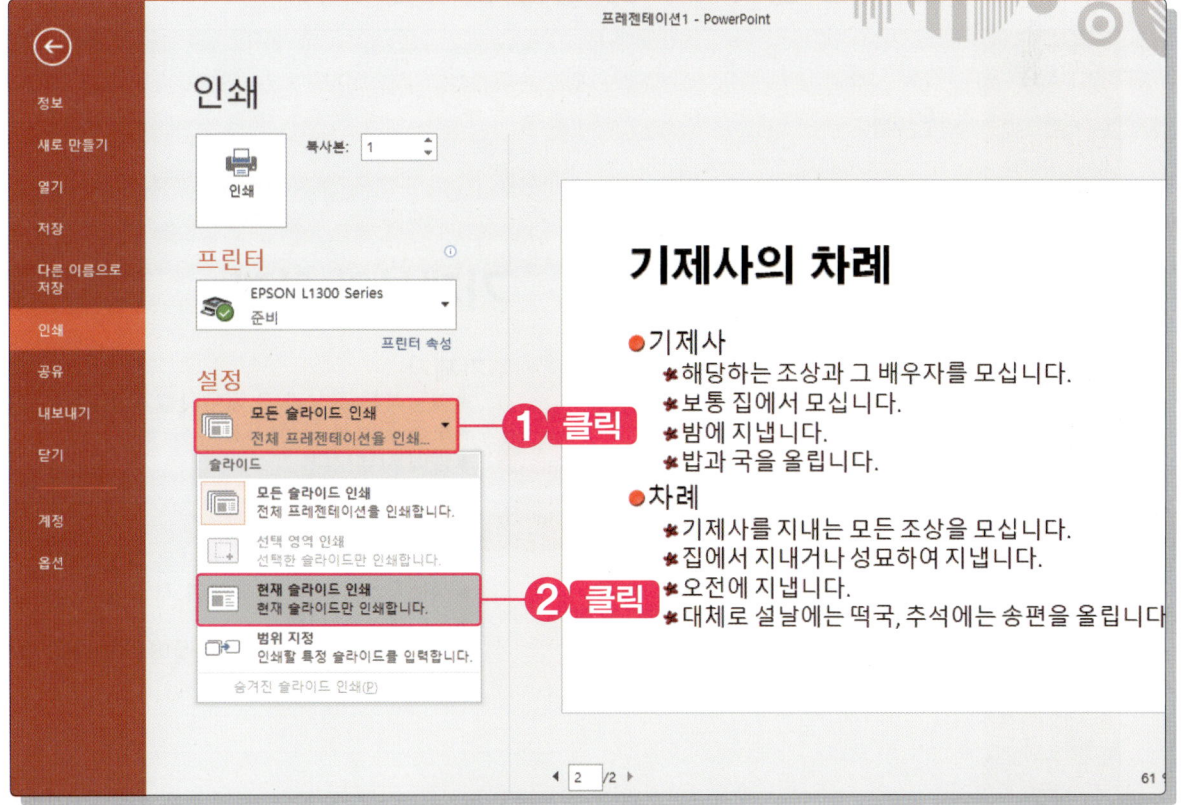

7 인쇄 범위가 '현재 슬라이드 인쇄'로 선택되면 **[인쇄]를 클릭**합니다.

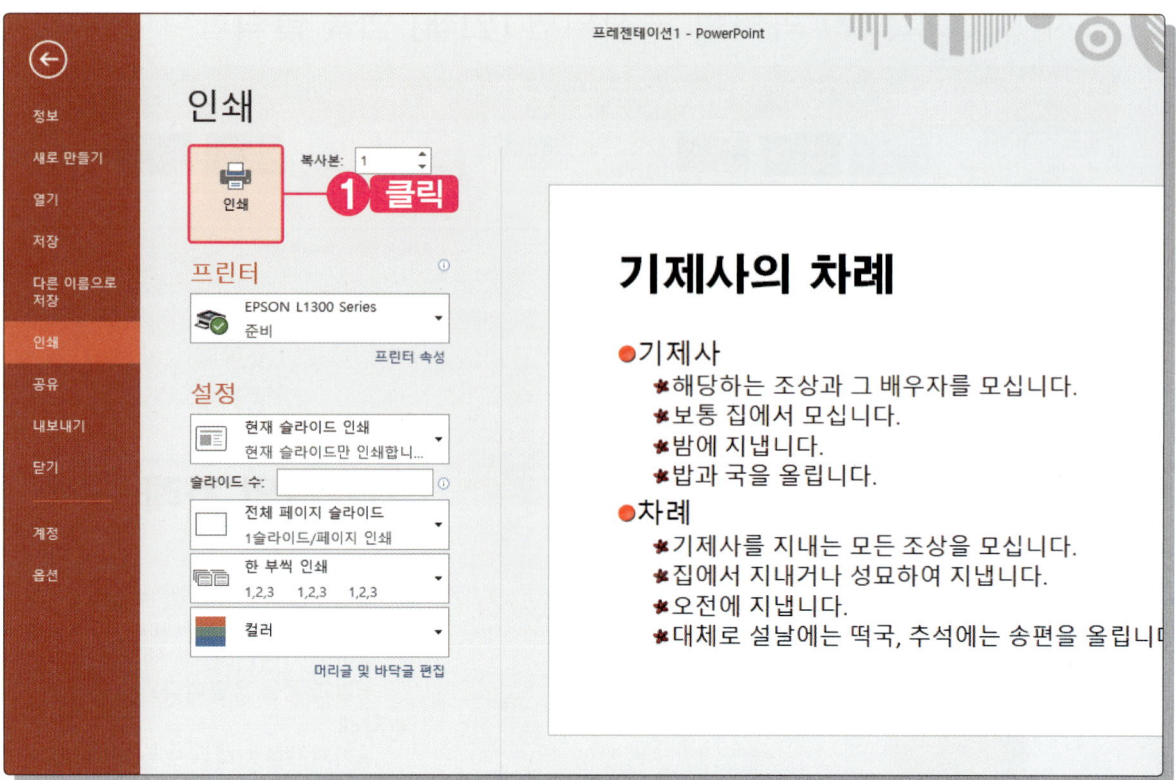

8 2번 슬라이드가 인쇄되면 **[파일] 탭을 클릭**합니다. 그런다음 백스테이지(Backstage) 화면이 표시되면 **[인쇄] 탭을 클릭**합니다.

9 인쇄 범위를 **[모든 슬라이드 인쇄]를 선택**합니다.

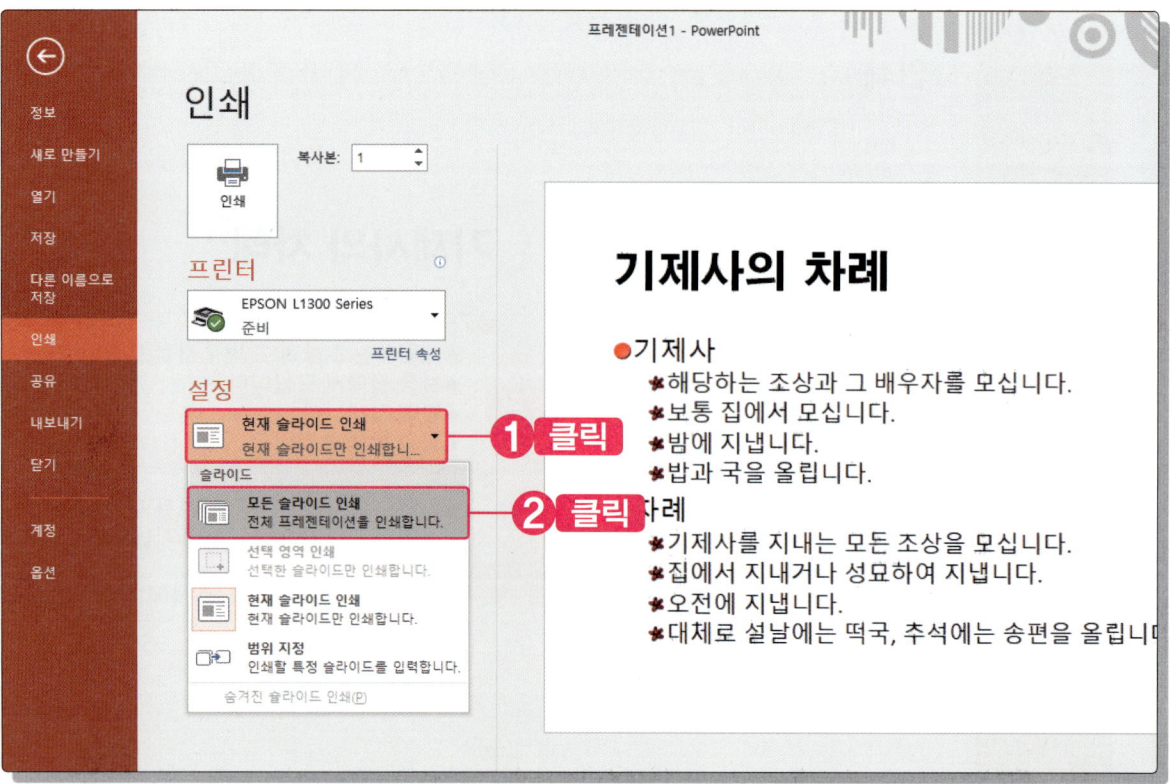

10 인쇄 범위가 지정되면 **인쇄 대상을 [유인물(2슬라이드)]를 선택**합니다.

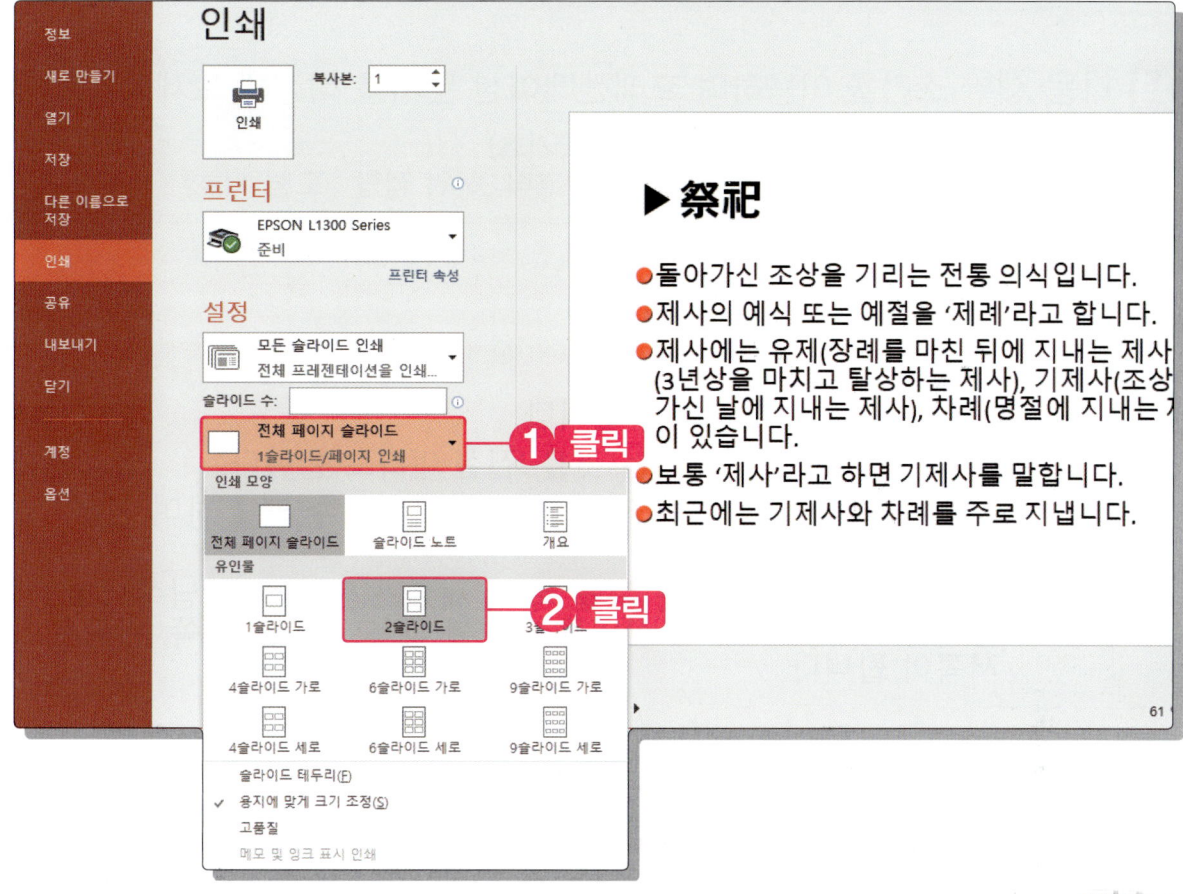

Tip
유인물은 프레젠테이션을 진행하는 동안 참석자가 보거나 나중에 참조할 수 있도록 배포하는 인쇄물을 말합니다.

11 인쇄 모양이 유인물(2슬라이드)로 선택되면 **[인쇄]를 클릭**합니다.

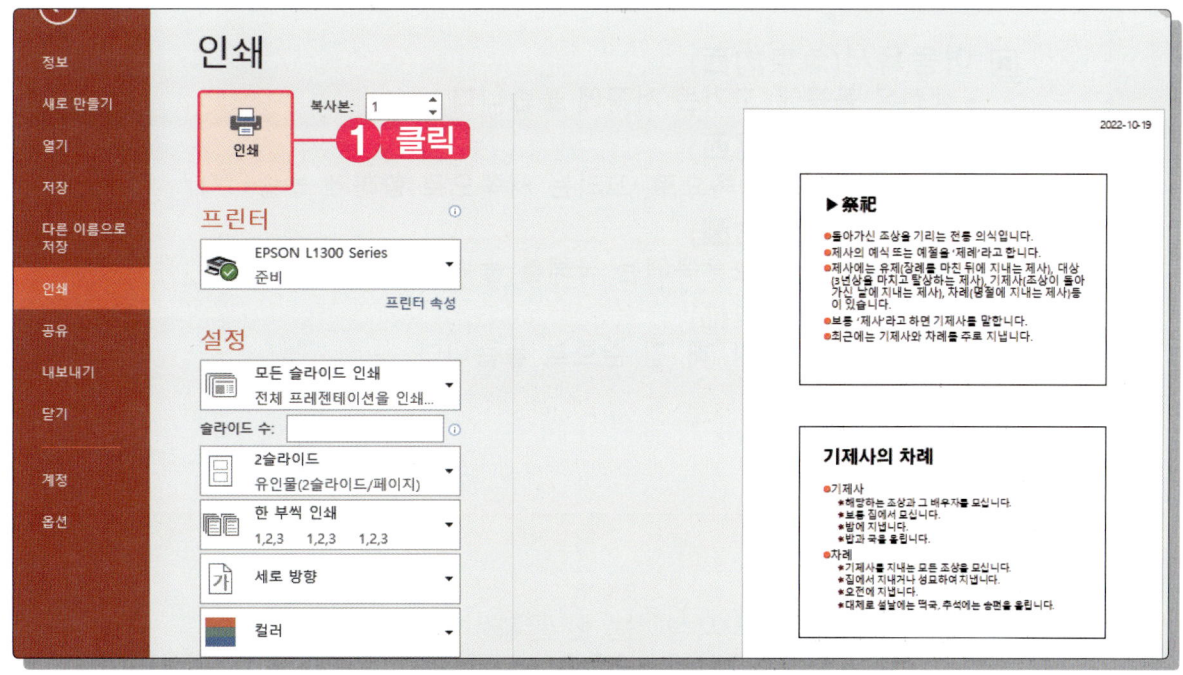

실전 연습 문제

01 다음 세부 조건을 이용하여 프레젠테이션 문서를 작성해 보세요.
- 기호 : 글꼴(맑은 고딕), 하위 집합(도형 기호)
- 글머리 기호 : 사용자 지정(글꼴 : 맑은 고딕, 하위 집합 : 도형 기호)

◐제사상 차리기◐

■ 제사 음식을 '제수'라고 합니다.
■ 제수를 제사상에 차리는 것을 '진설'이라고 합니다.
■ 제수 중에서 밥은 '메', 국은 '갱', 숭늉은 '숙수'라고 하며 신위 수대로 준비합니다.
■ 제사상은 신위가 있는 쪽을 북쪽, 제주가 있는 쪽을 남쪽으로 봅니다. 따라서 제주가 신위를 바라볼 때 오른쪽은 동쪽, 왼쪽은 서쪽이 됩니다.

02 다음과 같이 2번 슬라이드를 작성한 후 한자를 입력해 보세요.

◐제사상 차리기 관련 사자성어◐

■ 어동육서(魚東肉西)
- 생선은 동쪽에, 고기는 서쪽에 놓습니다.

■ 두동미서(頭東尾西)
- 생선의 머리는 동쪽으로, 꼬리는 서쪽으로 향하게 놓습니다.

■ 좌포우혜(左脯右醯)
- 왼쪽에는 포를, 오른쪽에는 식혜를 놓습니다.

■ 조율이시(棗栗梨柿)
- 왼쪽부터 대추, 밤, 배, 감 순으로 놓습니다.

Tip
한자 등록이 안 되어 있는 사자성어는 한 글자씩 변환해야 합니다.

실전 연습 문제

03 다음과 같이 슬라이드 크기(A4 용지(210×297mm))를 지정한 후 2번 슬라이드만 인쇄해 보세요.

◐제사상 차리기 관련 사자성어◑

■ 어동육서(魚東肉西)
  • 생선은 동쪽에, 고기는 서쪽에 놓습니다.
■ 두동미서(頭東尾西)
  • 생선의 머리는 동쪽으로, 꼬리는 서쪽으로 향하게 놓습니다.
■ 좌포우혜(左脯右醯)
  • 왼쪽에는 포를, 오른쪽에는 식혜를 놓습니다.
■ 조율이시(棗栗梨柿)
  • 왼쪽부터 대추, 밤, 배, 감 순으로 놓습니다.

04 다음 조건에 맞게 프레젠테이션 문서를 인쇄해 보세요.
• 인쇄 : 모든 슬라이드 인쇄, 유인물(2슬라이드/페이지), 가로 방향

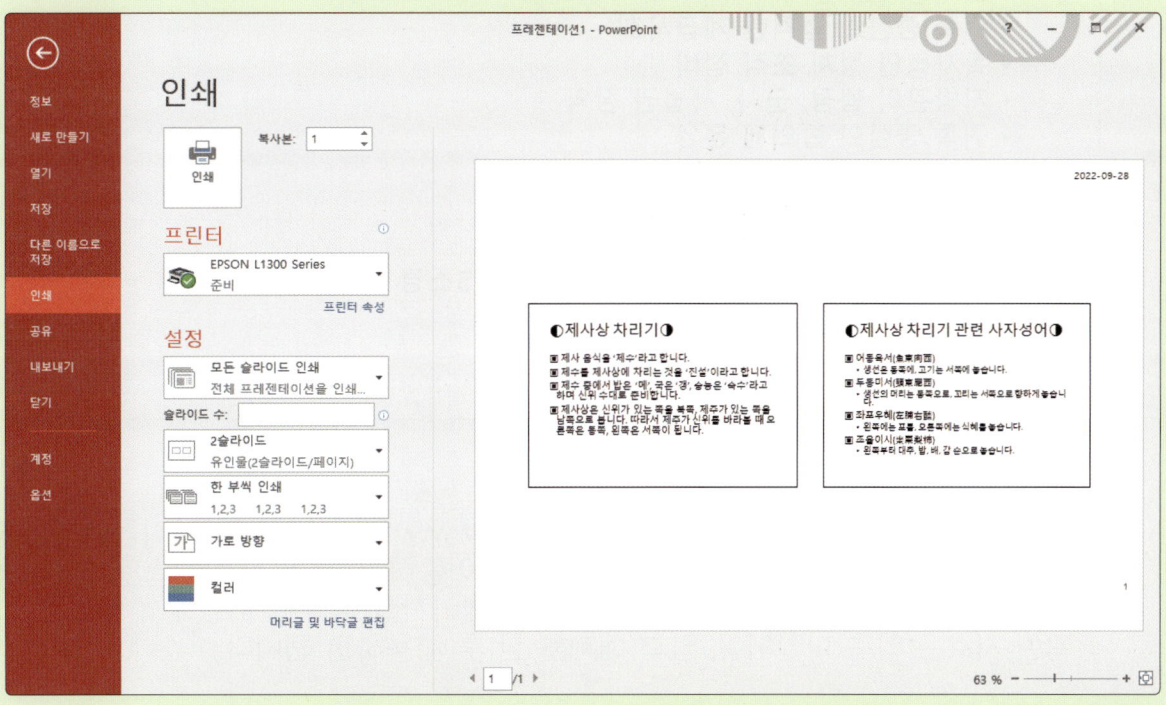

Chapter 03 – 한자와 기호 입력하고 인쇄하기 **47**

Powerpoint 2016

Chapter 04 배경 서식 지정하고 그림 삽입하기

배경 서식은 슬라이드를 단색, 그라데이션, 그림 또는 질감으로 채워서 꾸미는 기능입니다. 시선을 끄는 프레젠테이션을 만드는 데 배경 서식이나 그림이 중요한 역할을 하는 경우가 많습니다.

Step 01 배경 서식 지정하고 그림 삽입하기

1 다음과 같이 **프레젠테이션 문서를 작성**합니다.

> # 삼국시대의 성격
> - 중앙집권화, 관료제 마련, 군대파견, 율령반포, 왕권세습, 불교공인
> - 고대왕국의 성격
> - 귀족 중심의 엄격한 계급사회
> - 독자적인 정치 조직 정비
> - 지방관이 행정, 군사, 사법권 장악
> - 귀족 중심의 합의제 운영
> - 특수제도 실시
> - 고구려 : 3경제(국내성, 평양성, 한성)
> - 백제 : 22담로
> - 신라 : 2소경(중원경, 동원경) → 통일 후 5소경
> - 향, 소, 부곡의 설치

Tip

교재에 사용된 예제는 렉스미디어 홈페이지(www.rexmedia.net)로 이동한 후 [자료실]-[대용량 자료실]-[스마트정보화] 폴더로 이동하면 교재 자료(텍스트, 그림, 동영상 등)를 다운로드 받을 수 있습니다. 교재 2페이지를 참고하세요.
관련 자료는 압축 파일이며, 압축 해제를 한 후 사용하면 됩니다.

2 슬라이드의 바로 가기 메뉴에서 **[배경 서식]을 클릭**합니다.

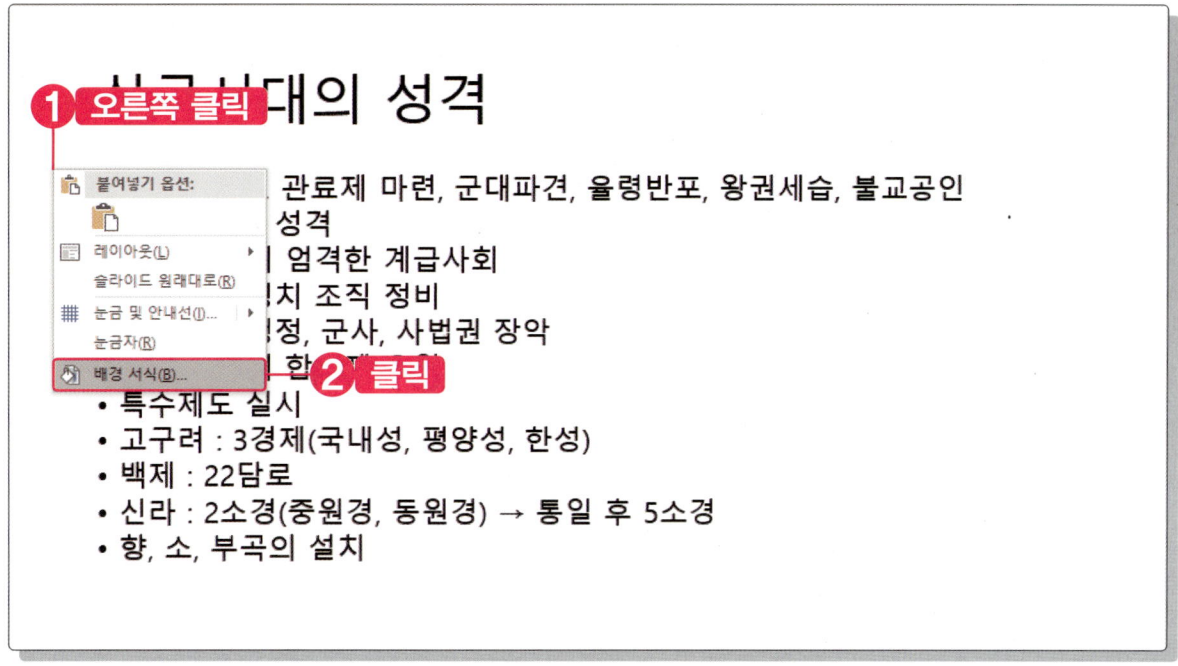

3 [배경 서식] 작업 창이 나타나면 [채우기] 탭에서 **[그라데이션 채우기]를 선택**한 후 **그라데이션 미리 설정(■[위쪽 스포라이트 강조 2])을 선택**한 다음 ✕[닫기]를 **클릭**합니다.

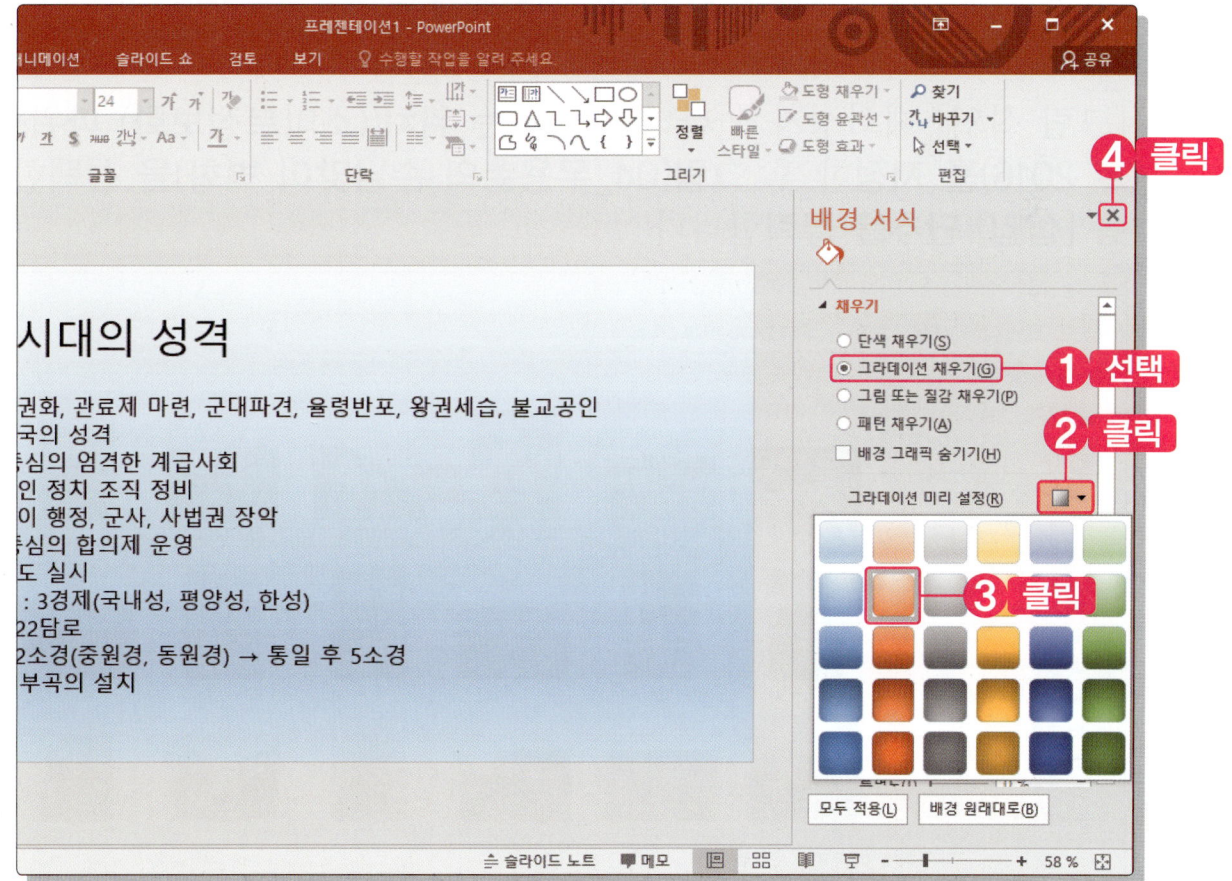

4 배경 서식이 지정되면 그림을 삽입하기 위해 [삽입] 탭-[이미지] 그룹에서 **[그림]을 클릭**합니다.

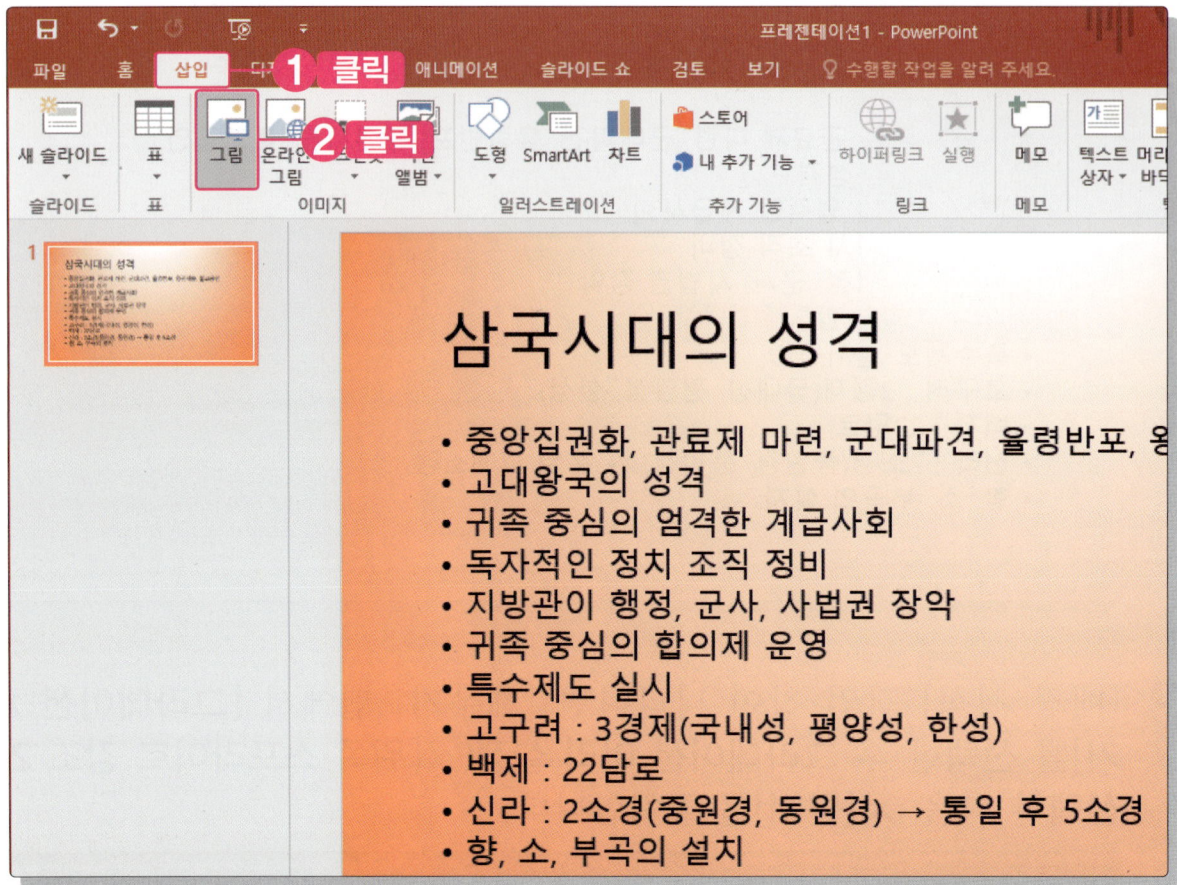

5 [그림 삽입] 대화상자가 나타나면 **찾는 위치((스마트정보화) 파워포인트 2016)를 지정**한 후 **그림(04_무용총의 손님맞이 벽화)을 선택**한 다음 **[삽입] 단추를 클릭**합니다.

6 그림이 삽입되면 다음과 같이 **그림의 크기를 조절**한 후 **그림의 위치를 이동**합니다.

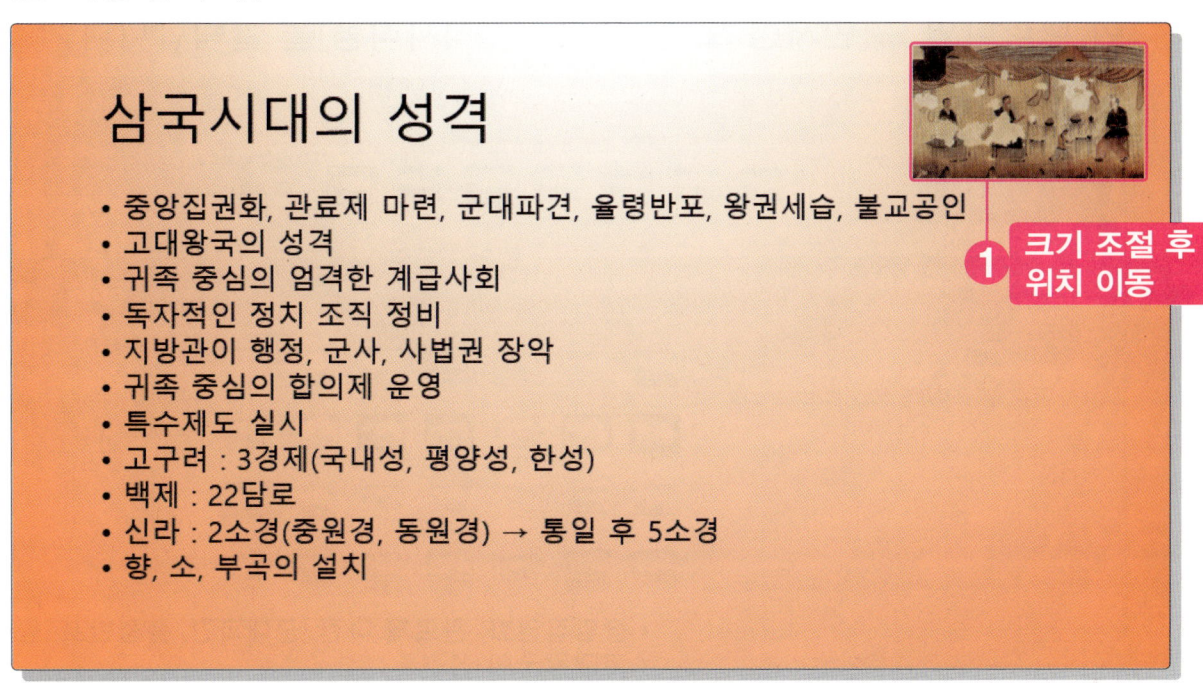

7 그림의 위치가 이동되면 [그림 도구] 정황 탭-[서식] 탭-[조정] 그룹에서 [색]을 클릭한 후 [파랑, 밝은 강조색 1]을 클릭합니다.

Tip
그림을 다시 칠하기 전 상태로 되돌리려면 그림을 선택한 후 [그림 도구] 정황 탭-[서식] 탭-[조정] 그룹에서 [그림 원래대로]를 클릭하면 됩니다.

8 그림의 색이 다시 칠해지면 [그림 도구] 정황 탭-[서식] 탭-[그림 스타일] 그룹에서 [자세히]를 클릭합니다. 그런다음 그림 스타일 목록이 나타나면 [반사형 모서리가 둥근 직사각형]을 클릭합니다.

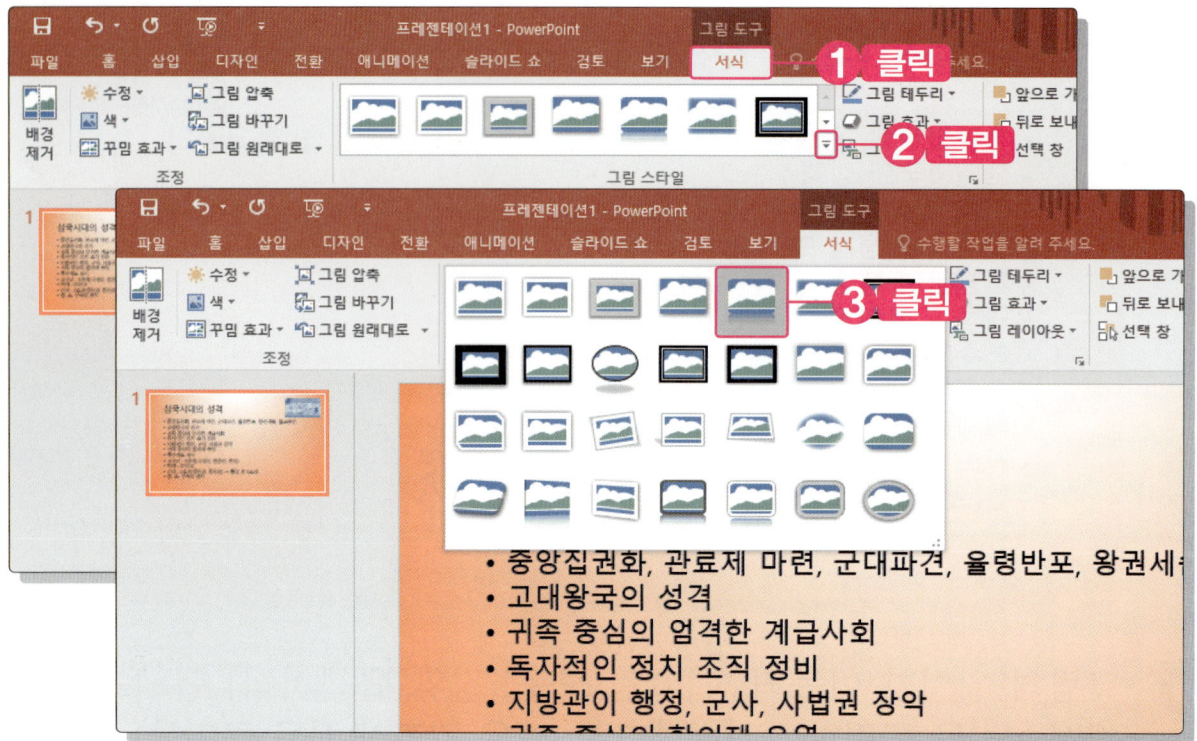

9 다음과 같이 그림에 그림 스타일이 지정됩니다.

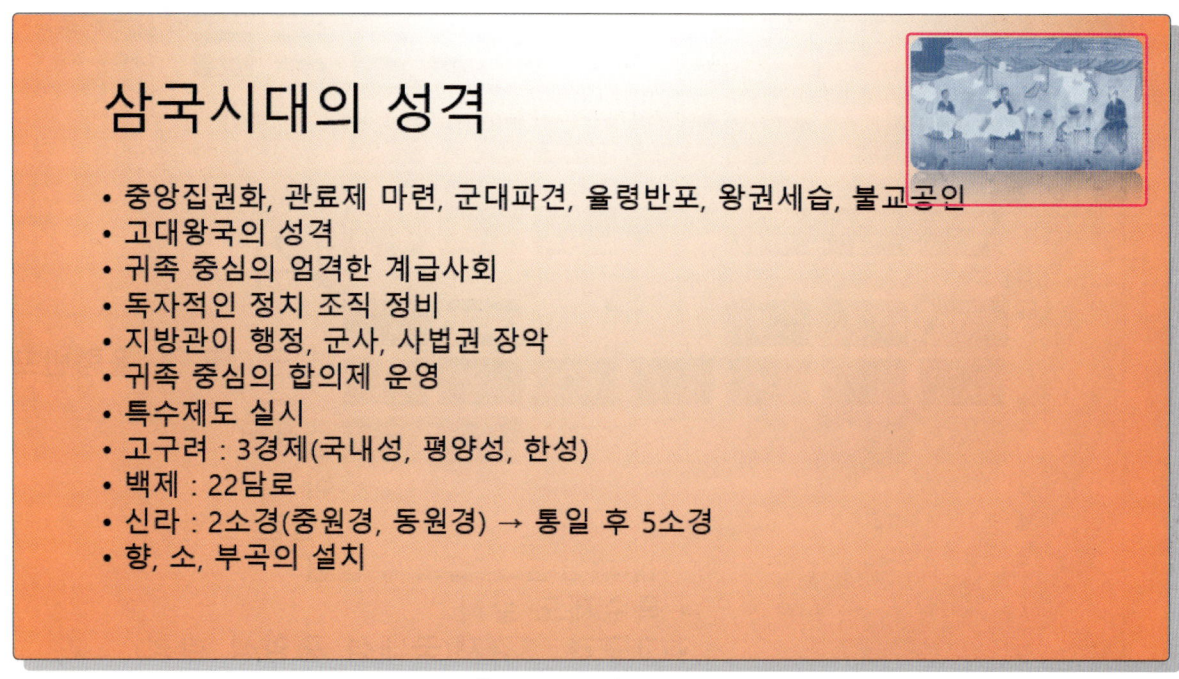

> **Tip**
> 그림을 선택한 후 [그림 도구] 정황 탭-[서식] 탭-[조정] 그룹에서 [그림 원래대로]를 클릭하면 그림을 변경한 모든 서식(크기 조절, 그림 스타일 등)을 무시하고 원래대로 되돌립니다.

Step 02 글꼴 서식 지정하고 단락 간격 지정하기

1 제목(삼국시대의 성격)을 드래그하여 블록으로 설정한 후 [홈] 탭-[글꼴] 그룹에서 **글꼴(휴먼아미체), 글꼴 크기(60),** [기울임꼴]을 지정합니다.

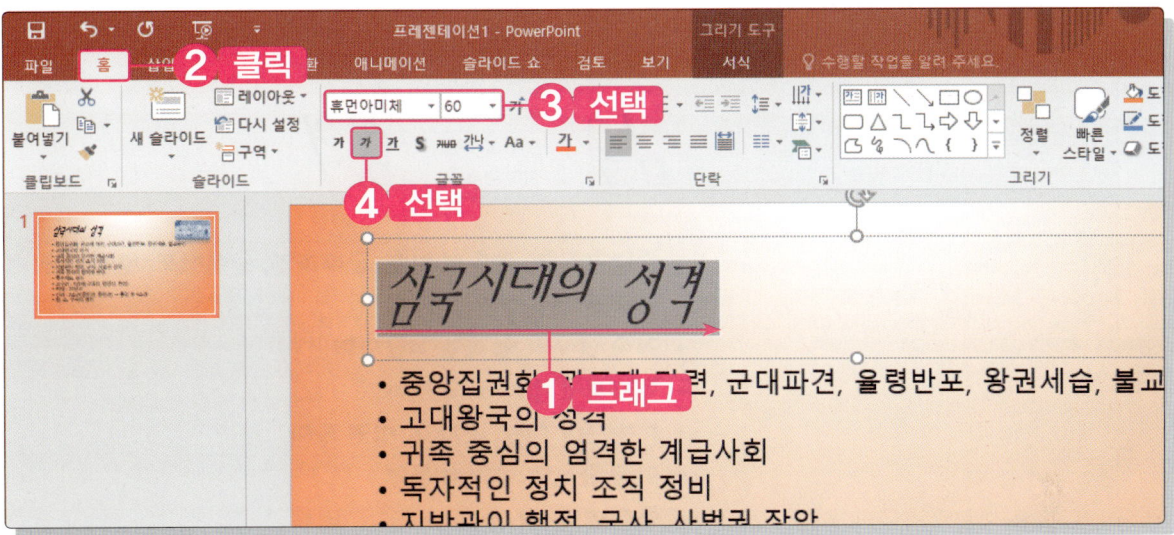

2 다음과 같이 제목에 글꼴 서식이 지정되면 **본문 내용을 드래그하여 블록으로 설정**한 후 [홈] 탭-[글꼴] 그룹에서 **글꼴(HY엽서M), 글꼴 크기(20),** [텍스트 그림자], **글꼴 색(진한 파랑)**을 지정합니다.

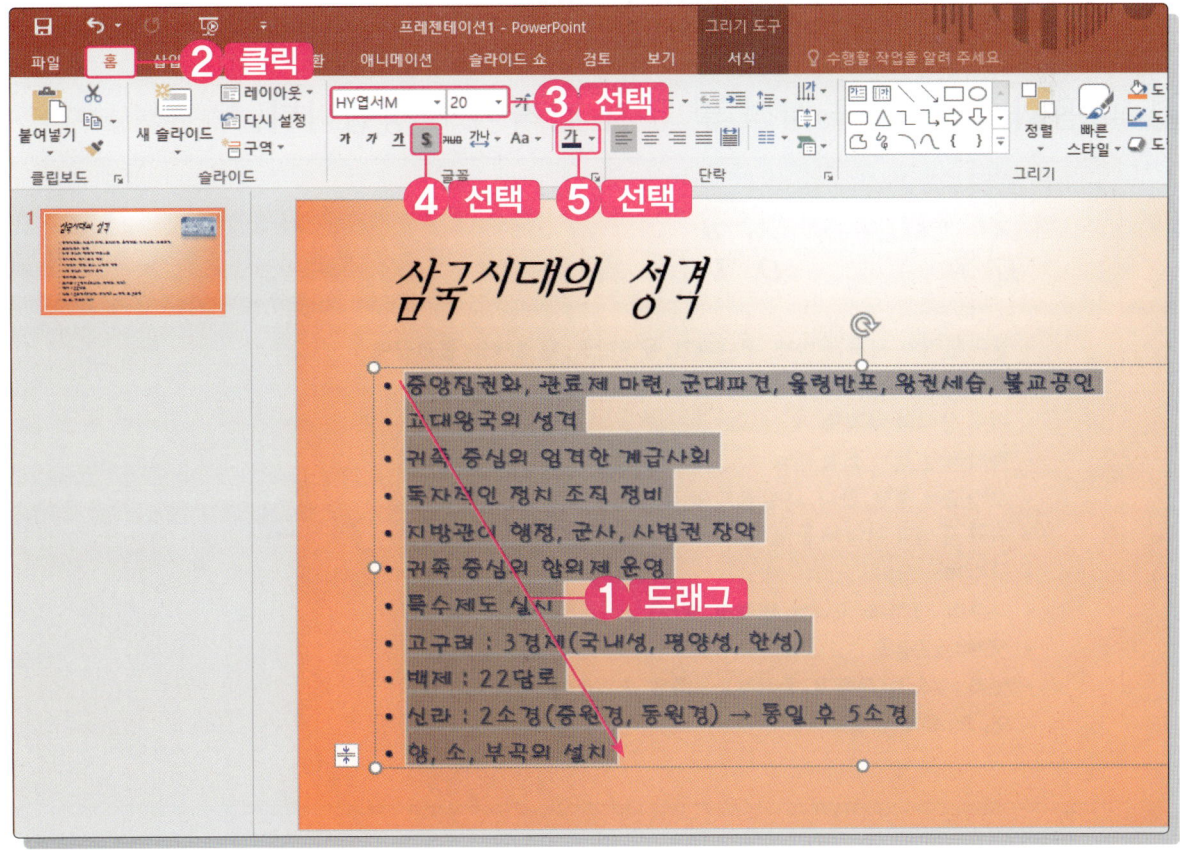

3 다음과 같이 글꼴 서식이 지정되면 [홈] 탭-[글꼴] 그룹에서 갘냐 -[문자 간격]을 클릭한 후 [좁게]를 클릭합니다.

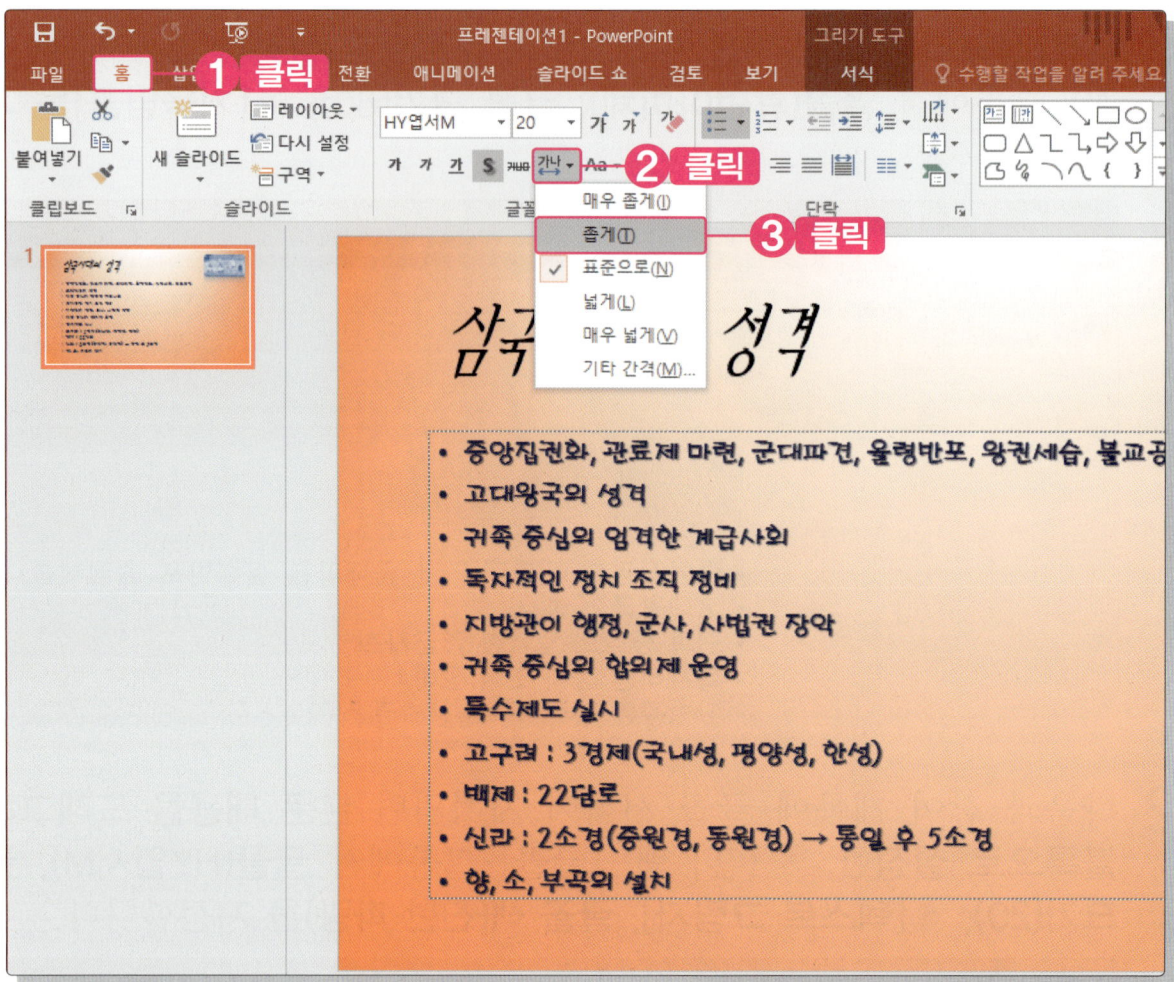

4 다음과 같이 글꼴 서식 및 문자 간격이 지정됩니다.

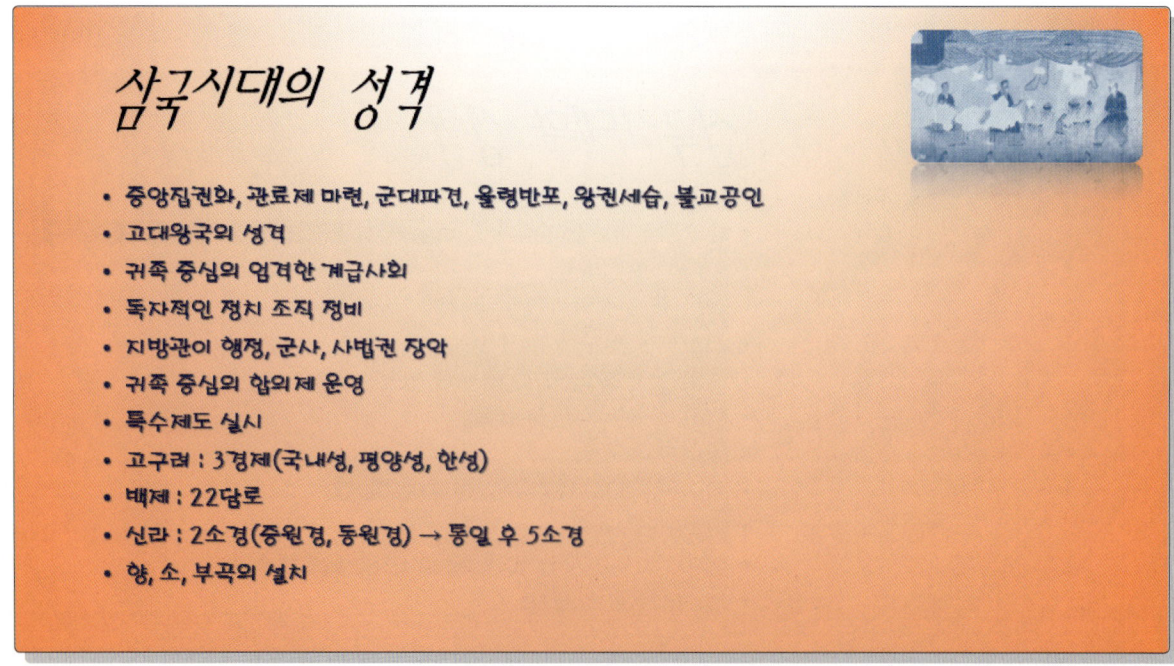

Step 03 번호 매기기 및 단락 수준 내리기

1 번호를 매기기 위해 **본문 내용을 드래그하여 블록으로 설정**한 후 [홈] 탭-[단락] 그룹에서 [번호 매기기]의 [목록]을 클릭한 다음 [원 숫자]를 클릭합니다.

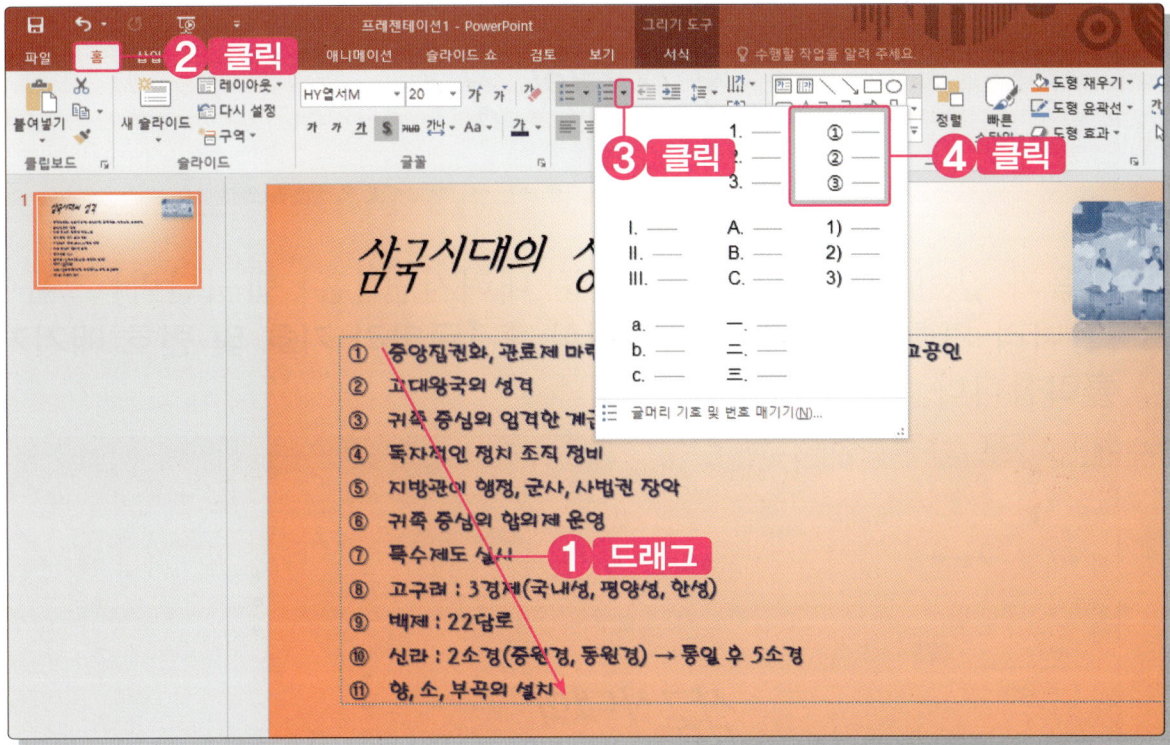

2 원 숫자가 적용되면 2번 단락을 드래그하여 블록으로 설정한 후 Ctrl을 누른 상태에서 8번~10번 단락을 드래그하여 블록으로 설정합니다.

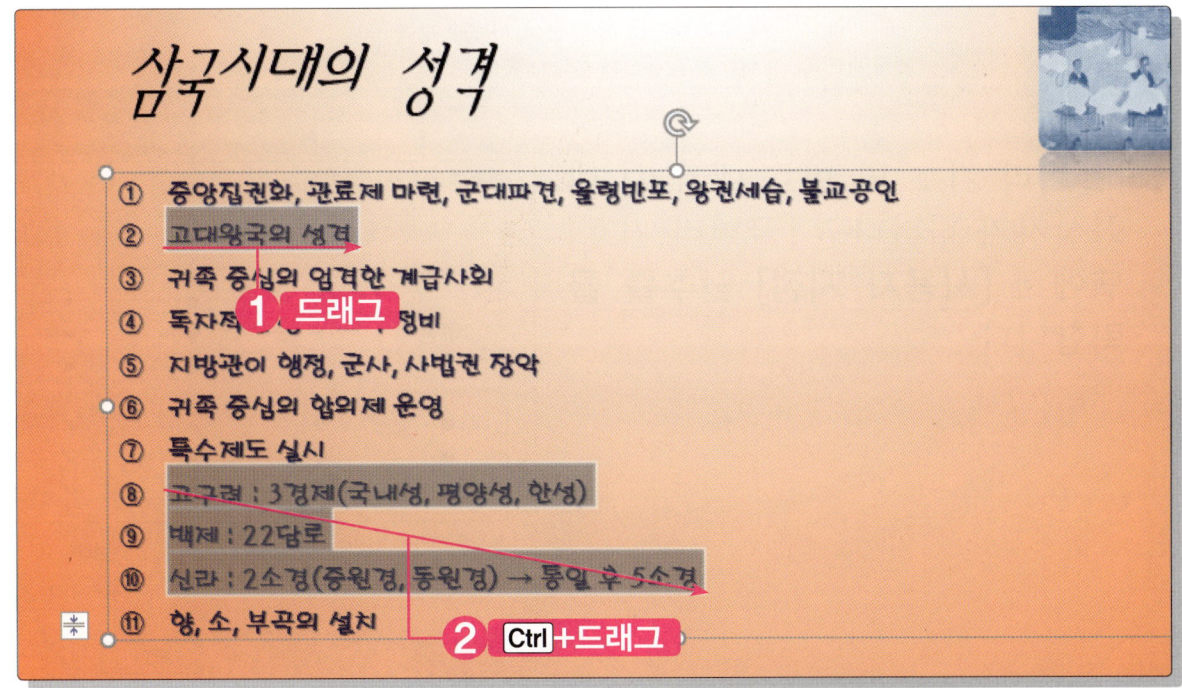

Chapter 04 - 배경 서식 지정하고 그림 삽입하기 **55**

3 블록이 설정되면 [홈] 탭-[단락] 그룹에서 [목록 수준 늘림]을 클릭합니다.

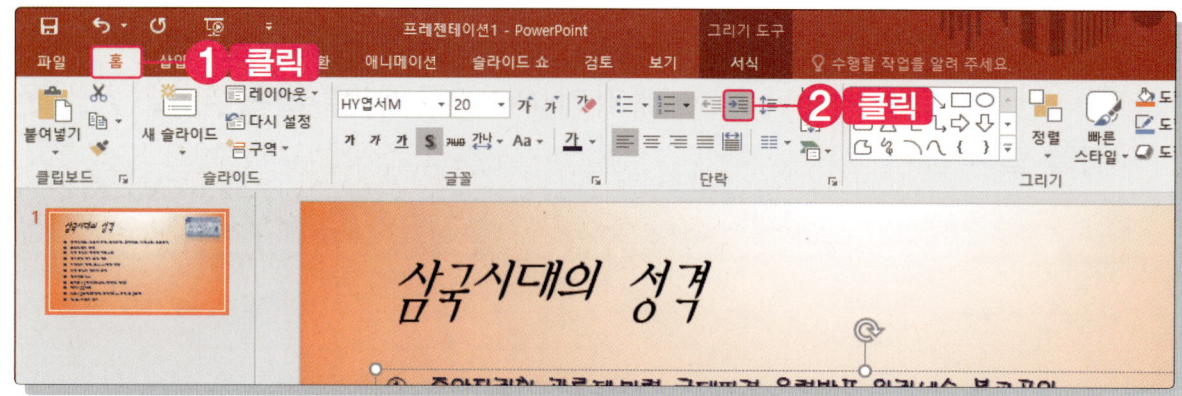

4 다음과 같이 단락 수준이 한 수준 내려지면 [홈] 탭-[단락] 그룹에서 [글머리 기호]의 [목록]을 클릭한 후 **[글머리 기호 및 번호 매기기]**를 클릭합니다.

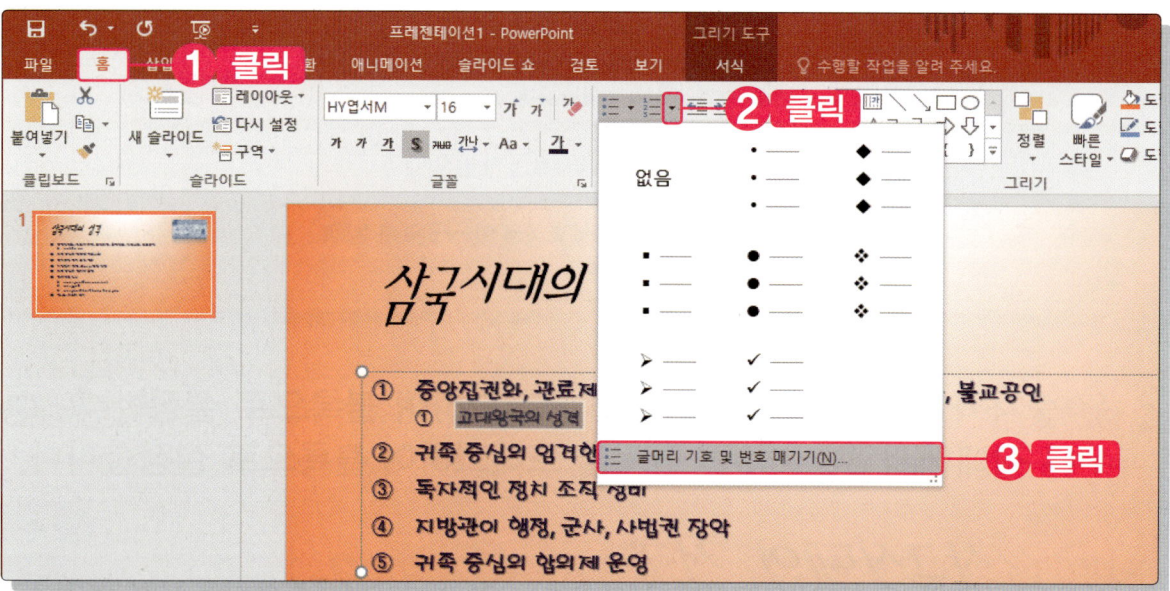

5 [글머리 기호 및 번호 매기기] 대화상자가 나타나면 [글머리 기호] 탭에서 **[사용자 지정] 단추**를 클릭합니다.

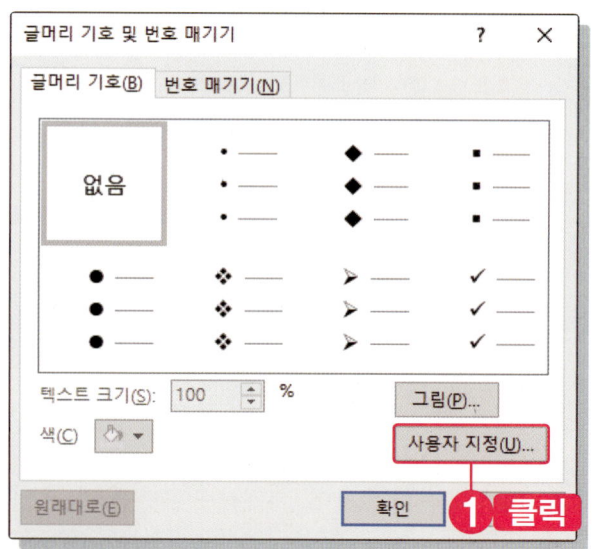

6 [기호] 대화상자가 나타나면 **하위 집합(기타 기호)을 선택**한 후 '☞' **기호를 선택**한 다음 **[확인] 단추를 클릭**합니다.

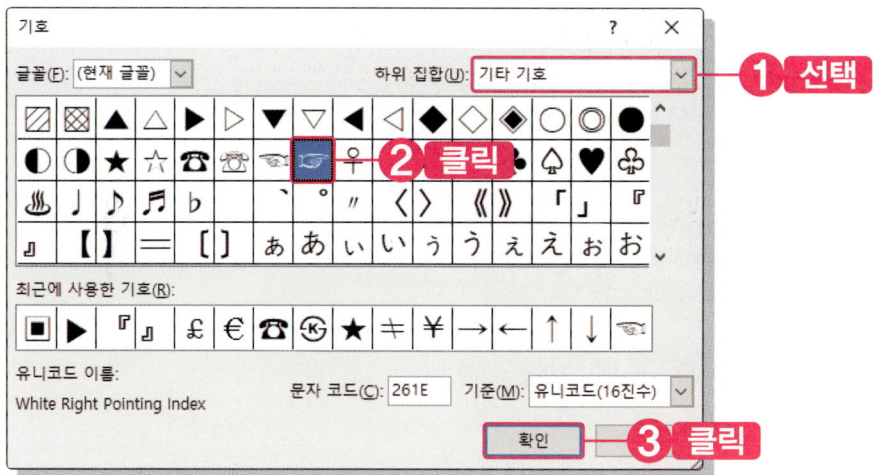

7 [글머리 기호 및 번호 매기기] 대화상자가 다시 나타나면 **[확인] 단추를 클릭**합니다.

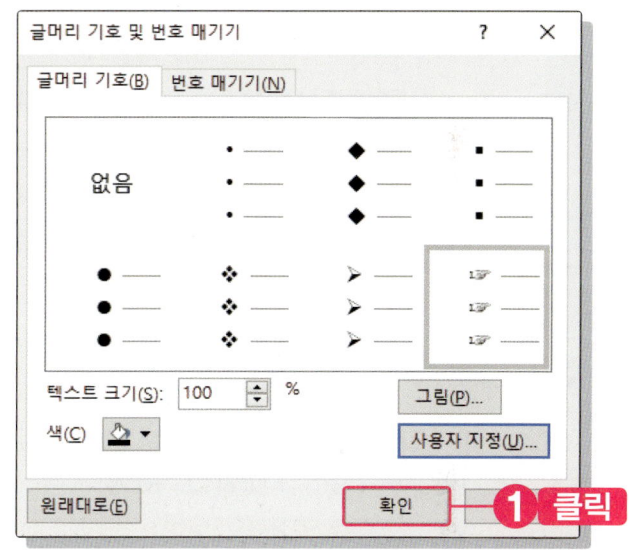

8 다음과 같이 글머리 기호가 변경됩니다.

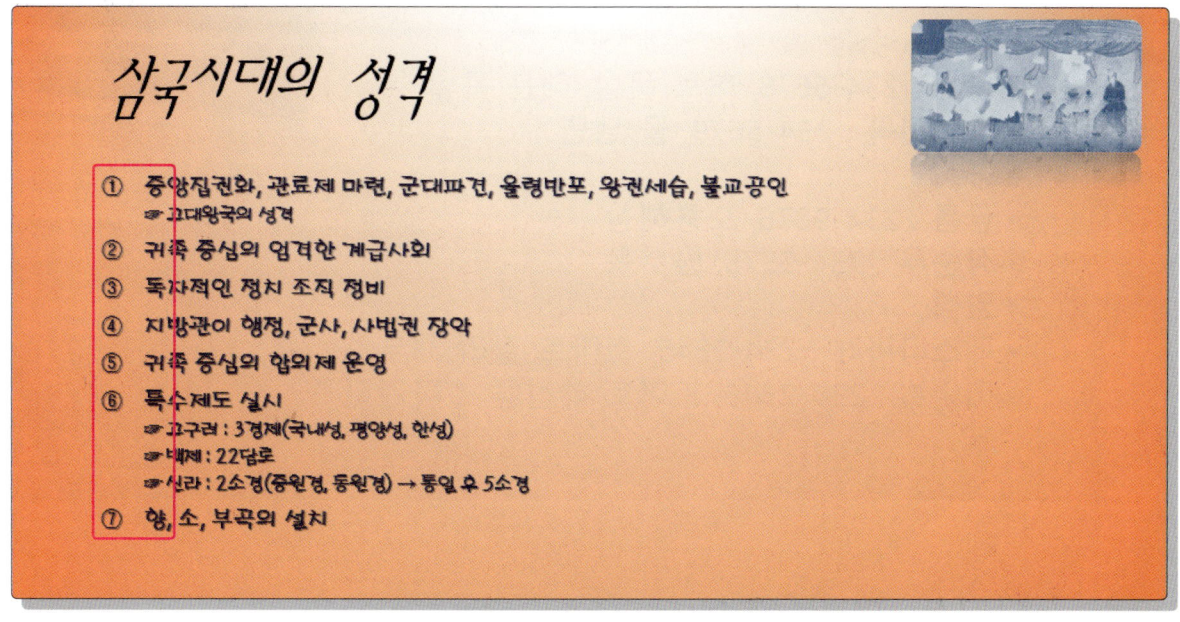

Chapter 04 – 배경 서식 지정하고 그림 삽입하기

실전 연습 문제

01 다음과 같이 프레젠테이션 문서를 작성한 후 배경 서식을 지정해 보세요.

- 그라데이션 채우기 : 그라데이션 미리 설정([가운데 그라데이션 – 강조 4])

우리동네 맛집

- 한식
- 왕돈 : 234-5678, 허브 목살, 매운 목살
- 동서면옥 : 234-5679, 물 냉면
- 중식
- 금룡 : 234-9876, 오룡해삼
- 장순루 : 234-9875, 탕수육
- 양식
- 페스타마레 : 234-2345, 토마토 칠리 새우
- 메이빌 : 234-2346, 토마토 해산물 스파게티

02 다음과 같이 그림(04_맛집.jpg)을 삽입해 보세요.

- 색 : 다시 칠하기([파랑, 밝은 강조색 5])
- 그림 스타일 :   [회전, 흰색]

우리동네 맛집

- 한식
- 왕돈 : 234-5678, 허브 목살, 매운 목살
- 동서면옥 : 234-5679, 물 냉면
- 중식
- 금룡 : 234-9876, 오룡해삼
- 장순루 : 234-9875, 탕수육
- 양식
- 페스타마레 : 234-2345, 토마토 칠리 새우
- 메이빌 : 234-2346, 토마토 해산물 스파게티

실전 연습 문제

03 다음과 같이 글꼴 서식을 지정한 후 단락 간격을 조정해 보세요.
- 제목 글꼴 서식 : 글꼴(휴먼엑스포), 글꼴 색(파랑, 강조 5, 40% 더 밝게), s [텍스트 그림자]
- 내용 글꼴 서식 : 글꼴(휴먼편지체), s [텍스트 그림자], 문자 간격(넓게)

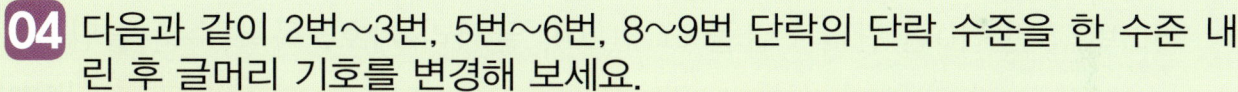

04 다음과 같이 2번~3번, 5번~6번, 8~9번 단락의 단락 수준을 한 수준 내린 후 글머리 기호를 변경해 보세요.

Chapter 04 - 배경 서식 지정하고 그림 삽입하기

Chapter 05 프레젠테이션 꾸미기

도형은 파워포인트에서 가장 많이 사용하는 기능 중의 하나입니다. 도형을 사용하면 슬라이드에 선, 직사각형, 타원 등을 손쉽게 삽입할 수 있습니다. 또한 그림이나 사진 등의 온라인 그림, 텍스트에 시각 효과를 줄 수 있는 WordArt 등을 활용하여 프레젠테이션을 꾸밀 수 있습니다.

Step 01 도형 삽입하고 도형 서식 지정하기

1 제목 개체 틀을 선택한 후 Delete 를 눌러 삭제한 다음 조건에 맞게 프레젠테이션 문서를 작성합니다.
- 1번~2번, 4번 단락 : 글꼴 크기(24), 글머리 기호
- 3번, 5번~10번 단락 : 글꼴 크기(20), 글머리 기호, 목록 수준 늘림

❶ 선택 후 Delete

제목을 입력하십시오

- 수축기 혈압(최고 혈압)은 140mmHg, 이완기 혈압(최저 혈압)은 90mmHg 이상인 경우를 말합니다.
- 원인
  ➢ 유전, 과음, 흡연, 비만, 짜게 먹는 식습관, 스트레스 등
- 관리 및 예방
  ➢ 혈압을 주기적으로 측정하여 변화를 주의 깊게 관찰합니다.
  ➢ 금주와 금연을 합니다.
  ➢ 표준 체중을 유지합니다.
  ➢ 음식은 싱겁게 먹습니다.
  ➢ 신선한 채소, 잡곡, 곡류, 해조류 등을 먹습니다.
  ➢ 스트레스를 피합니다.

❷ 작성

2 제목 개체 틀이 삭제되면 [삽입] 탭-[일러스트레이션] 그룹에서 [도형]을 클릭한 후 ☐[직사각형]을 클릭합니다.

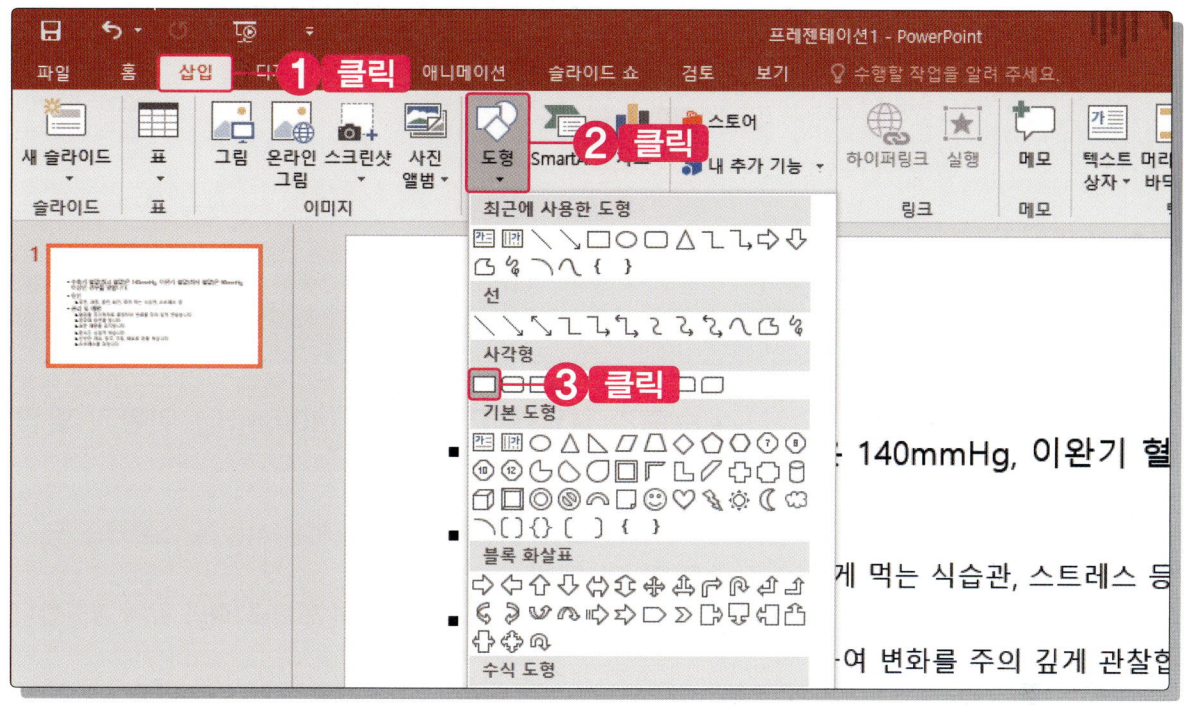

> **Tip**
> [홈] 탭-[그리기] 그룹에서 [도형]을 클릭한 후 ☐[직사각형]을 클릭하여 ☐[직사각형] 도형을 삽입할 수 있습니다.

3 마우스 포인터 모양이 + 모양으로 변경되면 다음과 같이 **드래그**합니다.

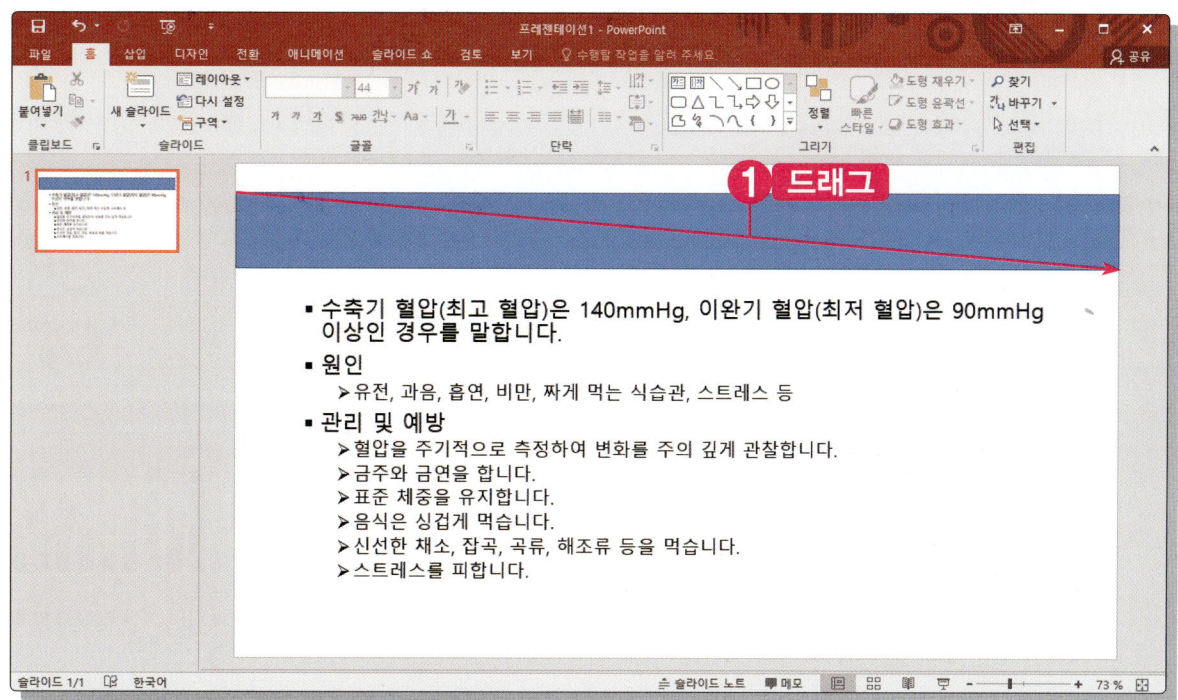

4 다음과 같이 도형이 삽입되면 [그리기 도구] 정황 탭-[서식] 탭-[도형 스타일] 그룹에서 [추가 옵션]을 클릭합니다.

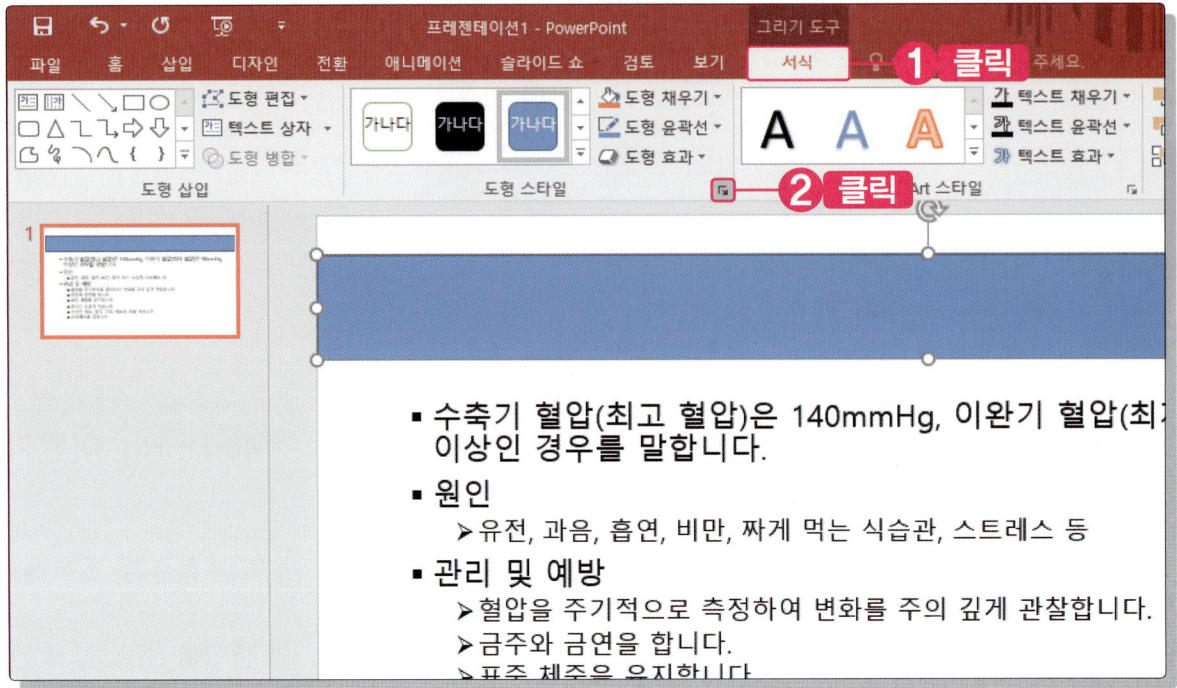

5 [도형 서식] 작업 창이 나타나면 [채우기] 탭에서 **[단색 채우기]를 선택**한 후 **색(파랑, 강조 1, 60% 더 밝게)을 선택**합니다.

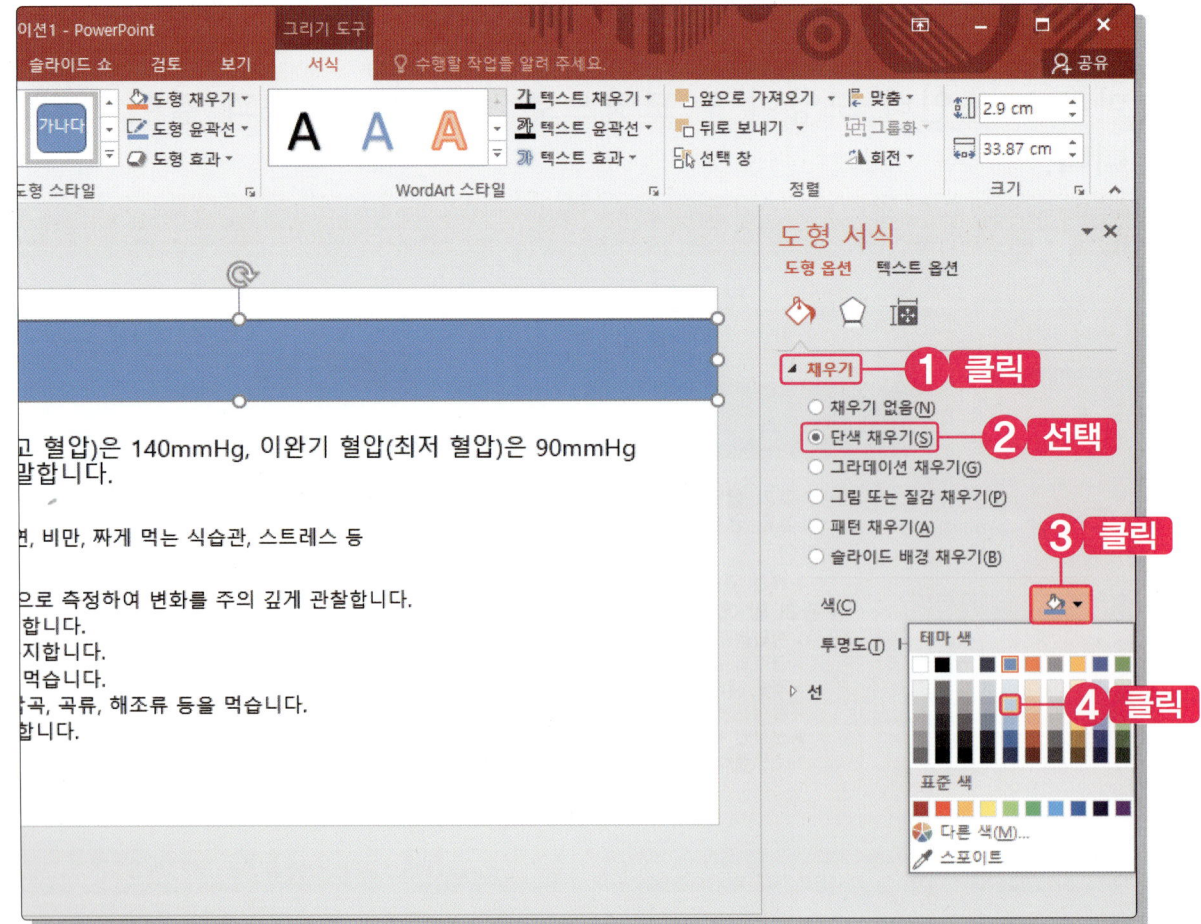

6 [선] 탭을 클릭한 후 [선 없음]을 선택한 다음 ✕[닫기] 단추를 클릭합니다.

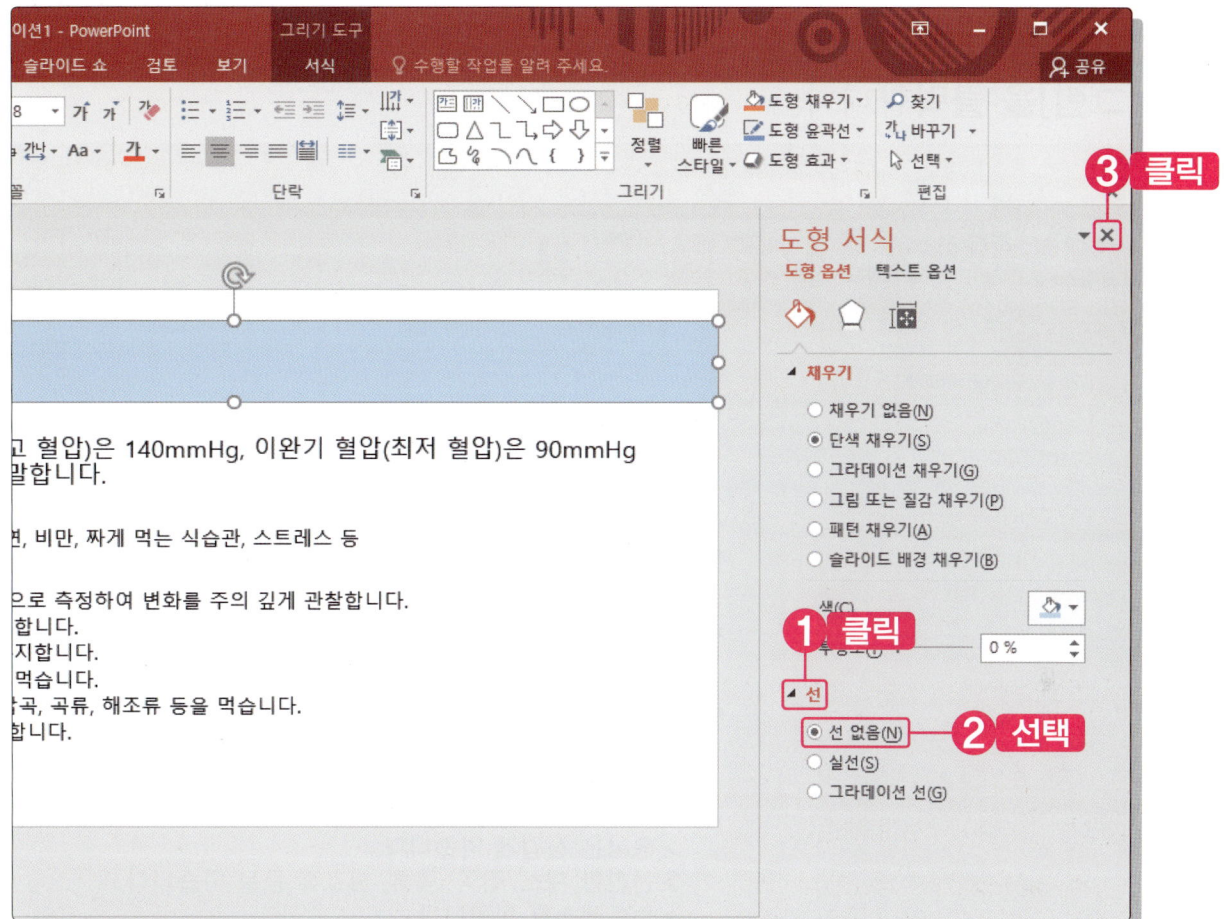

7 다음과 같이 도형 서식이 지정됩니다.

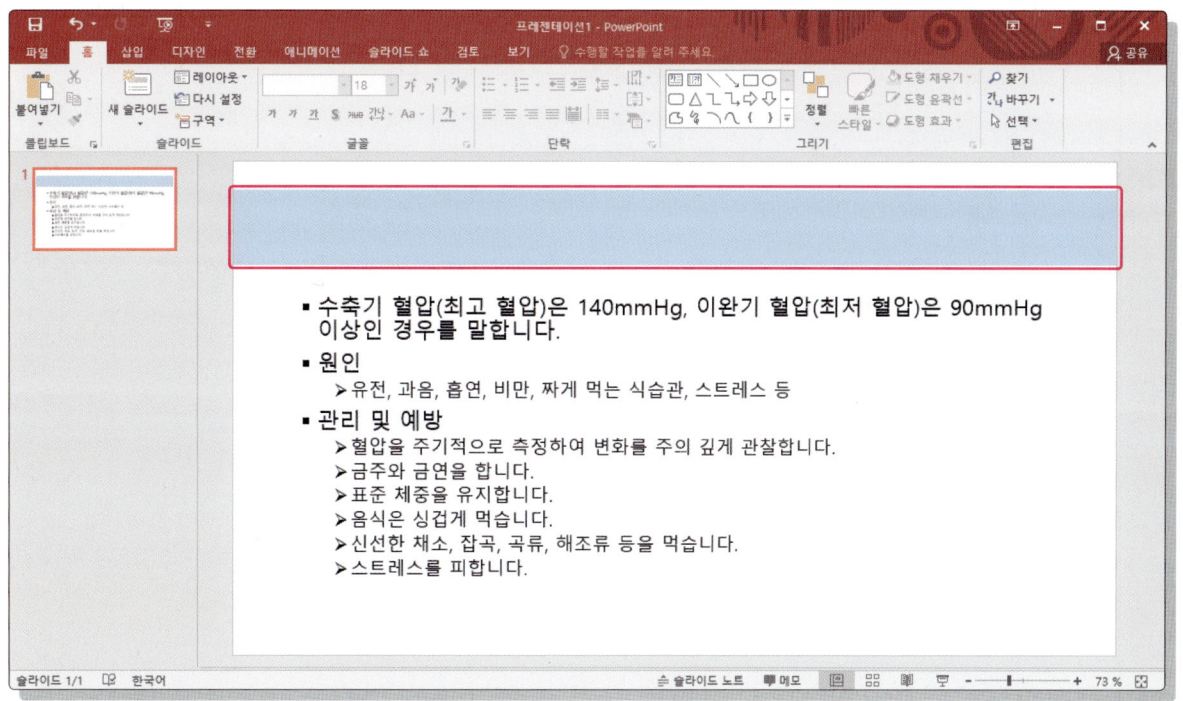

Chapter 05 – 프레젠테이션 꾸미기 **63**

Step 02 온라인 그림 삽입하고 편집하기

1 온라인 그림를 삽입하기 위해 [삽입] 탭-[이미지] 그룹에서 **[온라인 그림]을 클릭**합니다.

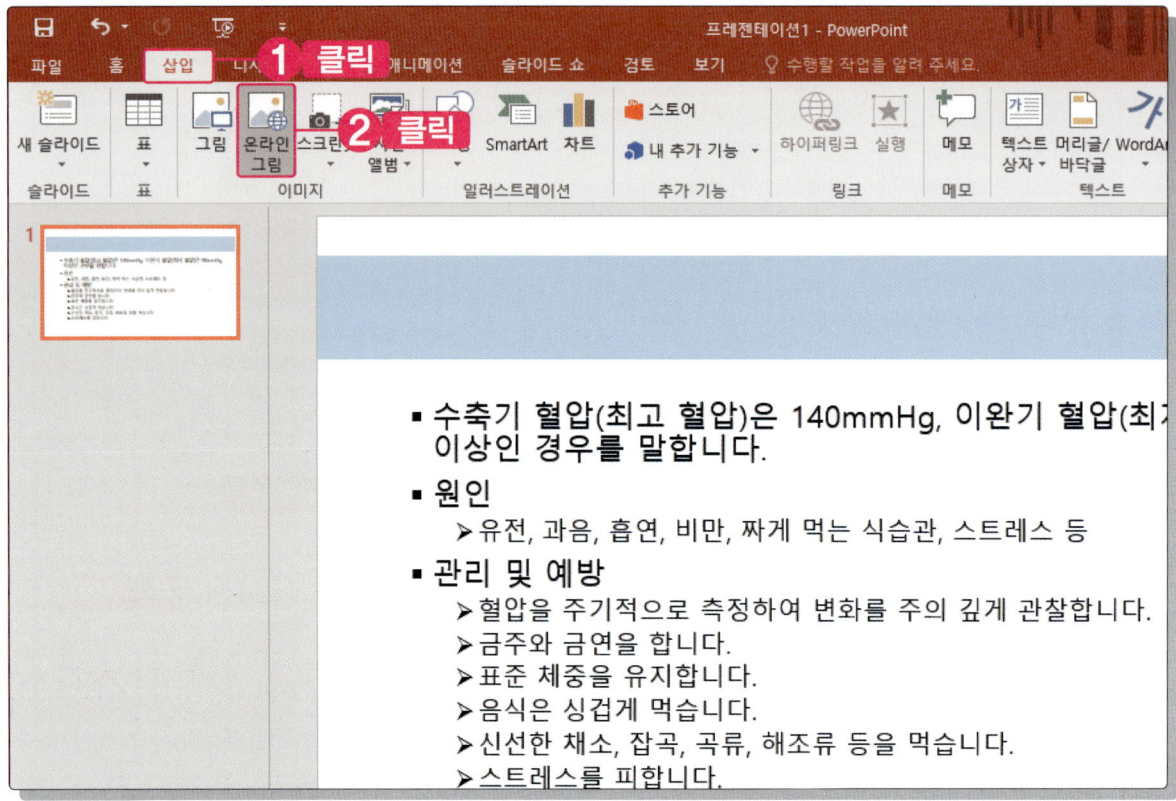

2 [그림 삽입] 대화상자가 나타나면 **[Bing 이미지 검색]을 클릭**합니다.

3 bing 검색 대화상자가 나타나면 **'고혈압'을 입력**한 후 **[검색] 단추를 클릭**합니다.

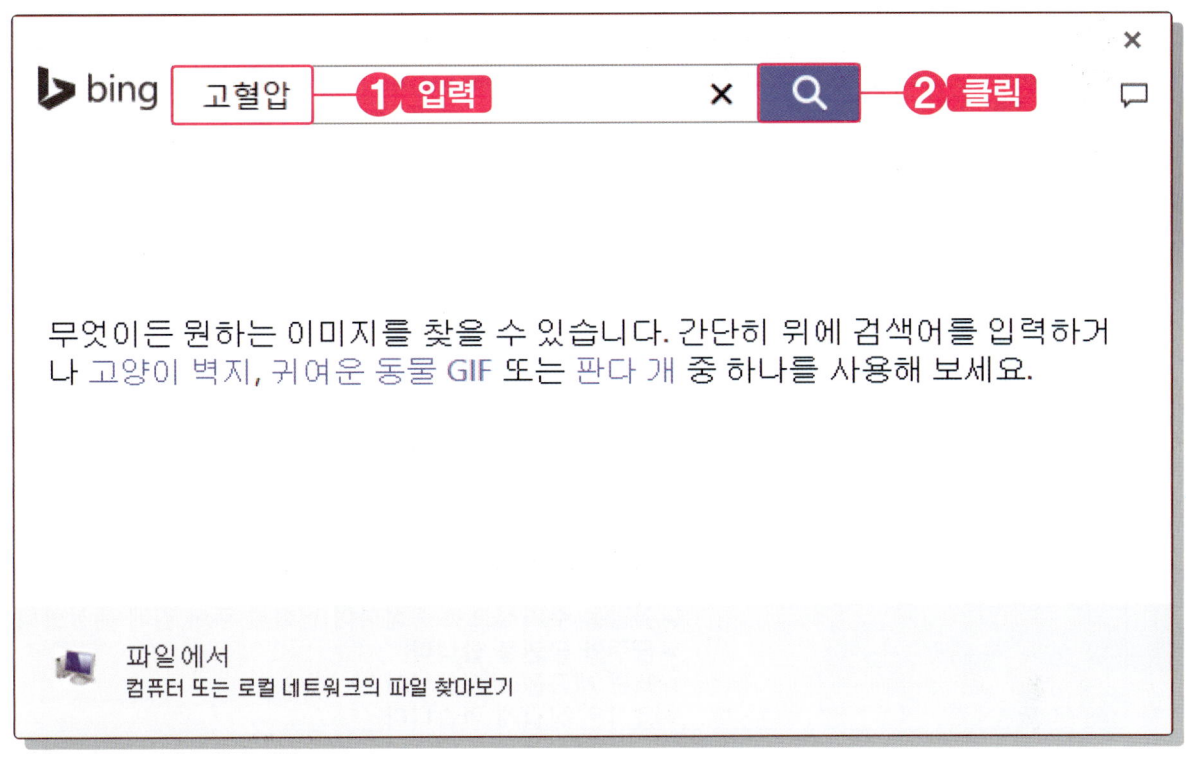

4 '고혈압' 이미지가 검색되어 나타나면 **그림을 선택**한 후 **[삽입] 단추를 클릭**합니다.

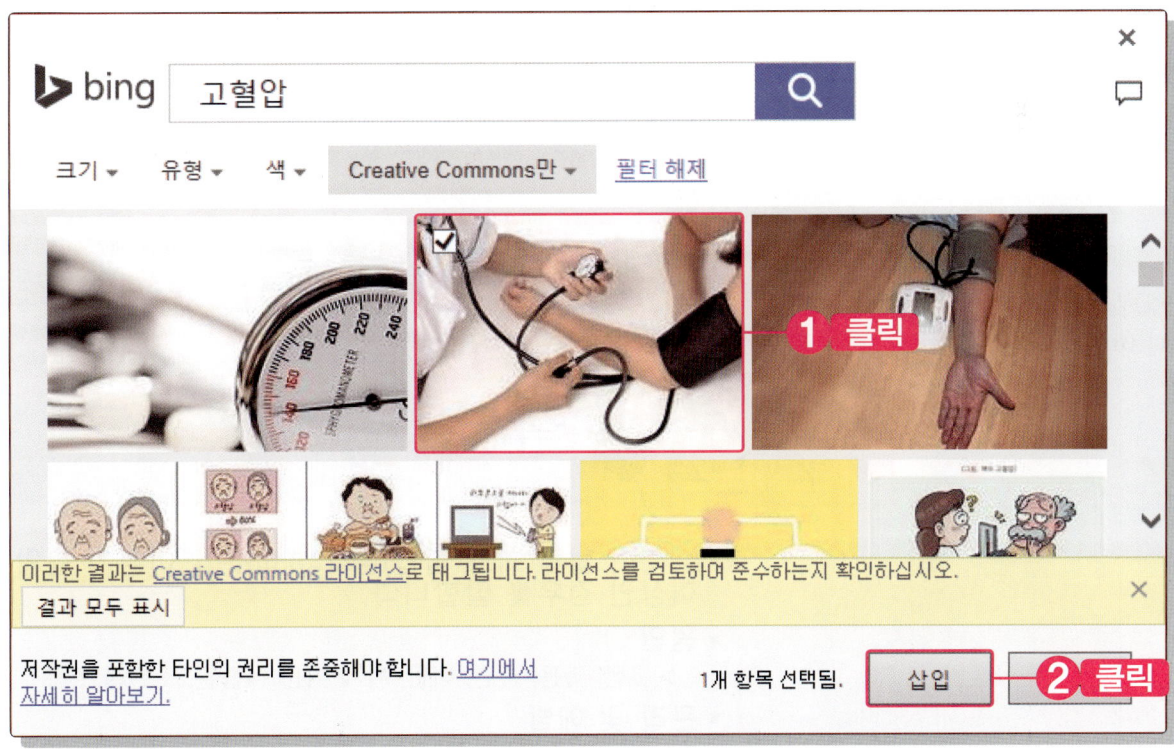

5 그림이 삽입되면 다음과 같이 **그림을 이동** 시킨 후 **그림 크기를 조절**합니다.

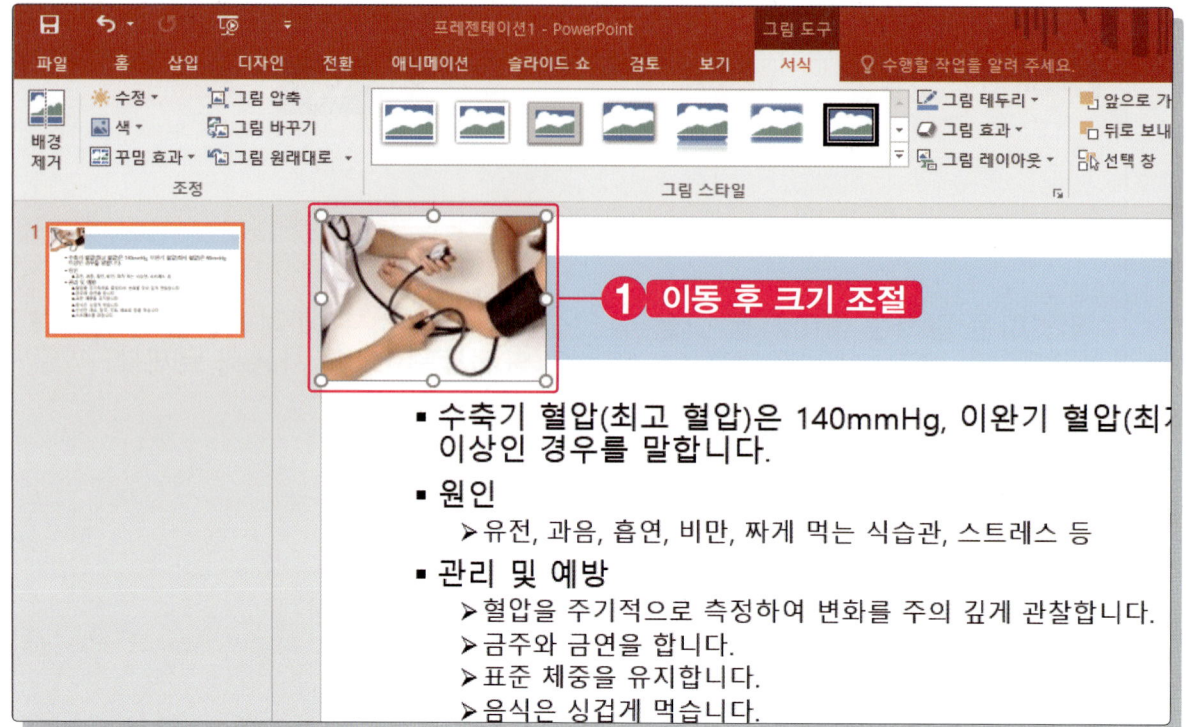

> **Tip**
> 크기 조절점 O을 드래그하여 크기를 조절합니다.

6 그림에 스타일을 지정하기 위해 [그림 도구] 정황 탭-[서식] 탭-[그림 스타일] 그룹에서 ▼**[자세히] 단추를 클릭**합니다.

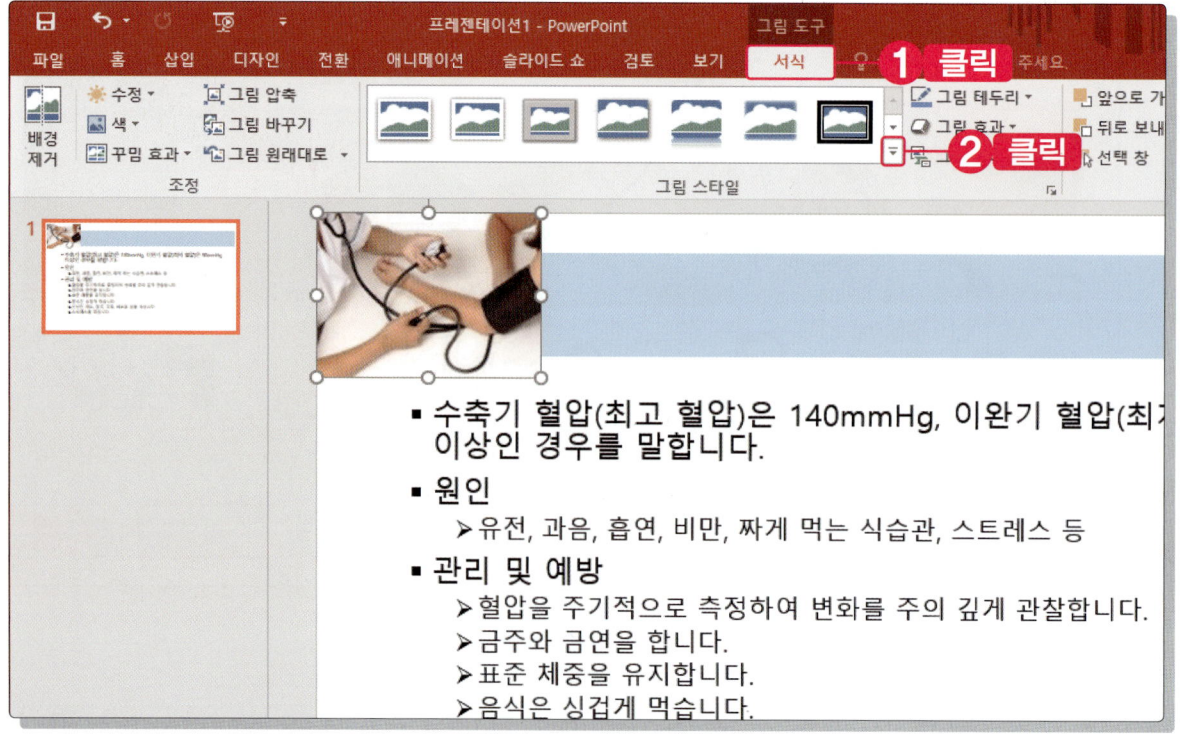

7 그림 스타일 목록이 나타나면 [사각형 그림자]를 클릭합니다.

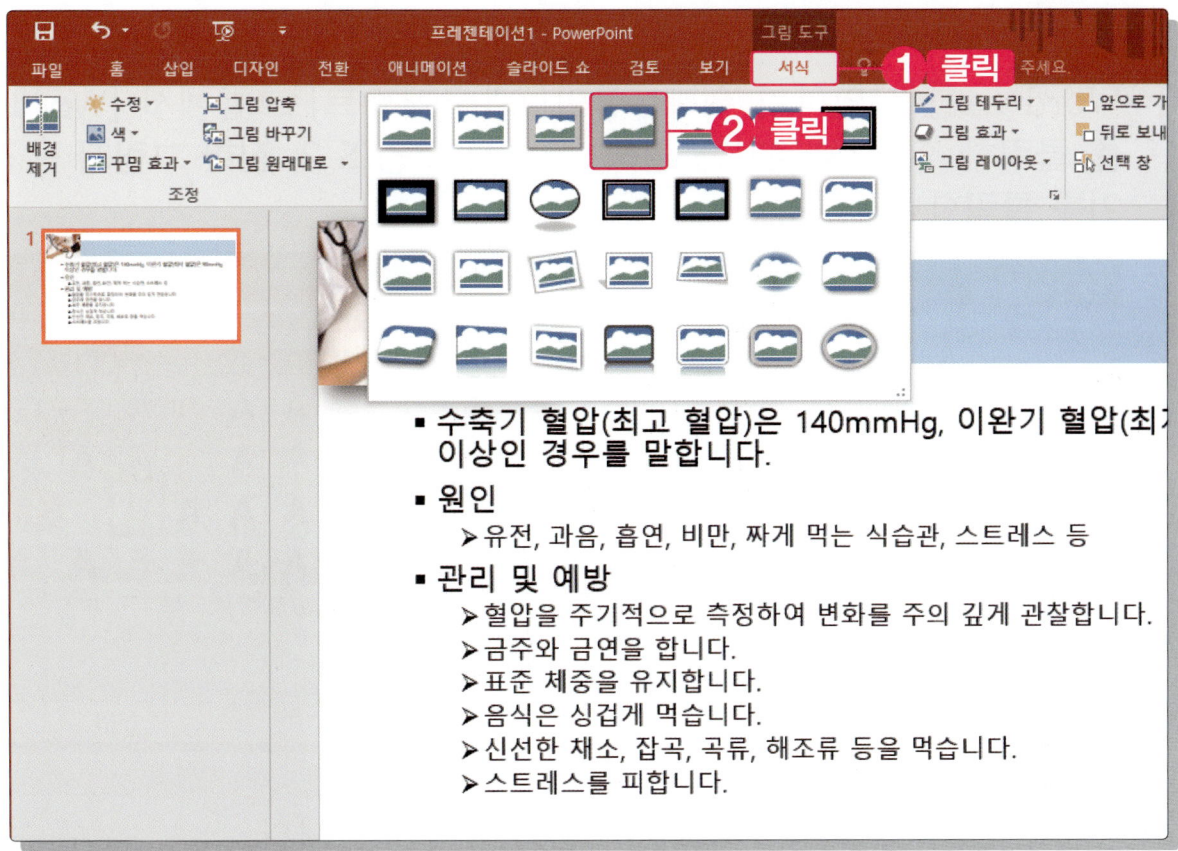

8 다음과 같이 온라인 그림에 스타일이 적용됩니다.

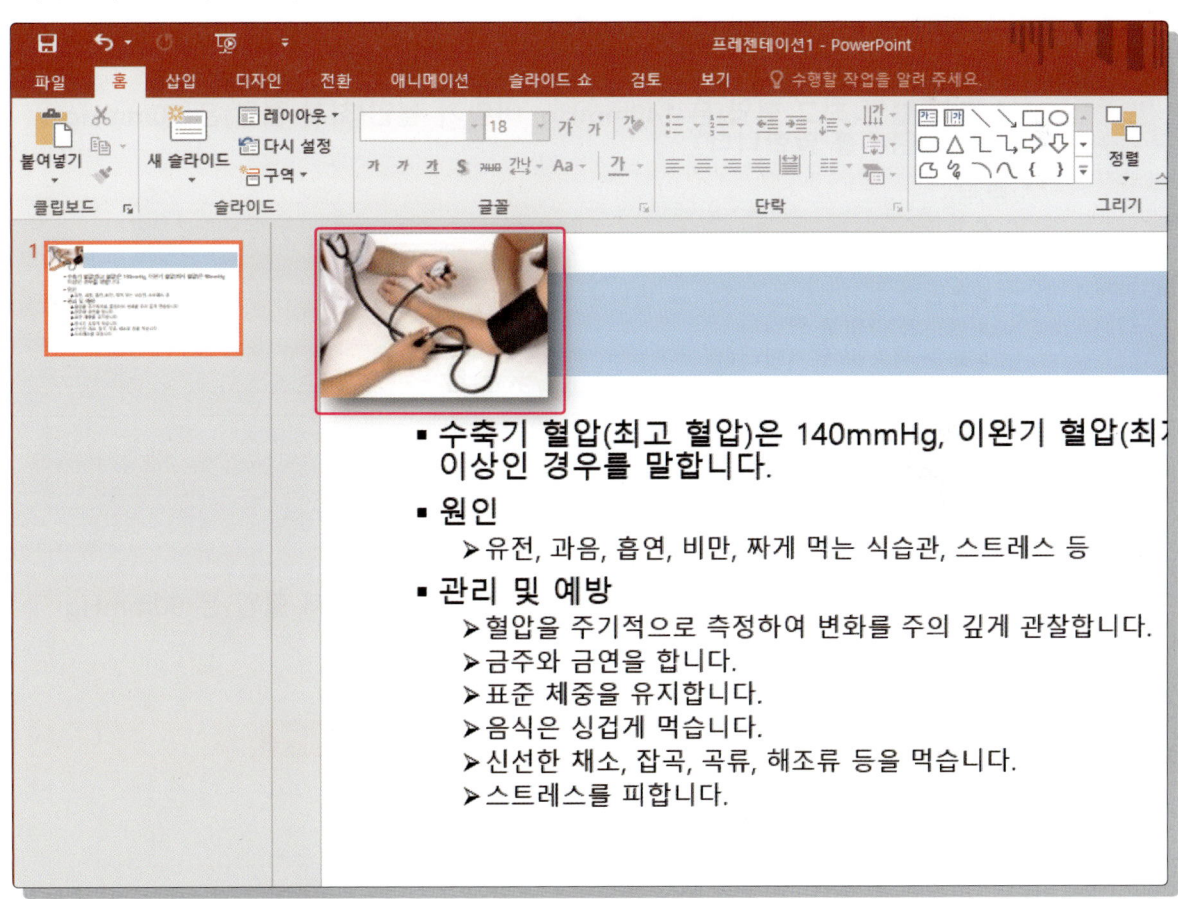

Step 03 WordArt 삽입하고 편집하기

1 WordArt를 삽입하기 위해 [삽입] 탭-[텍스트] 그룹에서 [WordArt]를 클릭한 후 A[채우기 – 흰색, 윤곽선 – 강조 2, 진한 그림자 – 강조 2]를 클릭합니다.

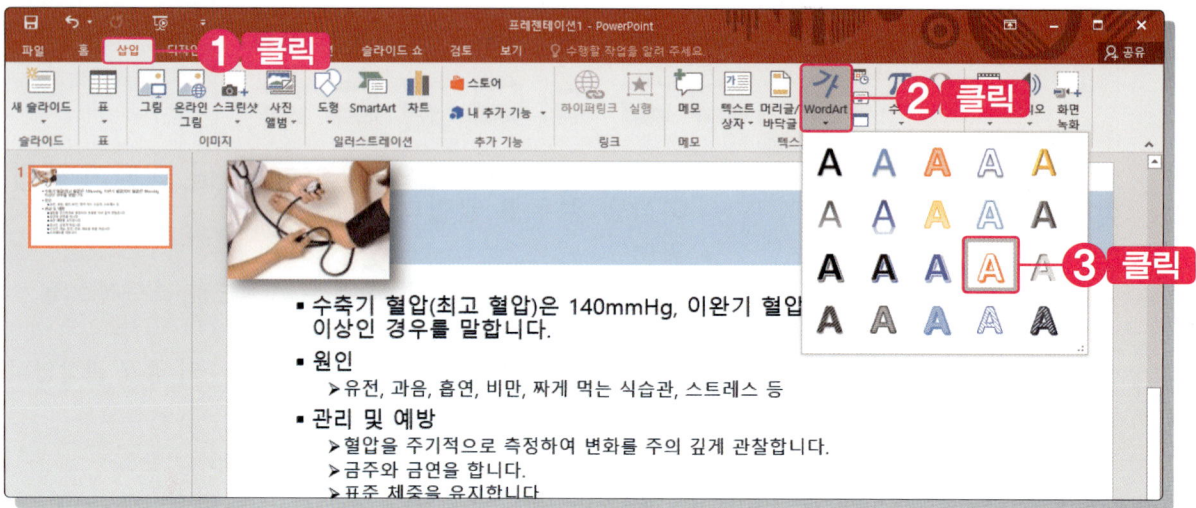

2 WordArt가 삽입되면 **텍스트(고혈압)를 입력**합니다.

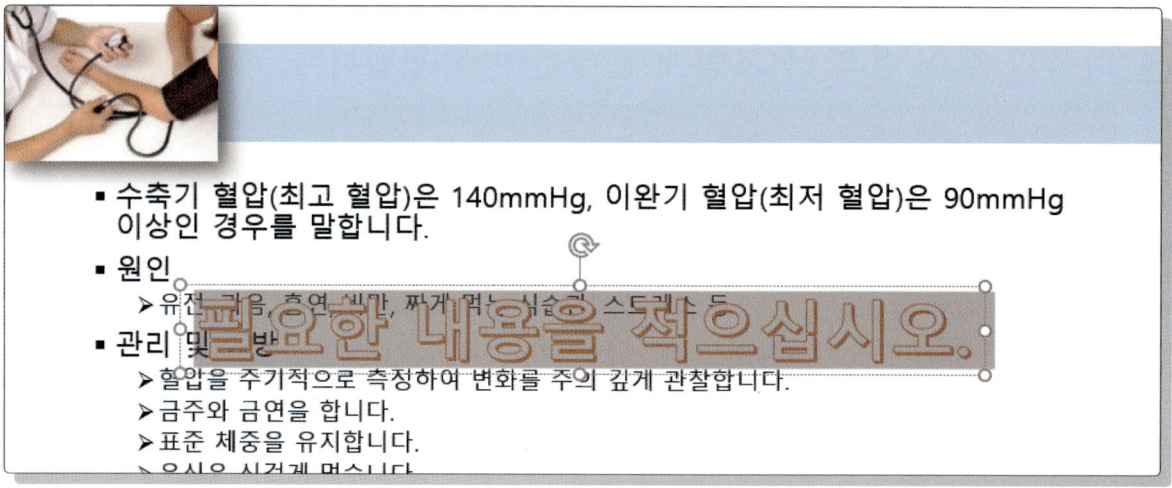

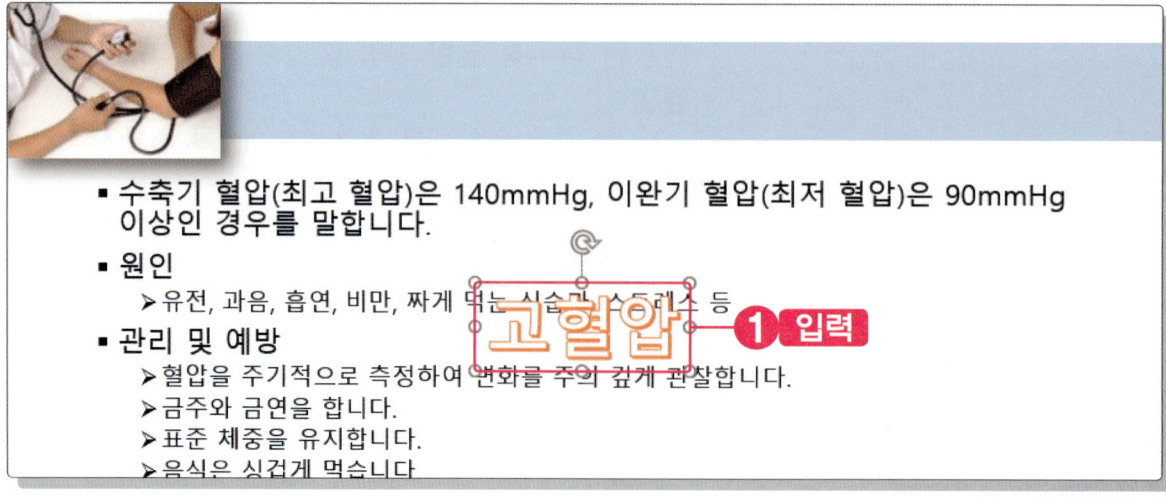

3 WordArt에 효과를 지정하기 위해 **WordArt의 개체 틀을 선택**한 후 [그리기 도구] 정황 탭-[서식] 탭-[WordArt 스타일] 그룹에서 [**텍스트 효과**]를 클릭한 다음 [변환]-abcde[원통 아래]를 클릭합니다.

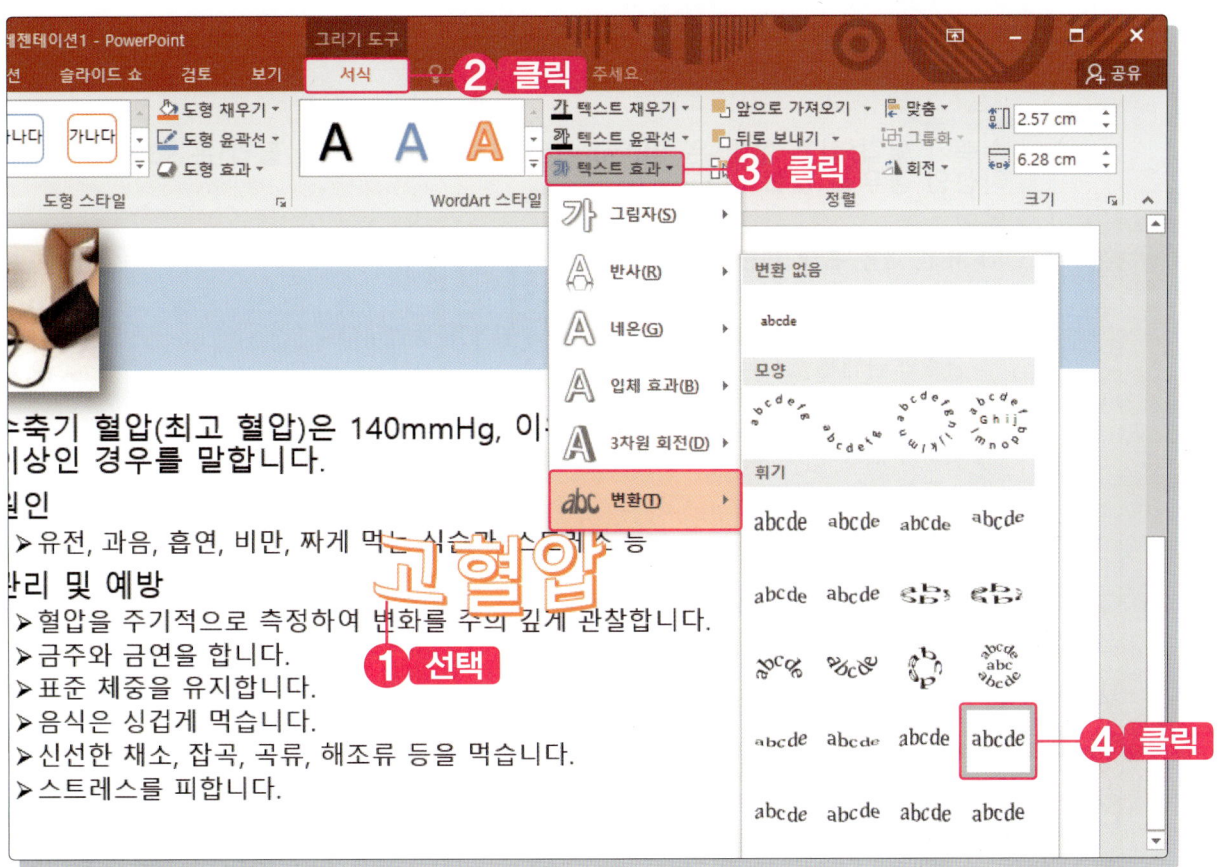

4 WordArt에 텍스트 효과가 지정되면 [그리기 도구] 정황 탭-[서식] 탭-[도형 스타일] 그룹에서 [**도형 효과**]를 클릭한 후 [그림자]-[**오프셋 대각선 오른쪽 아래**]를 클릭합니다.

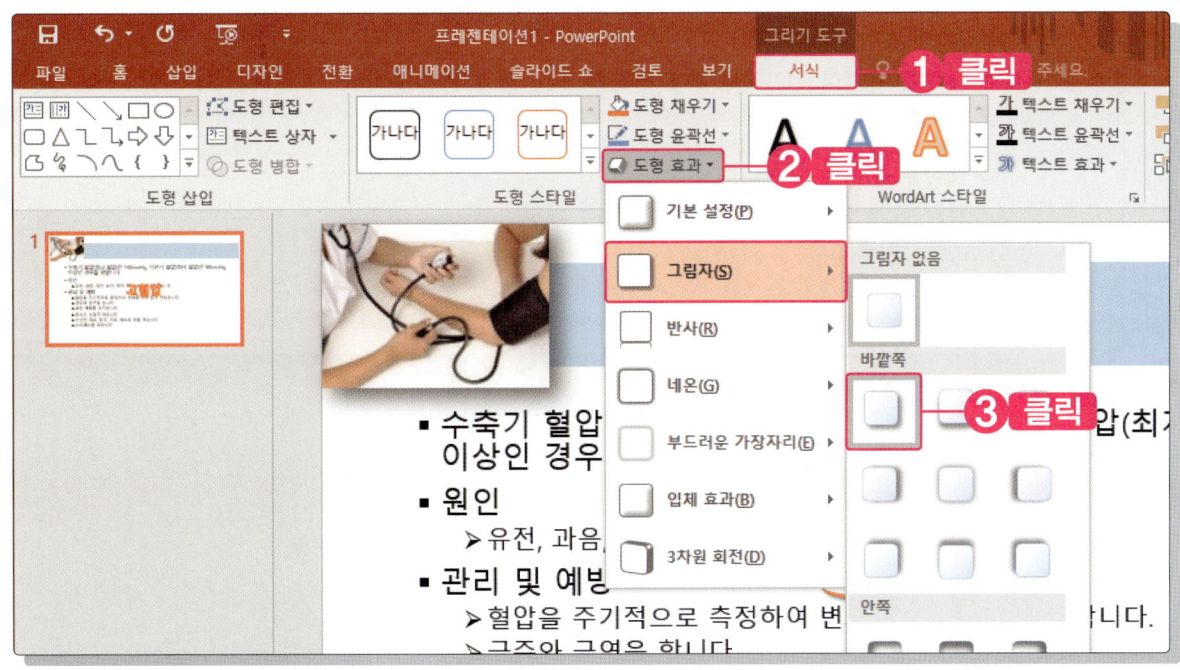

5 WordArt에 도형 효과가 지정되면 **WordArt를 드래그하여 위치를 이동**합니다.

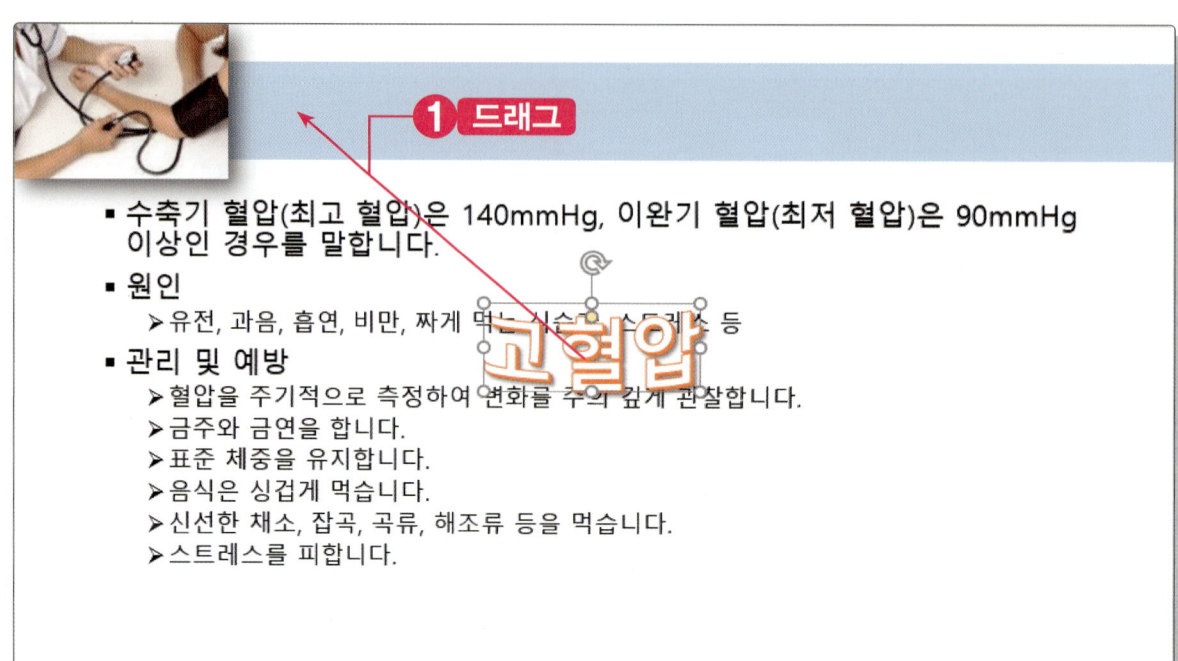

6 WordArt의 위치가 이동되면 **도형 크기에 맞춰 WordArt 크기를 조절**합니다.

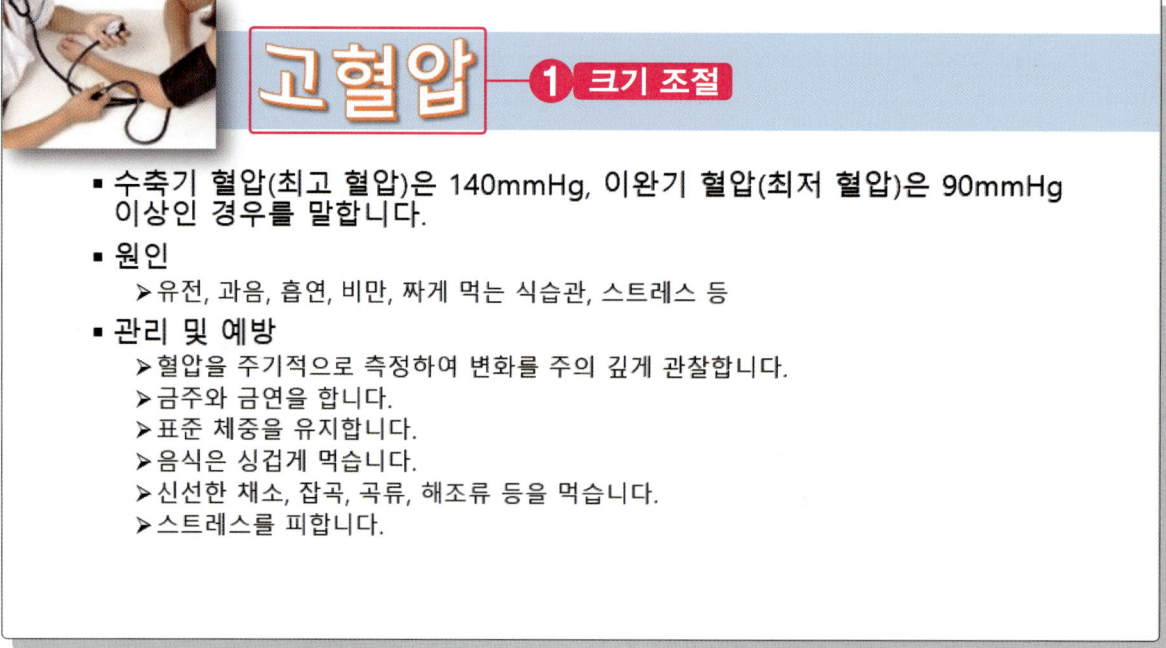

SmartArt 알아보기

SmartArt는 도형을 도식화한 것으로 조직의 계층 정보나 보고 관계 등을 표시할 경우에 주로 사용합니다. SmartArt를 삽입하려면 다음과 같이 [삽입] 탭-[일러스트레이션] 그룹에서 [SmartArt]를 클릭합니다.

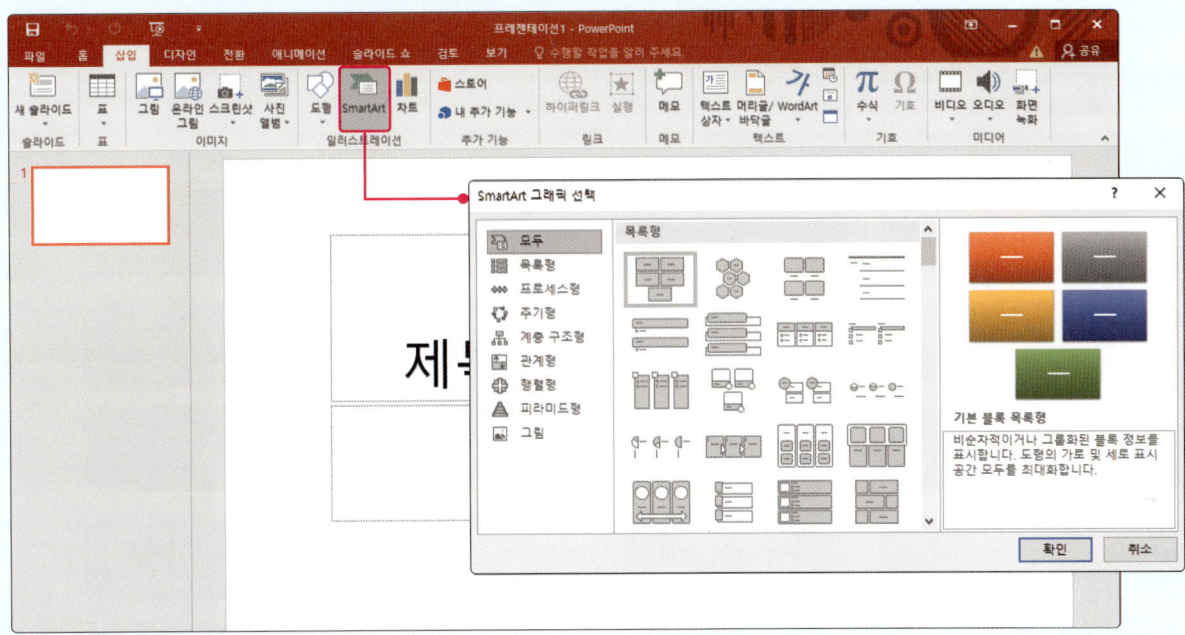

SmartArt의 종류

- [목록형]
  비순차적이거나 블록화된 정보 등을 표시하는데 사용하는 SmartArt입니다.

- [프로세스형]
  작업이나 프로세스 등의 진행 방향, 순차적 단계, 시간 표시 막대 등을 표시하는데 사용하는 SmartArt입니다.

- [주기형]
  연결되어 계속되는 주기의 과정을 표시하는데 사용하는 SmartArt입니다.

- [계층 구조형]
  조직도와 같은 계층 관계를 표시하는데 사용하는 SmartArt입니다.

- [관계형]
  두 내용 사이의 관계를 비교하거나 중간 지점에서 수렴되는 내용 등 각 요소의 관계를 표시하는데 사용하는 SmartArt입니다.

- [행렬형]
  전체에 대한 각 부분의 관계를 표시하는데 사용하는 SmartArt입니다.

- [피라미드형]
  가장 큰 구성 요소가 맨 위 또는 맨 아래에 있는 비례 관계를 표시하는데 사용하는 SmartArt입니다.

- [그림]
  그림과 그림의 내용을 표시하는데 사용하는 SmartArt입니다.

01 다음과 같이 도형을 작성한 후 도형에 텍스트를 입력해 보세요.
- 제목 도형 : [십자형]
- 목차 도형 : [배지]
- 목차 번호 도형 : [팔각형]
- 글꼴 크기 : 28pt

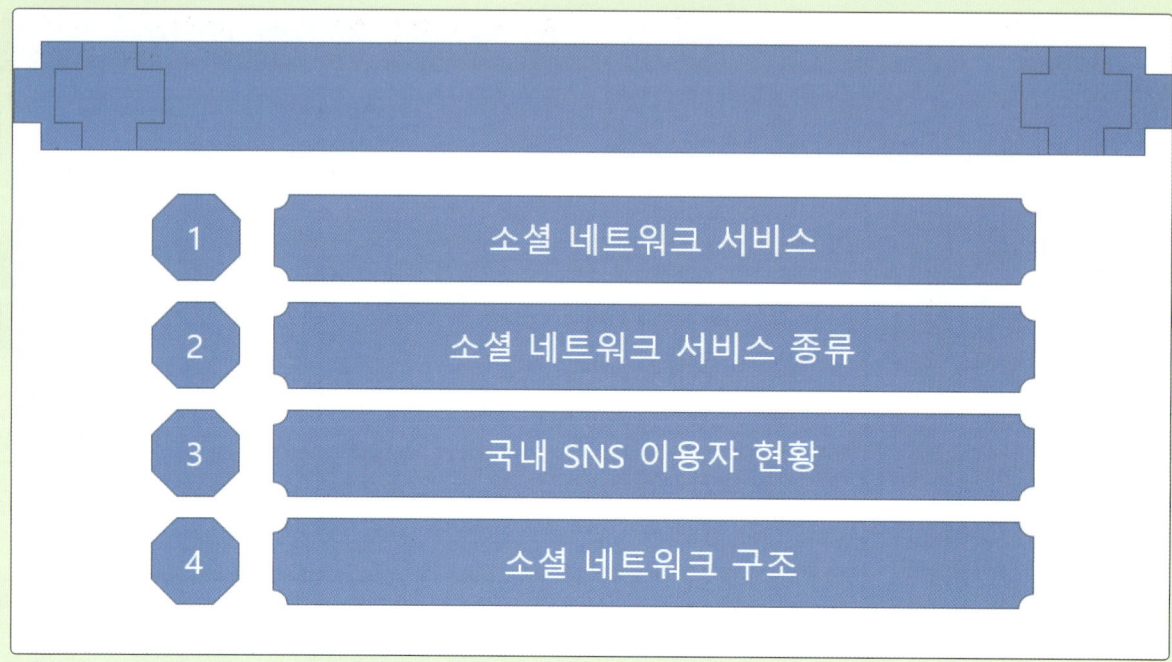

02 다음과 같이 도형 서식을 지정해 보세요.
- 제목 도형 : 임의의 색 지정, 선 없음
- 목차 번호 도형 : [미세 효과 – 녹색, 강조 6]
- 목차 도형 : [강한 효과 – 주황, 강조 6]

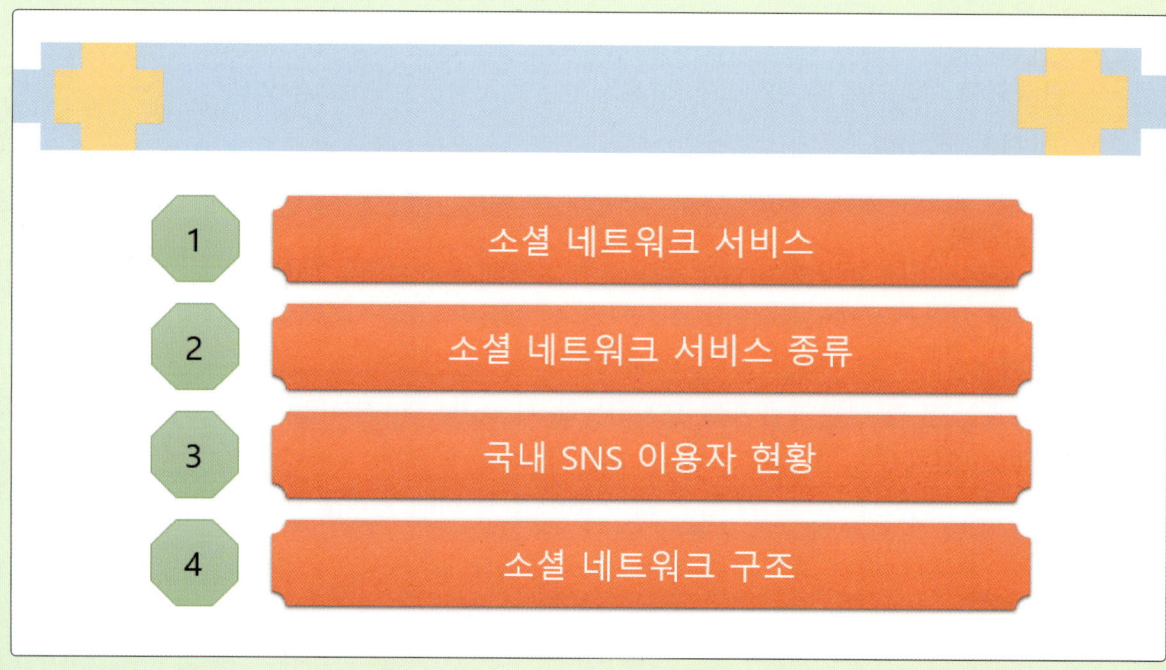

실전 연습 문제

03 03 다음과 같이 WordArt를 삽입한 후 편집해 보세요.
- WordArt 스타일 : A[채우기 – 주황, 강조 2, 윤곽선 – 강조 2]
- WordArt 변환 : abcde[역갈매기형 수장]

04 다음과 같이 온라인 그림을 삽입한 후 편집해 보세요.
- 검색 대상 : [네트워크]
- 그림 스타일 : [회전, 흰색]
- 정렬 : 맨 뒤로 보내기

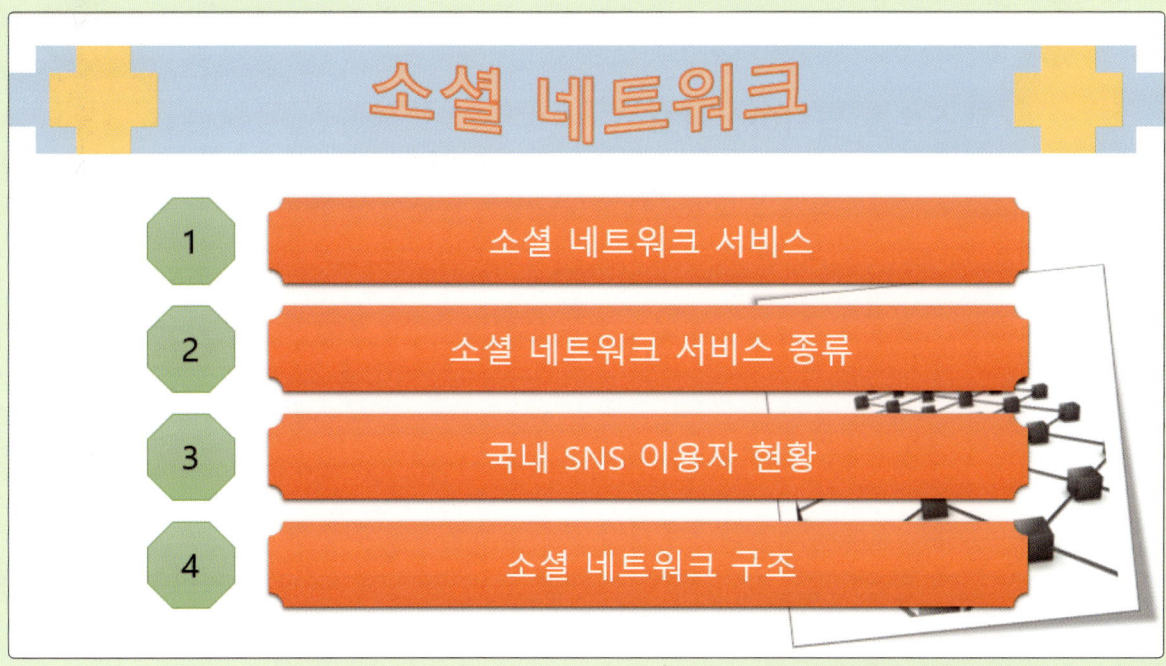

Chapter 06 표와 차트 작성하기

표는 많은 내용을 일목요연하게 정리하여 보여줄 수 있습니다. 표를 손쉽게 삽입할 수 있으며 미리 정의된 표 스타일을 적용하여 표를 빠르게 디자인할 수 있습니다.
차트는 수치 데이터를 시각적으로 표시해 주기 때문에 수치 데이터를 서로 비교하거나 분석하는데 유용합니다. 차트 또한 손쉽게 삽입할 수 있으며 미리 정의된 차트 스타일을 적용하여 차트를 빠르게 디자인할 수 있습니다.

Step 01 표 삽입하고 표 스타일 적용하기

1 다음 세부 조건을 이용하여 **프레젠테이션 문서를 작성**합니다.
- 제목 도형 : [갈매기형 수장], [육각형]
- 도형 스타일 : [미세 효과 - 파랑, 강조 1]

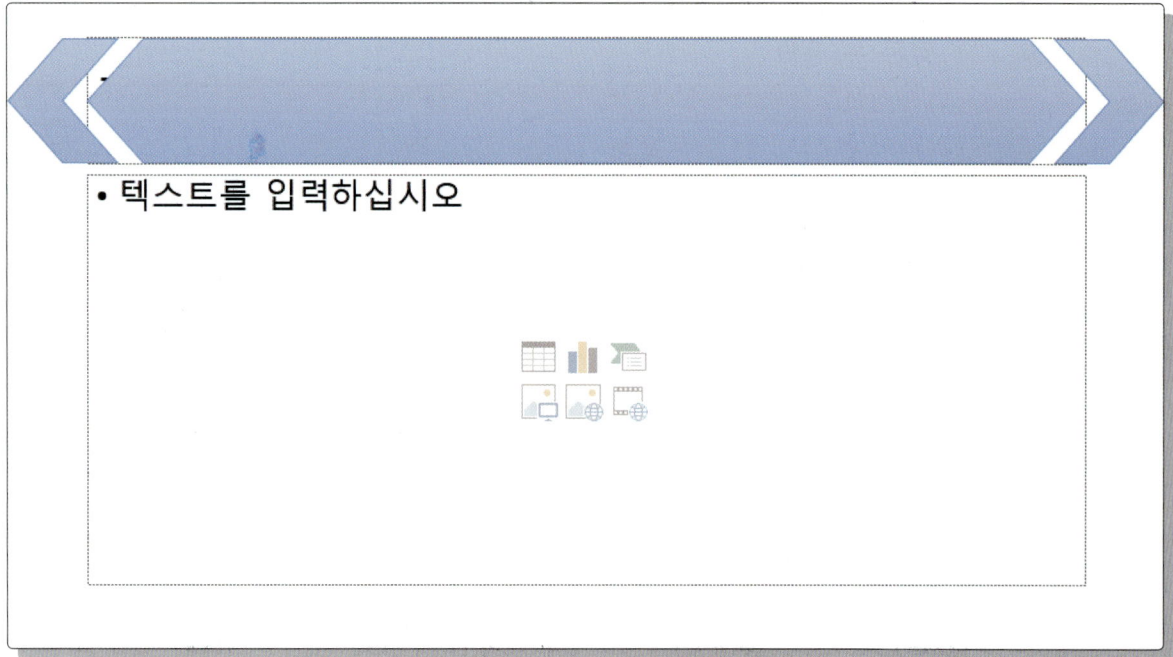

2 도형을 모두 선택한 후 바로 가기 메뉴의 [맨 뒤로 보내기]-[맨 뒤로 보내기]를 클릭합니다.

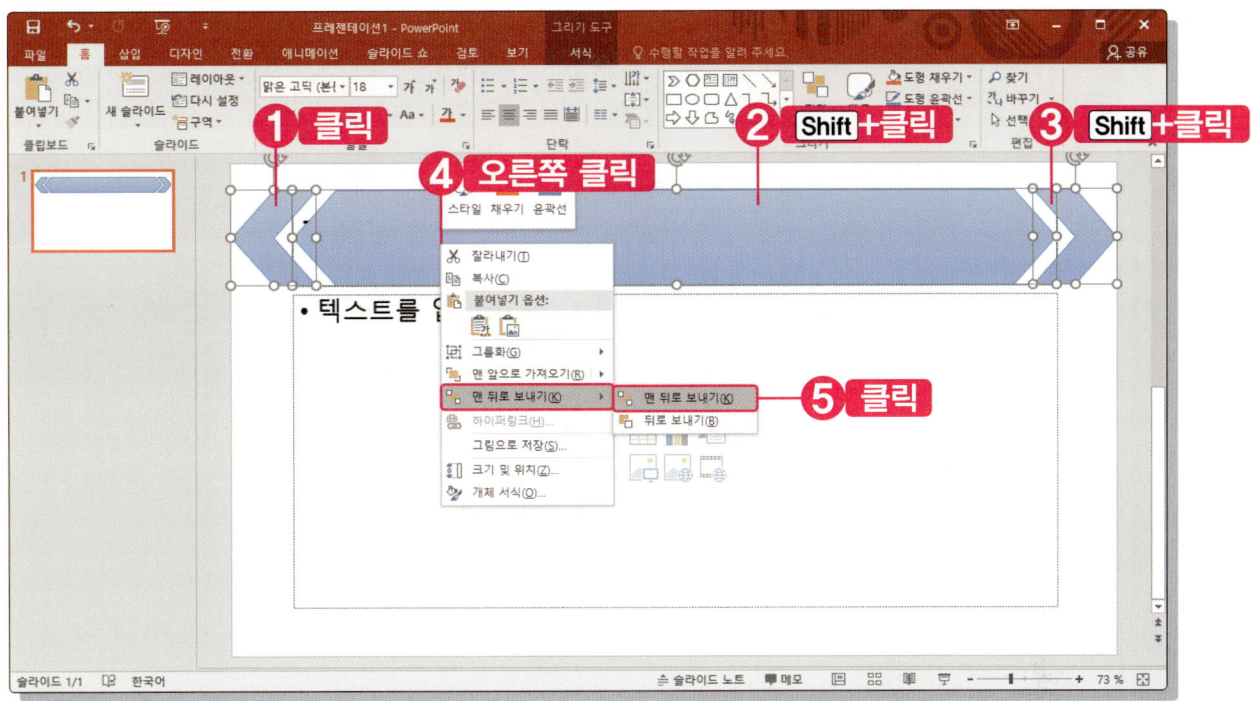

3 도형이 제목 개체 틀 뒤로 이동하면 **제목 개체 틀을 클릭**한 후 **제목 (만성질환을 일으키는 유전자)을 입력**합니다.

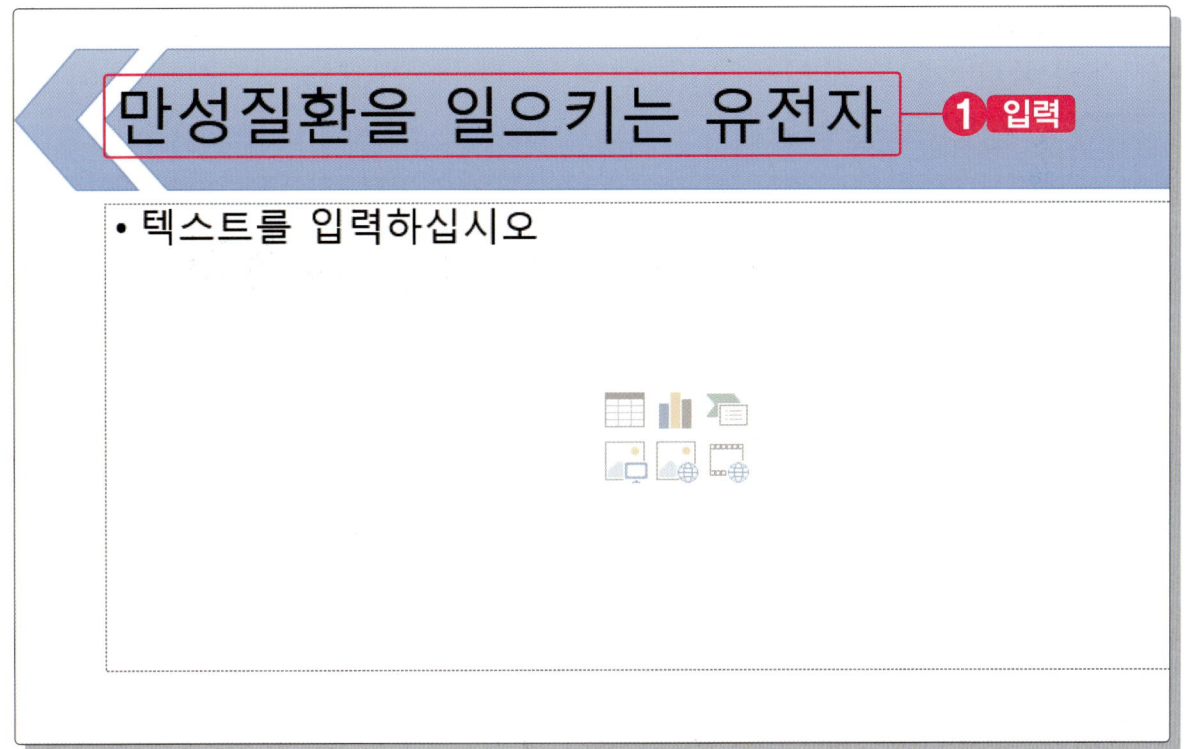

4 제목을 드래그하여 블록으로 설정한 후 [홈] 탭-[글꼴] 그룹에서 **글꼴(HY헤드라인M), 글꼴 크기(48)를 선택**한 다음 [단락] 그룹에서 ≡[가운데 맞춤]을 선택합니다.

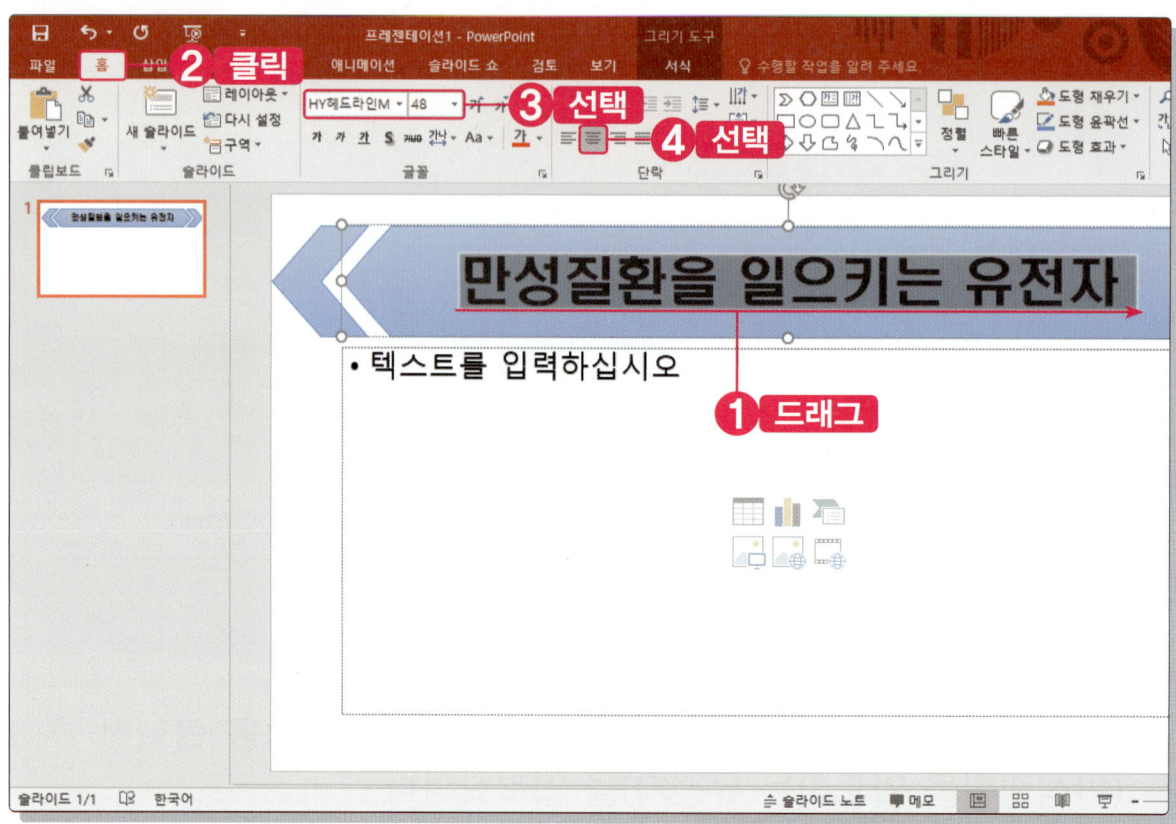

5 슬라이드 제목 작성이 완료되면 표를 삽입하기 위해 슬라이드에서 [표 삽입]을 클릭합니다.

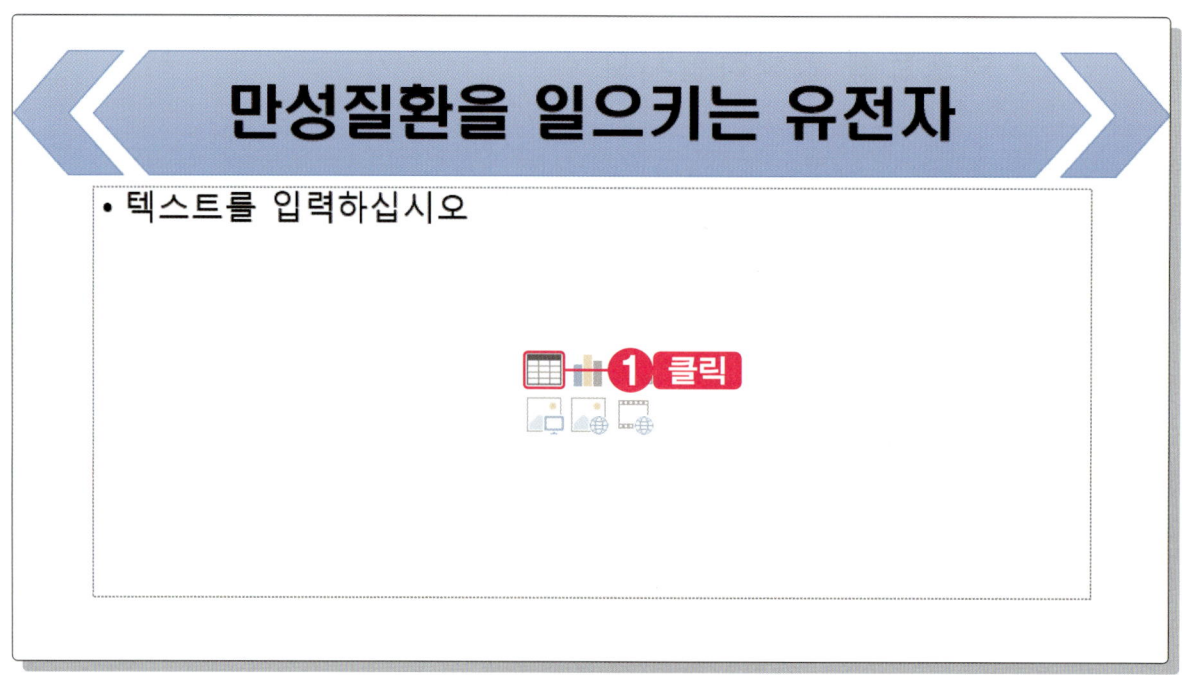

표 삽입하기

표를 삽입하는 다른 방법은 [삽입] 탭-[표] 그룹에서 [표]를 클릭한 후 열 개수와 행 개수를 드래그하여 선택한 다음 클릭하여 표를 삽입할 수 있습니다.

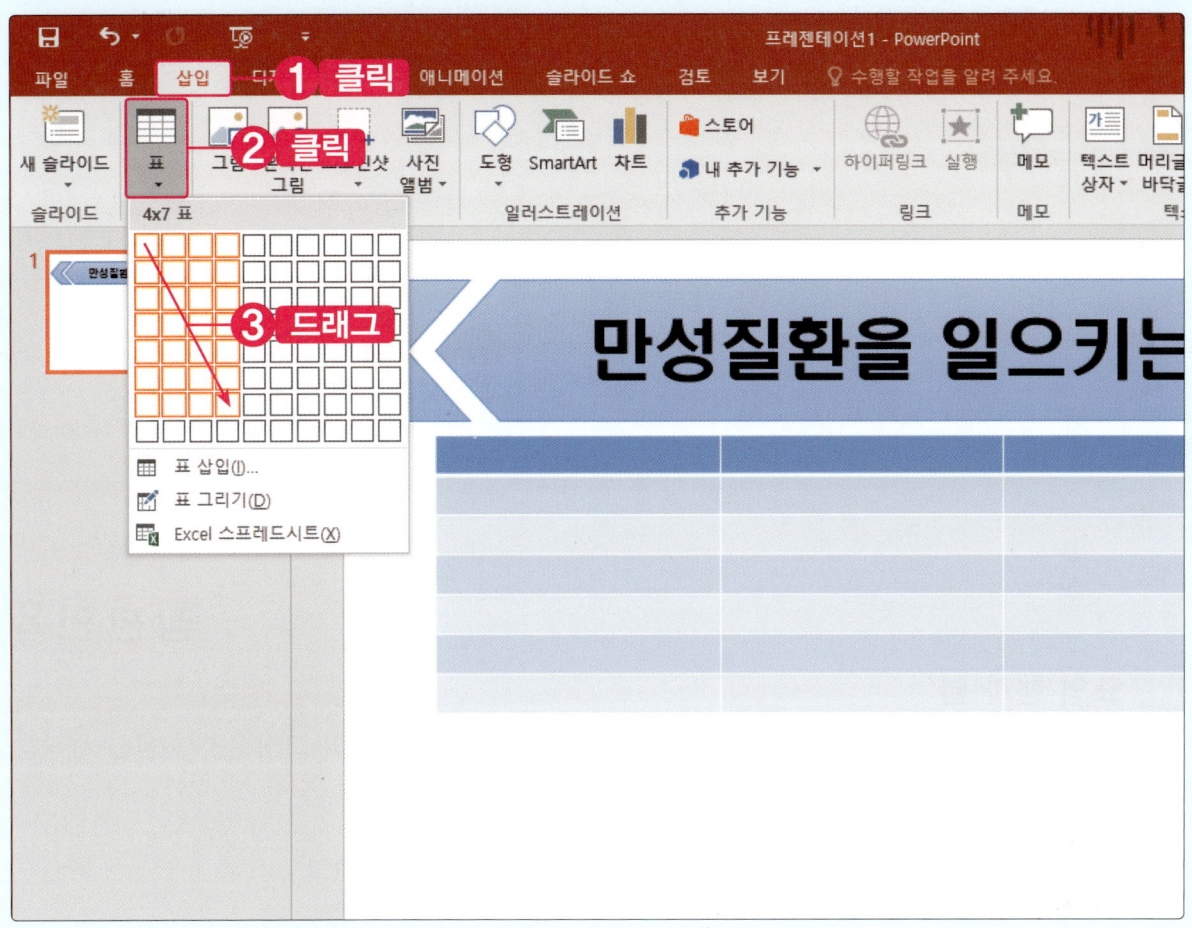

6 [표 삽입] 대화상자가 나타나면 **열 개수(4)와 행 개수(7)를 입력**한 후 **[확인] 단추를 클릭**합니다.

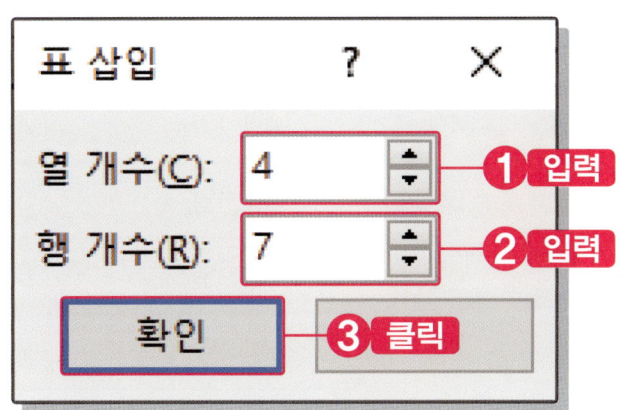

7 표가 삽입되면 다음과 같이 **표의 크기 조절점을** 드래그합니다.

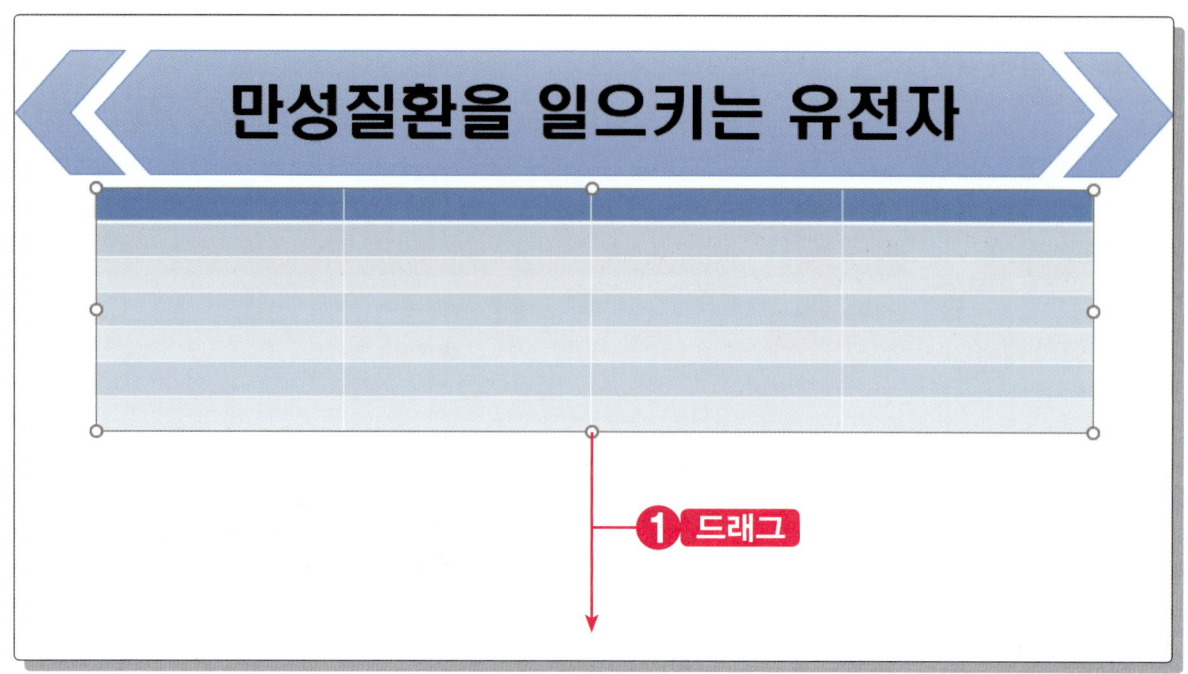

표의 행과 열

표는 행(가로 방향)과 열(세로 방향)로 구성되어 있으며 행과 열이 교차하면서 생긴 사각형 모양의 영역을 '셀'이라고 합니다.

	1열	2열	3열	4열
1행	1행 1열	1행 2열	1행 3열	1행 4열
2행	2행 1열	2행 2열	2행 3열	2행 4열
3행	3행 1열	3행 2열	3행 3열	3행 4열
4행	4행 1열	4행 2열	4행 3열	4행 4열
5행	5행 1열	5행 2열	5행 3열	5행 4열
6행	6행 1열	6행 2열	6행 3열	6행 4열
7행	7행 1열	7행 2열	7행 3열	7행 4열

8 표의 크기가 조절되면 다음과 같이 **표 내용을 입력**합니다.

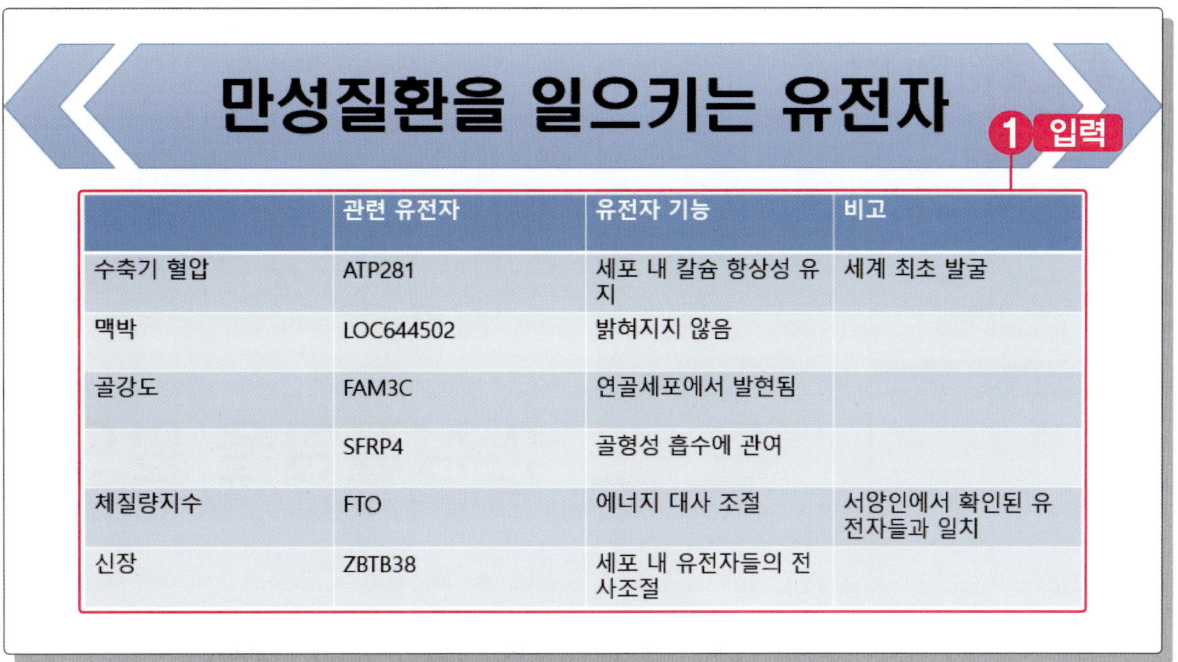

9 표 내용이 입력되면 **모든 셀(1행 1열~7행 4열)을 드래그하여 블록으로 설정**한 후 [표 도구] 정황 탭-[레이아웃] 탭-[맞춤] 그룹에서 ≡[가운데 맞춤]을 **선택**한 다음 ▤[세로 가운데 맞춤]을 **선택**합니다.

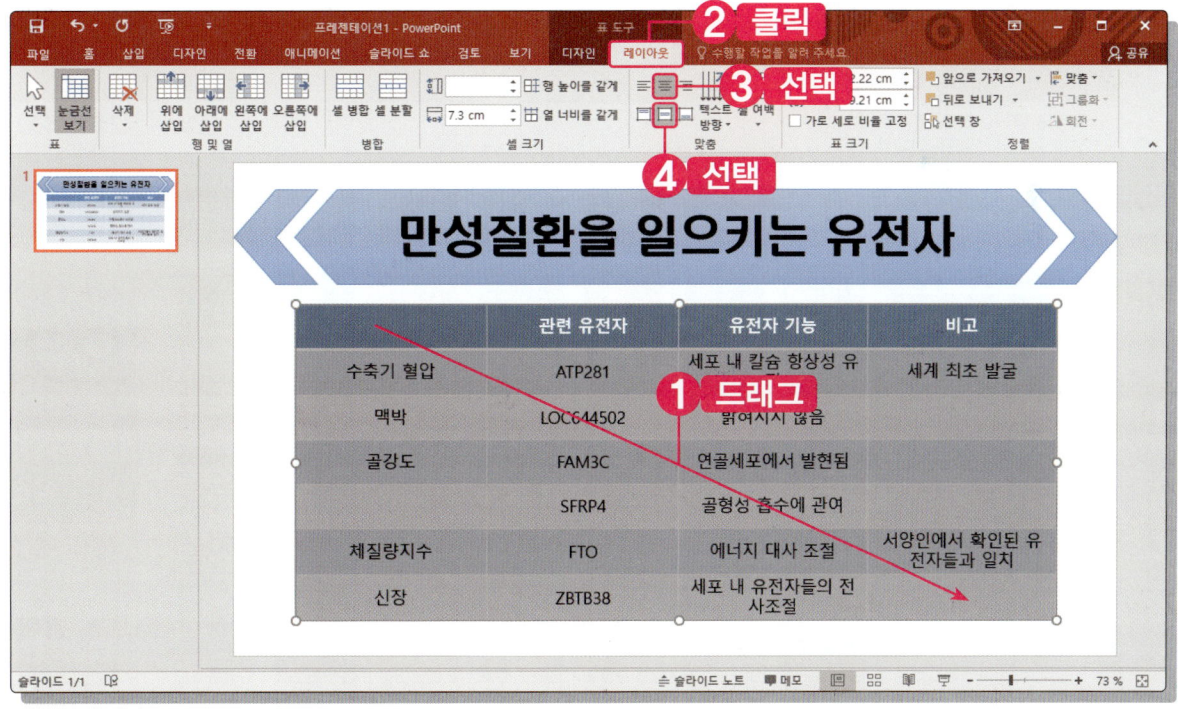

> **Tip**
> [홈] 탭-[단락] 그룹에서 ≡[가운데 맞춤]을 클릭한 후 ▤[텍스트 맞춤]을 클릭한 다음 [중간]을 클릭하여 표 내용을 셀의 정 가운데에 맞출 수 있습니다.

10 다음과 같이 표 내용이 셀의 정 가운데에 맞춰지면 **표를 선택**한 후 [표 도구] 정황 탭-[디자인] 탭-[표 스타일] 그룹에서 **[자세히] 단추를 클릭**합니다.

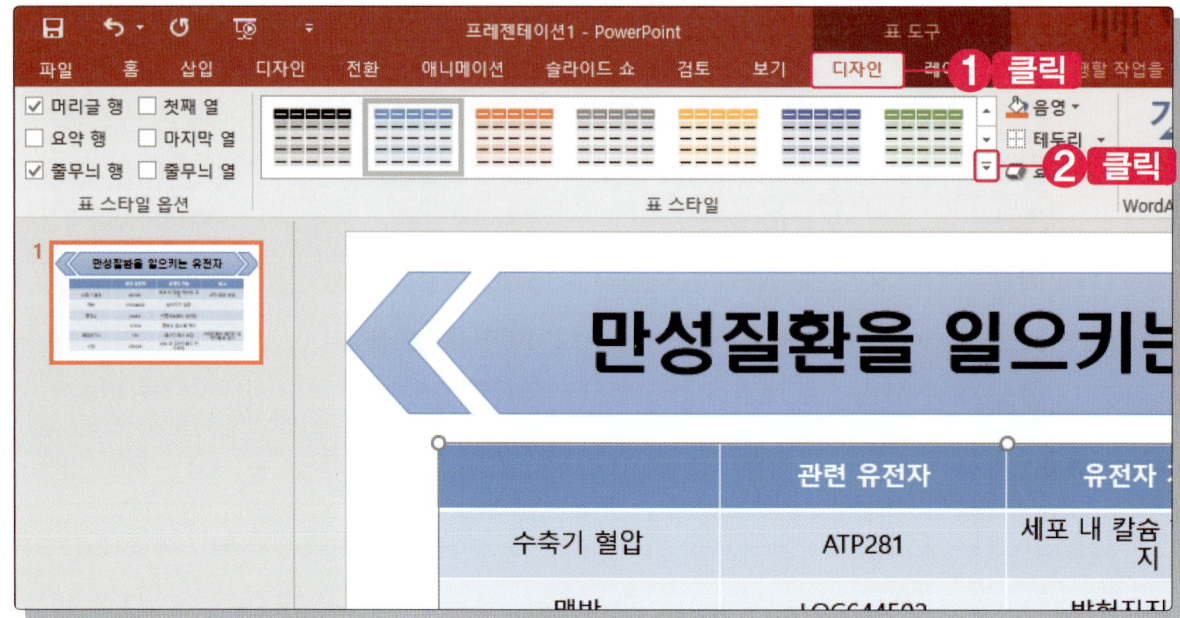

11 표 스타일 목록이 나타나면 **[보통 스타일 2 - 강조 6]을 클릭**합니다.

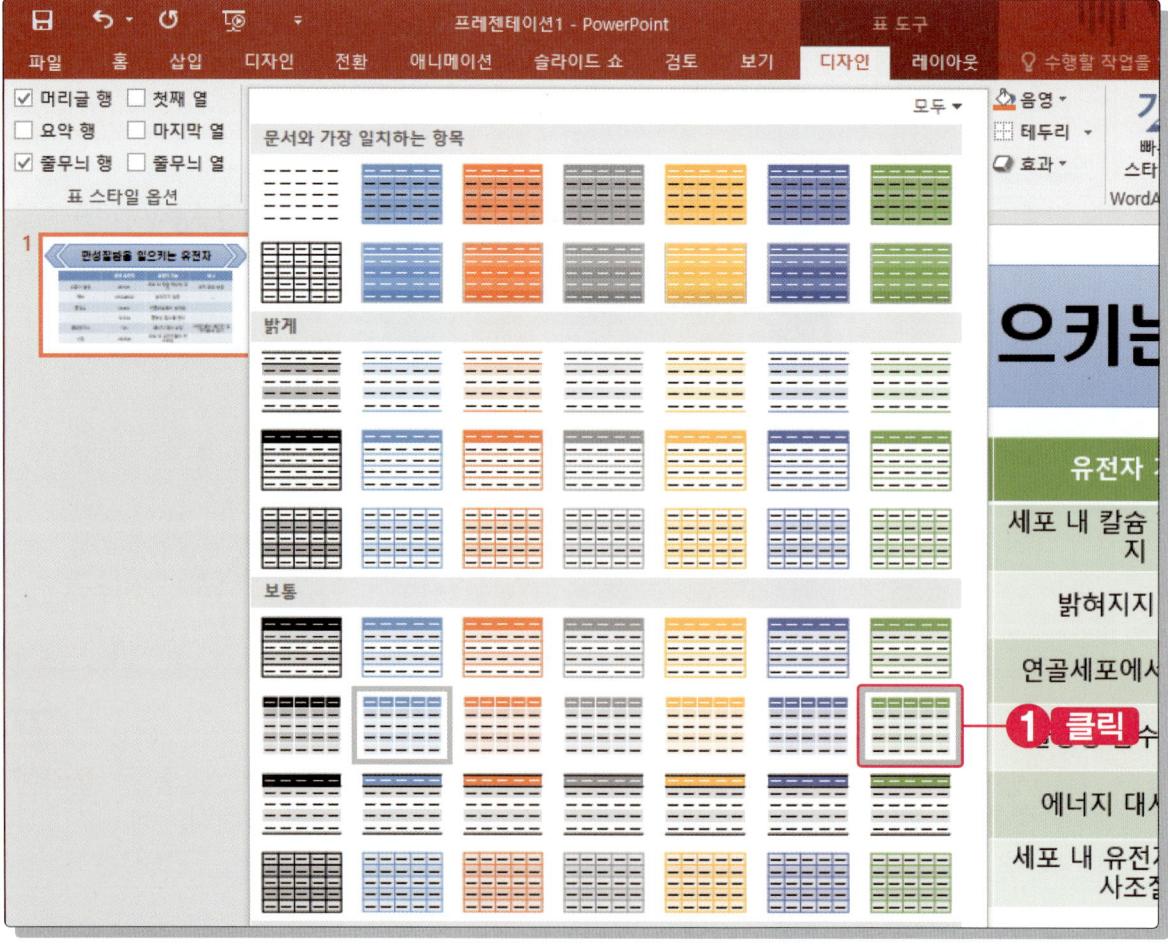

Step 02 표 편집하기

1 표 스타일 옵션을 지정하기 위해 [표 도구] 정황 탭-[디자인] 탭-[표 스타일 옵션] 그룹에서 **[머리글 행], [첫째 열], [줄무늬 행]을 선택**합니다.

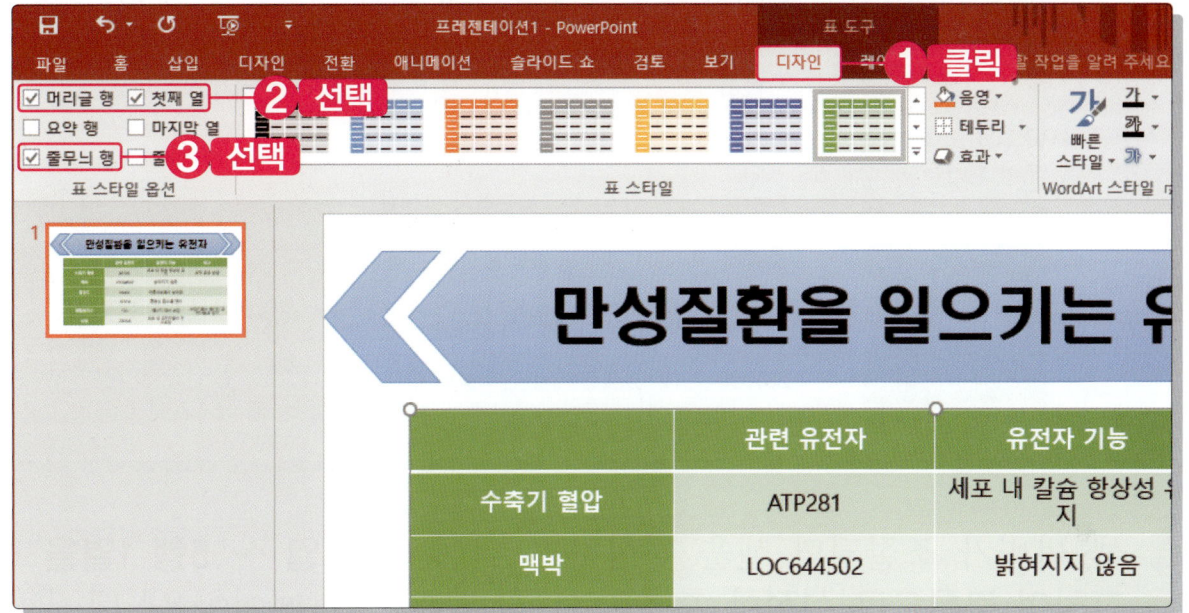

Tip

머리글 행(1행 1열 ~ 1행 4열)과 첫째 열(1행 1열 ~ 7행 1열)을 강조하면서 줄 무늬 행을 표시한 표 스타일이 적용됩니다. 줄무늬 행을 표시하면 짝수 행과 홀수 행의 서식이 서로 다르게 표시되어 내용을 쉽게 볼 수 있습니다.

2 셀 너비를 조절하기 위해 **셀의 경계선에 마우스 포인터를 위치시킨 후 마우스 포인터 모양이 ┼┼ 모양으로 변경되면 드래그하여 너비를 조절**합니다.

Chapter 06 - 표와 차트 작성하기 **81**

3 같은 방법으로 **나머지 셀의 너비를 조절**합니다.

4 셀 너비가 조절되면 셀을 병합하기 위해 **4행 1열 ~ 5행 1열을 드래그하여 블록으로 설정**한 후 [표 도구] 정황 탭-[레이아웃] 탭-[병합] 그룹에서 [셀 병합]을 클릭합니다.

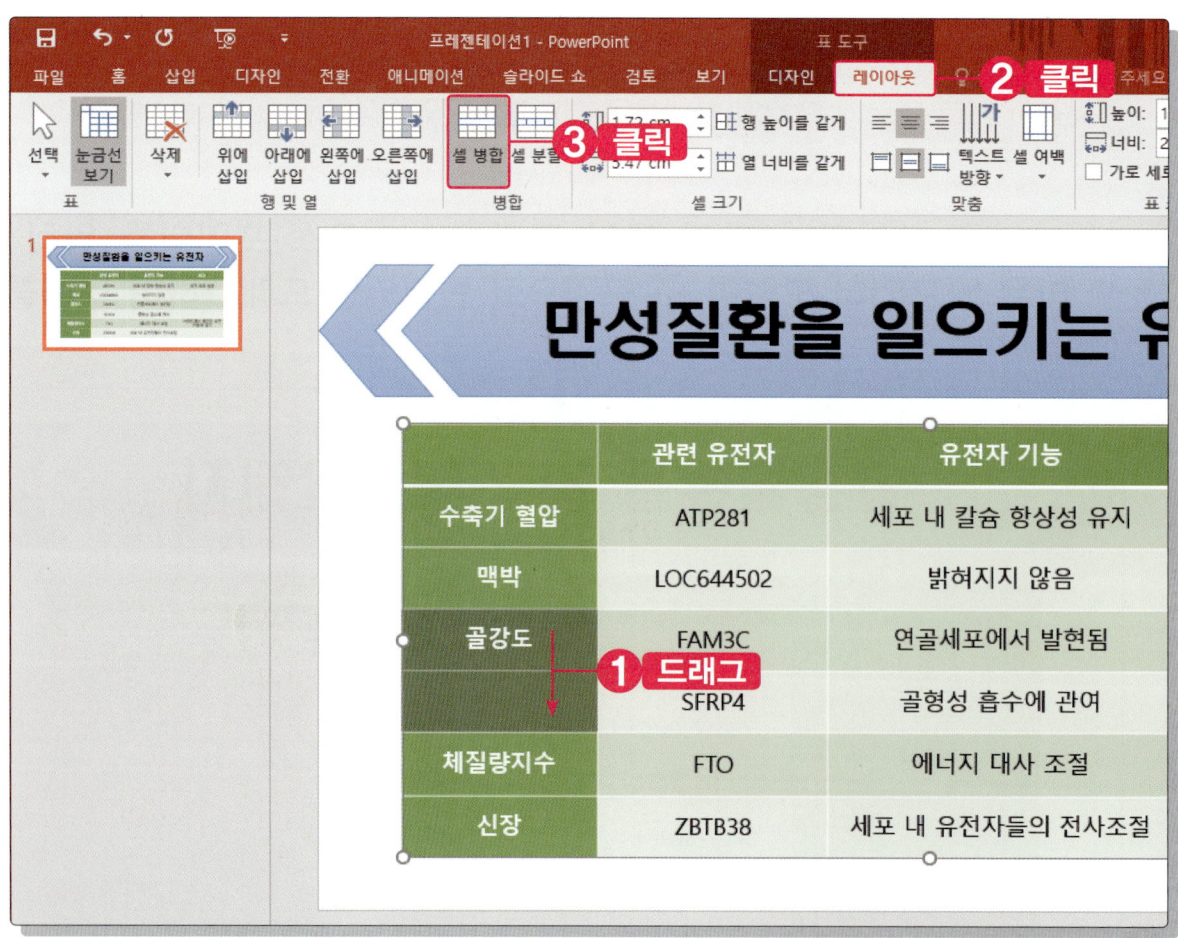

5 같은 방법으로 2행 4열 ~ 5행 4열, 6행 4열 ~ 7행 4열을 셀 병합합니다.

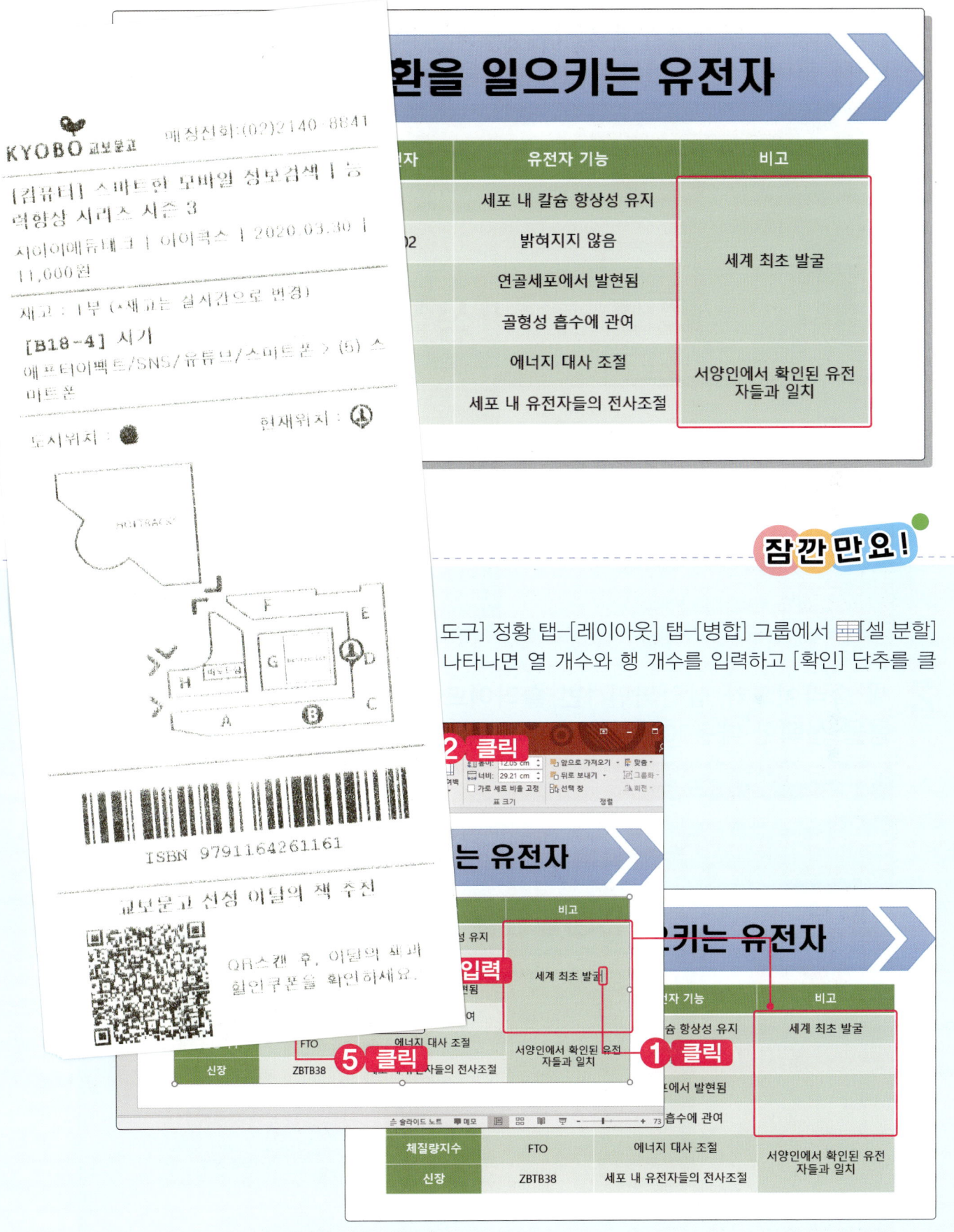

Chapter 06 - 표와 차트 작성하기

Step 03 슬라이드 추가하기

1 슬라이드를 추가하기 위해 [홈] 탭-[슬라이드] 그룹에서 [새 슬라이드]를 클릭한 후 [제목 및 내용]을 클릭합니다.

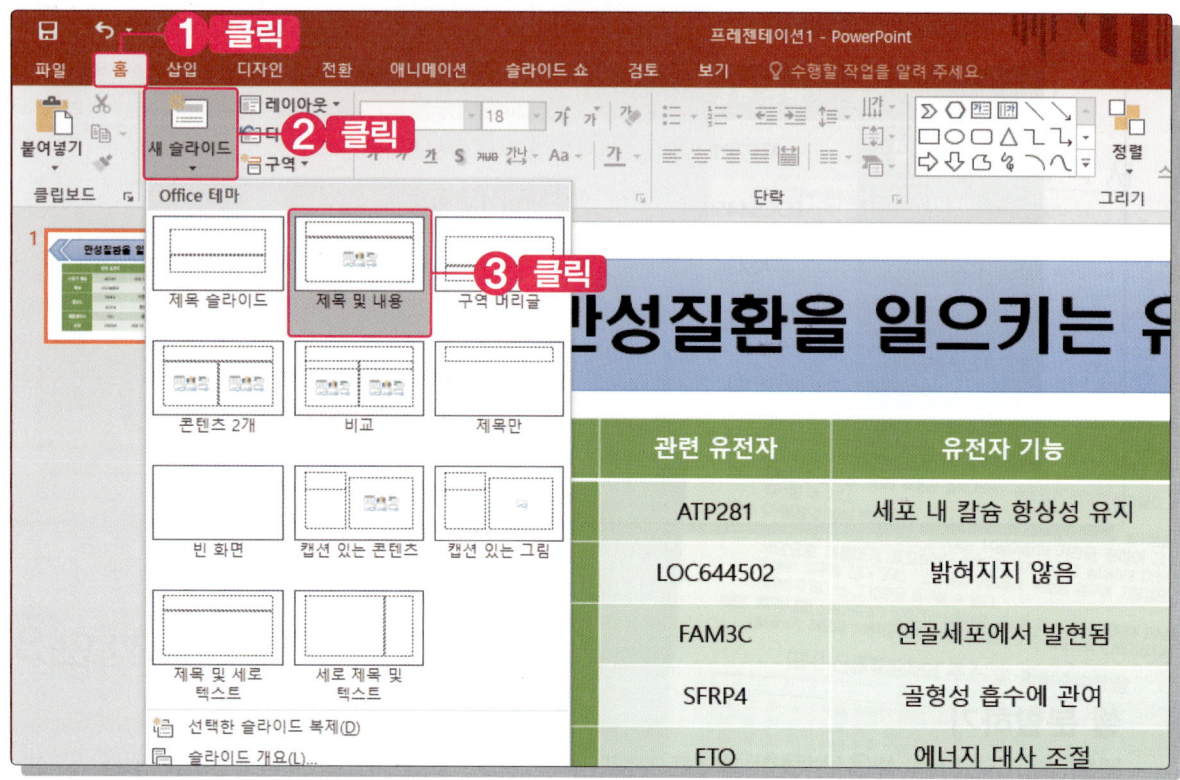

2 새 슬라이드가 삽입되면 1번 슬라이드를 선택한 후 제목에 작성한 도형을 선택한 다음 Ctrl+C를 눌러 복사합니다.

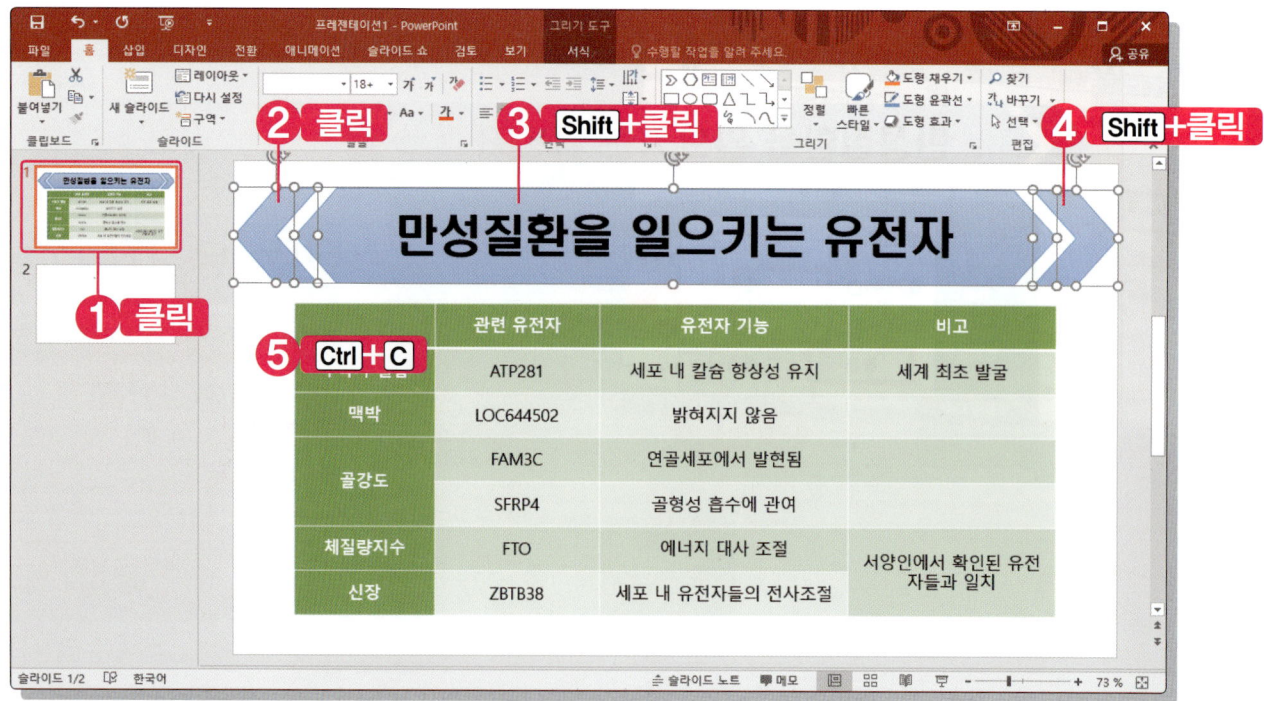

3 2번 슬라이드를 다시 선택한 후 Ctrl+V를 눌러 복사한 제목 도형을 붙여넣습니다.

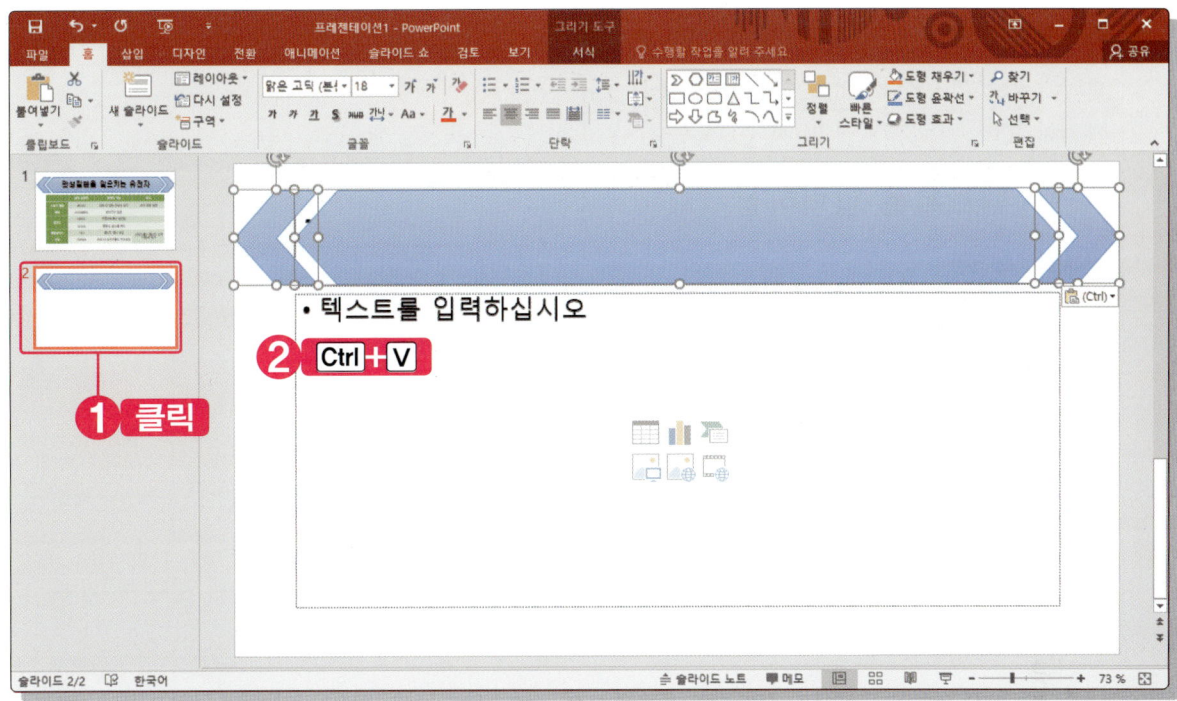

4 도형이 복사되면 **바로 가기 메뉴의 [맨 뒤로 보내기]-[맨 뒤로 보내기]를 클릭**합니다.

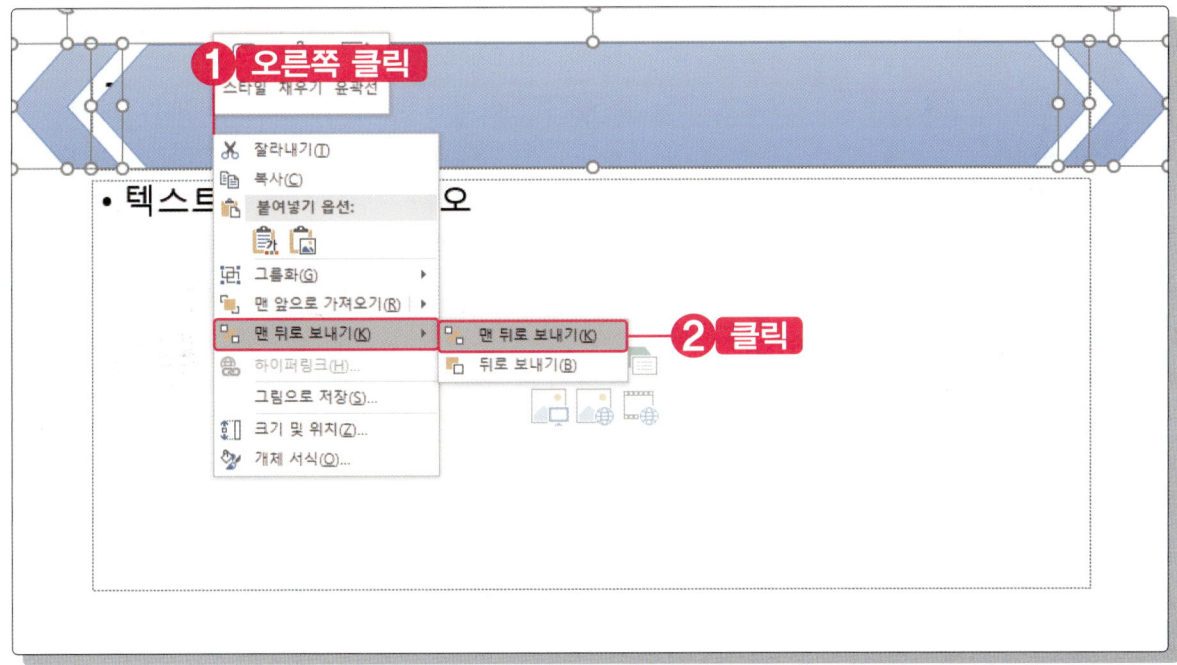

5 도형이 맨 뒤로 이동되면 **제목 개체 틀을 클릭**한 후 **'한국인 유전체 해석'을 입력**합니다.

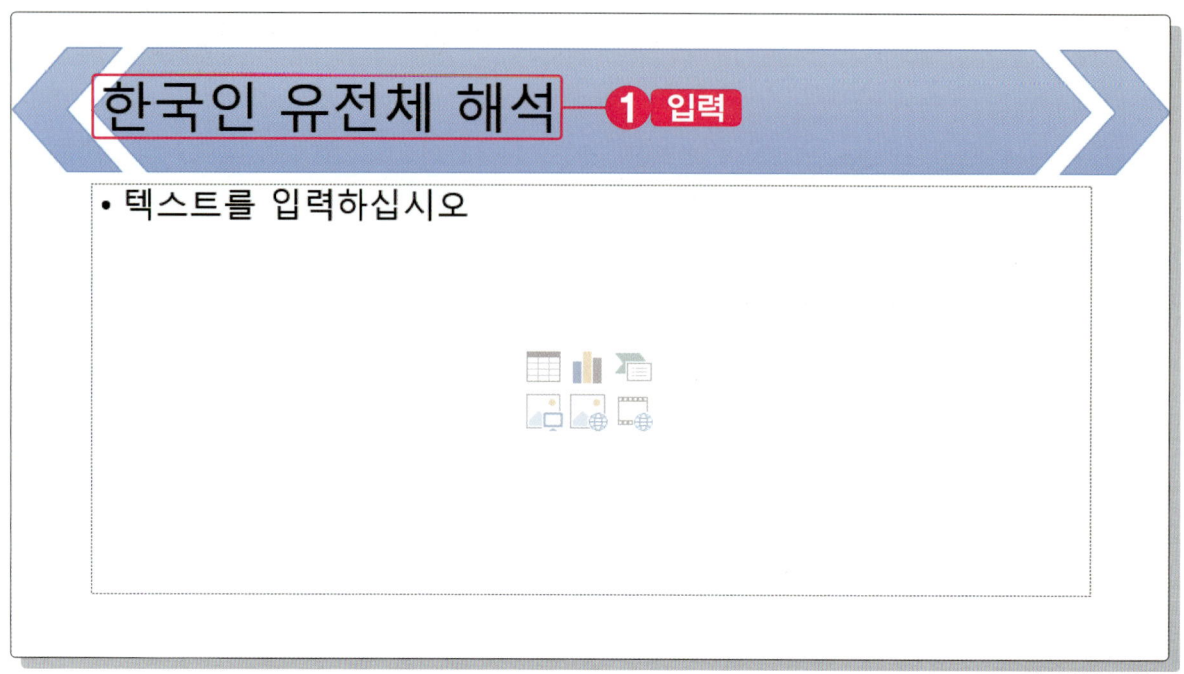

6 제목을 드래그하여 블록으로 설정한 후 [홈] 탭-[글꼴] 그룹에서 **글꼴(HY헤드라인M)과 글꼴 크기(44)를 선택**한 다음 [단락] 그룹에서 **[가운데 맞춤]을 선택**합니다.

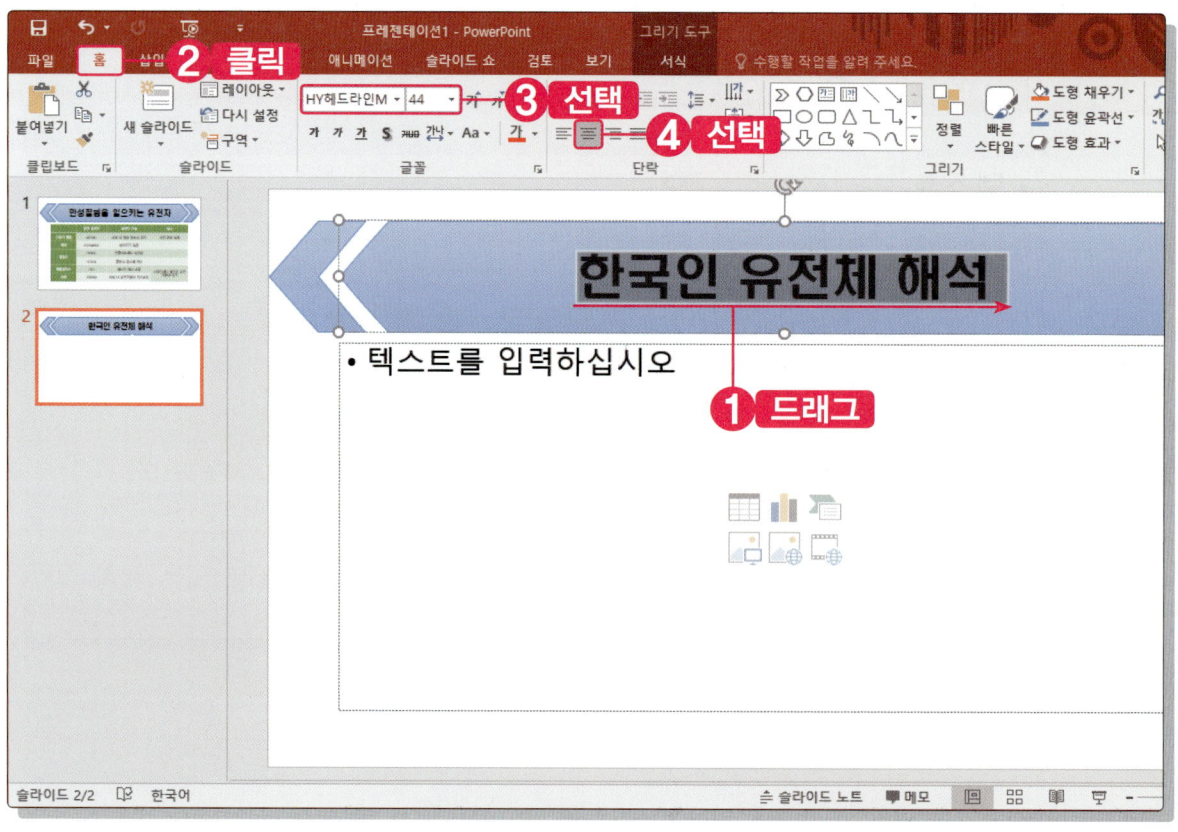

Step 04 차트 작성하기

1 차트를 삽입하기 위해 슬라이드에서 [차트 삽입]을 클릭합니다.

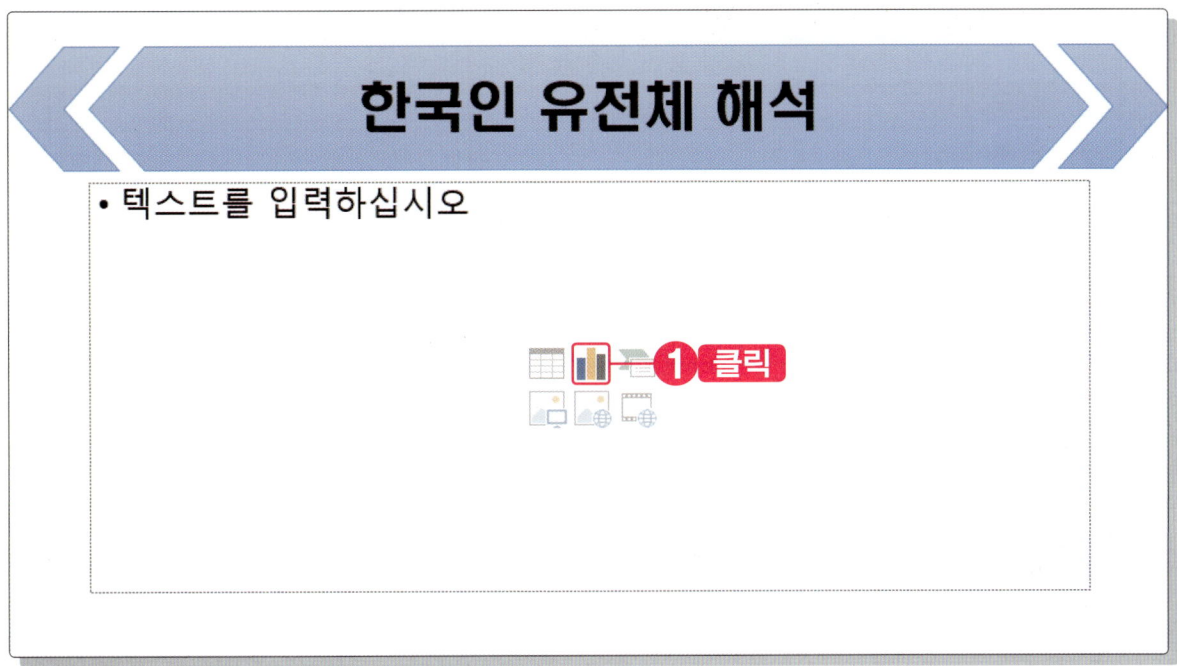

2 [차트 삽입] 대화상자가 나타나면 [세로 막대형] 탭에서 [묶은 세로 막대형]을 클릭한 후 [확인] 단추를 클릭합니다.

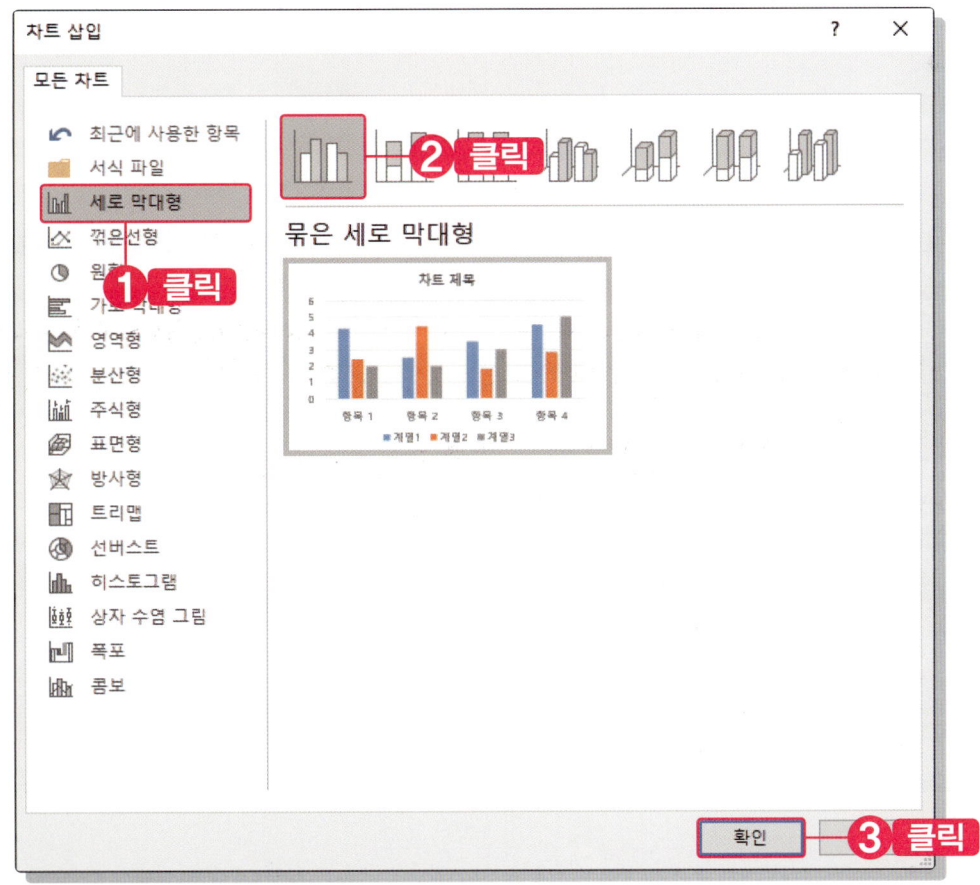

3 차트 데이터를 입력할 수 있는 엑셀 화면이 나타나면 다음과 같이 차트 데이터 범위의 **오른쪽 아래 모서리**(▪)를 위쪽으로 드래그합니다.

	A	B	C	D	E	F	G
1		계열 1	계열 2	계열 3			
2	항목 1	4.3	2.4	2			
3	항목 2	2.5	4.4	2			
4	항목 3	3.5	1.8	3	❶ 드래그		
5	항목 4	4.5	2.8	5			
6							

4 같은 방법으로 차트 범위의 **오른쪽 아래 모서리를 오른쪽으로 드래그**합니다.

	A	B	C	D	E	F	G
1		계열 1	계열 2	계열 3			
2	항목 1	4.3	2.4	2			
3	항목 2	2.5	4.4	2			
4	항목 3	3.5	1.8	3			
5	항목 4	4.5	2.8	5	❶ 드래그		
6							

5 차트 데이터 범위가 A1:E3셀 범위로 지정되면 **A2셀을 클릭**한 후 '**백인 참조 유전체**'를 입력한 다음 Enter를 누릅니다.

	A	B	C	D	E	F	G
1		계열 1	계열 2	계열 3			
2	백인 참조 유전체	4.3	2.4	2			
3	항목 2	2.5	4.4	2			
4	항목 ❶ 입력한 후 Enter	3.5	1.8	3			
5	항목 4	4.5	2.8	5			
6							

6 같은 방법으로 다음과 같이 **차트 데이터를 입력**한 후 A4:D5셀 범위를 **지정**한 다음 [Delete]를 누릅니다.

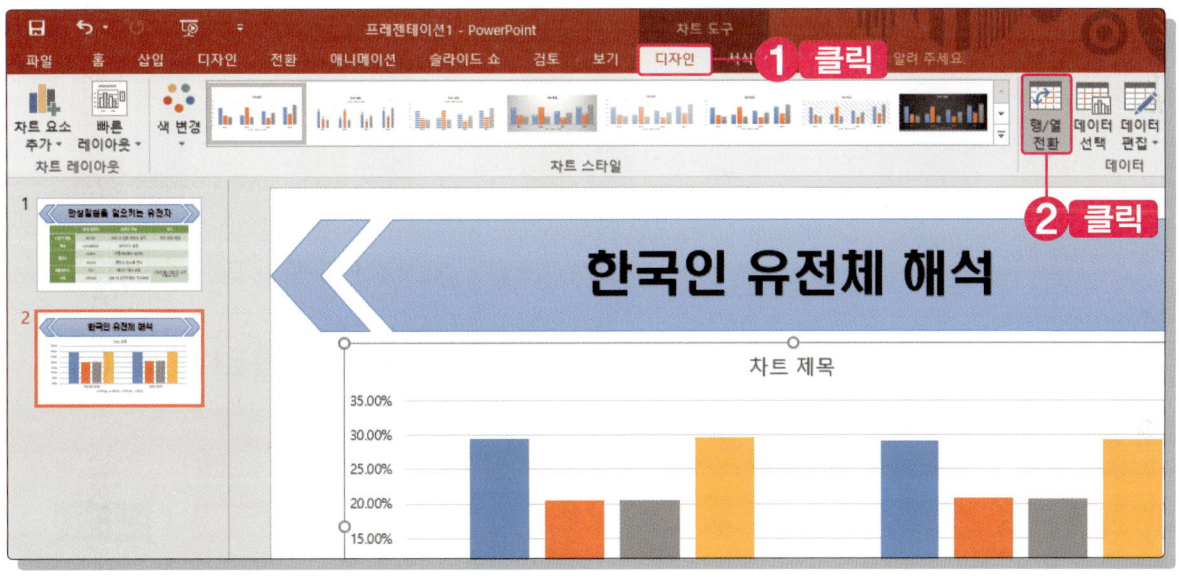

7 **파워포인트 2016을 선택**한 후 차트가 삽입되어 있으면 [차트 도구] 정황 탭-[디자인] 탭-[데이터] 그룹에서 [행/열 전환]을 클릭합니다.

Tip
[Microsoft PowerPoint 차트] 프로그램을 먼저 닫으면 [행/열 전환]이 비활성화되어 행/열 전환을 할 수 없습니다.

8 차트의 행/열이 전환되면 [Microsoft PowerPoint 차트]를 선택한 후 [닫기] 단추를 클릭합니다.

Chapter 06 – 표와 차트 작성하기 **89**

Step 05 차트 스타일 지정 및 차트 편집하기

1 차트 스타일을 지정하기 위해 **차트를 선택**한 후 [차트 도구] 정황 탭-[디자인] 탭-[차트 스타일] 그룹에서 [자세히] 단추를 클릭합니다.

2 차트 스타일 목록이 나타나면 [스타일 5]를 클릭합니다.

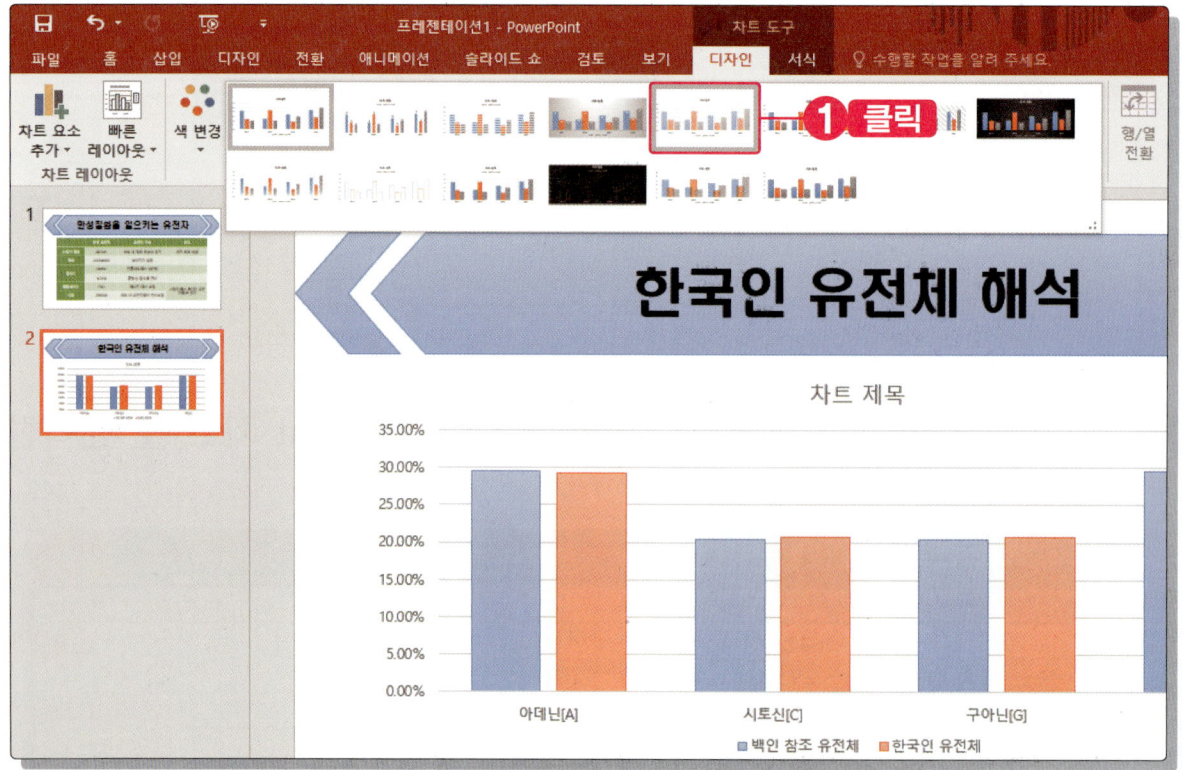

차트의 구성

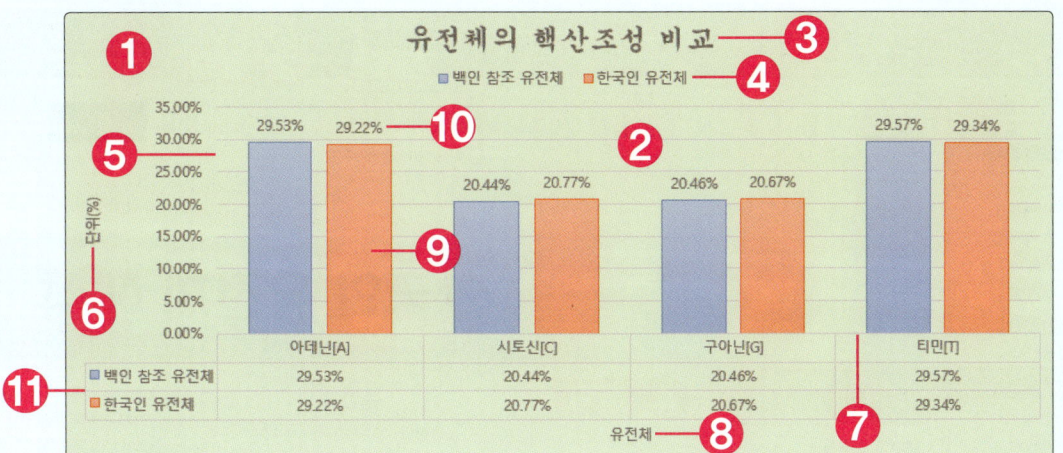

1. **차트 영역** : 모든 차트 요소를 포함한 차트 전체입니다. 차트 요소는 차트 영역, 그림 영역, 차트 제목, 범례 등을 말합니다.
2. **그림 영역** : 2차원 차트에서는 데이터 계열을 포함한 축으로 둘러싸인 영역이며 3차원 차트에서는 세로 축, 세로 축 제목, 가로 축, 가로 축 제목을 포함합니다.
3. **차트 제목** : 차트의 제목입니다.
4. **범례** : 데이터 계열을 구분하는 색과 이름을 표시하는 곳입니다.
5. **세로 축** : 데이터 계열의 값을 표시하는 축입니다. '기본 세로 축'이라고도 합니다.
6. **세로 축 제목** : 세로 축의 제목입니다. '기본 세로 축 제목'이라고도 합니다.
7. **가로 축** : 데이터 계열의 이름을 표시하는 축입니다.
8. **가로 축 제목** : 가로 축의 제목입니다.
9. **데이터 계열** : 관련 데이터 요소의 집합으로 수치 데이터를 나타내는 가로 막대, 세로 막대, 꺾은선 등을 말합니다. '계열'이라고도 합니다.
10. **데이터 레이블** : 데이터 요소의 데이터 계열 이름, 항목 이름, 값을 표시합니다.
11. **데이터 표** : 차트 데이터를 표시합니다.

3 다음과 같이 차트 제목이 표시되면 **차트 제목을 드래그하여 선택**한 후 **'유전체의 핵산조성 비교'를 입력**합니다.

4 **차트를 선택**한 후 [차트 도구] 정황 탭-[디자인] 탭-[차트 레이아웃] 그룹에서 **[차트 요소 추가]**를 **클릭**한 다음 [범례]-**[없음]**을 클릭합니다.

5 범례 표시가 사라지면 [차트 도구] 정황 탭-[디자인] 탭-[차트 레이아웃] 그룹에서 **[차트 요소 추가]**를 **클릭**한 다음 [데이터 표]-**[범례 표지 포함]**을 클릭합니다.

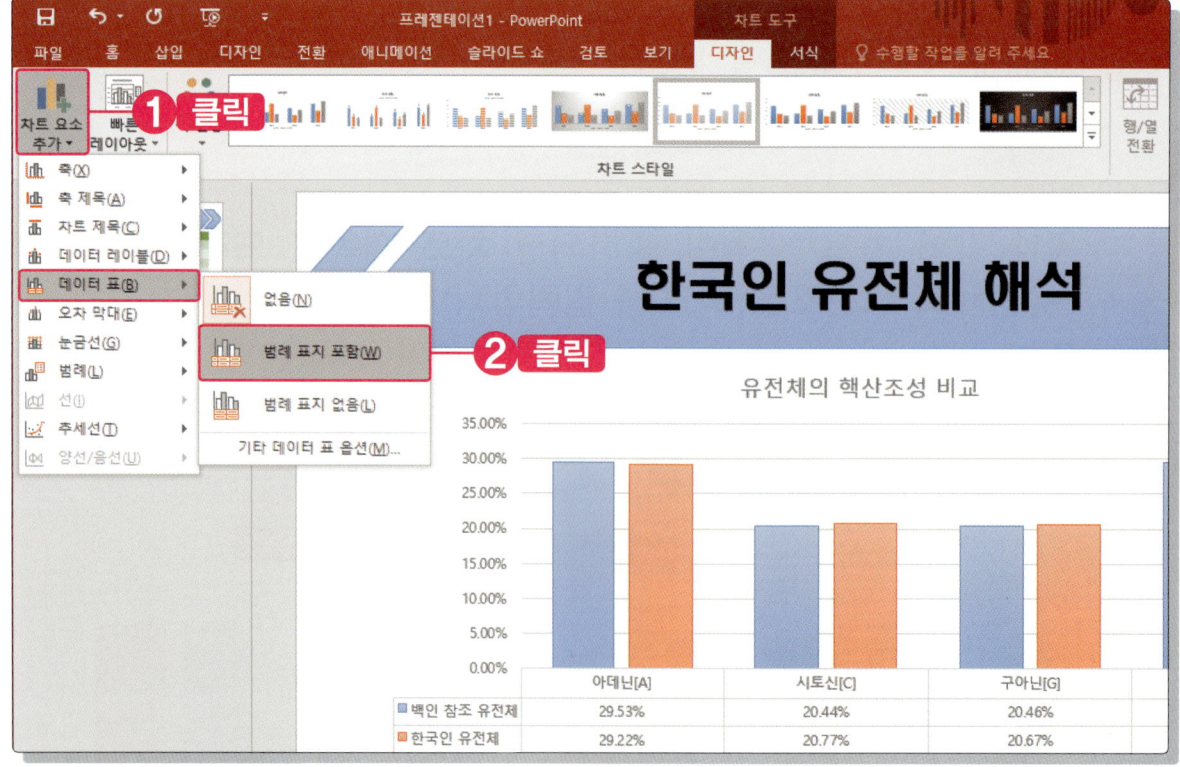

6 차트 전체 글꼴을 변경하기 위해 차트가 선택된 상태에서 [홈] 탭-[글꼴] 그룹에서 **글꼴(굴림)과 글꼴 크기(16)를 지정**합니다.

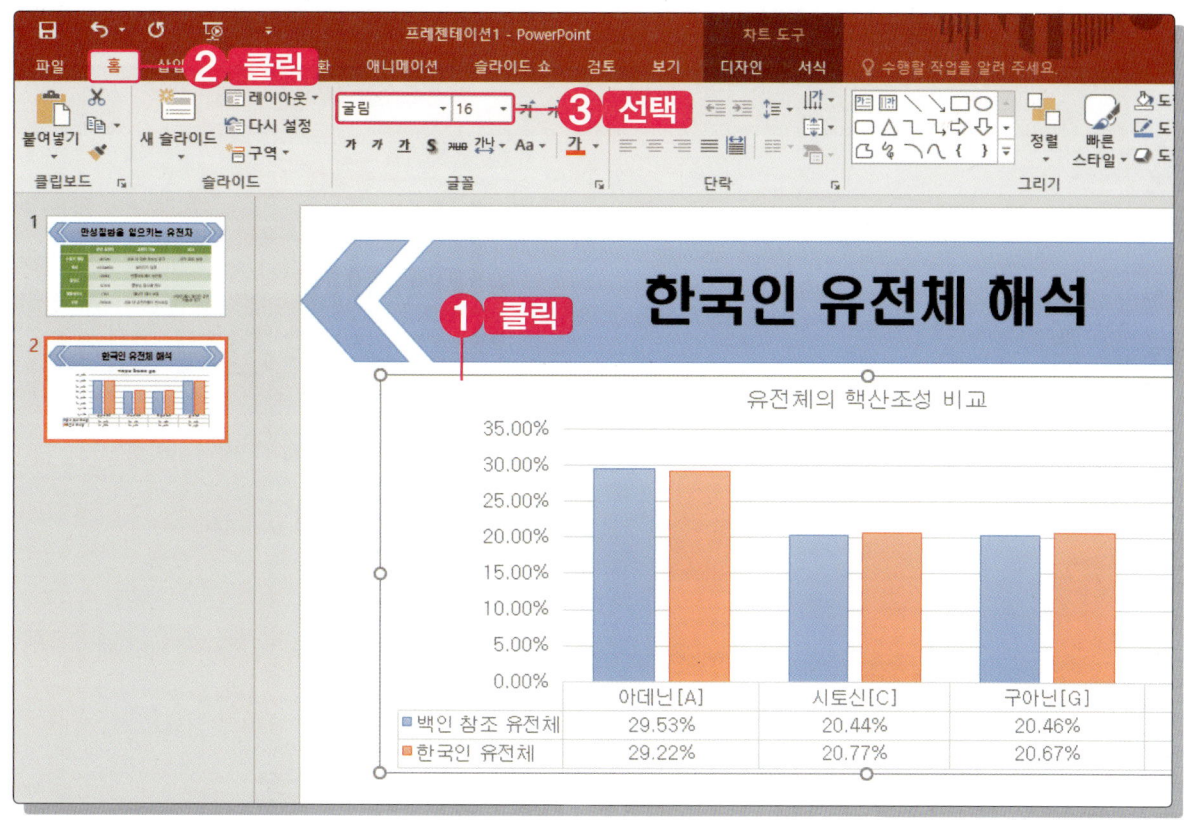

7 차트 제목을 선택한 후 [홈] 탭-[글꼴] 그룹에서 **글꼴(궁서)과 글꼴 크기(24)를 지정**합니다.

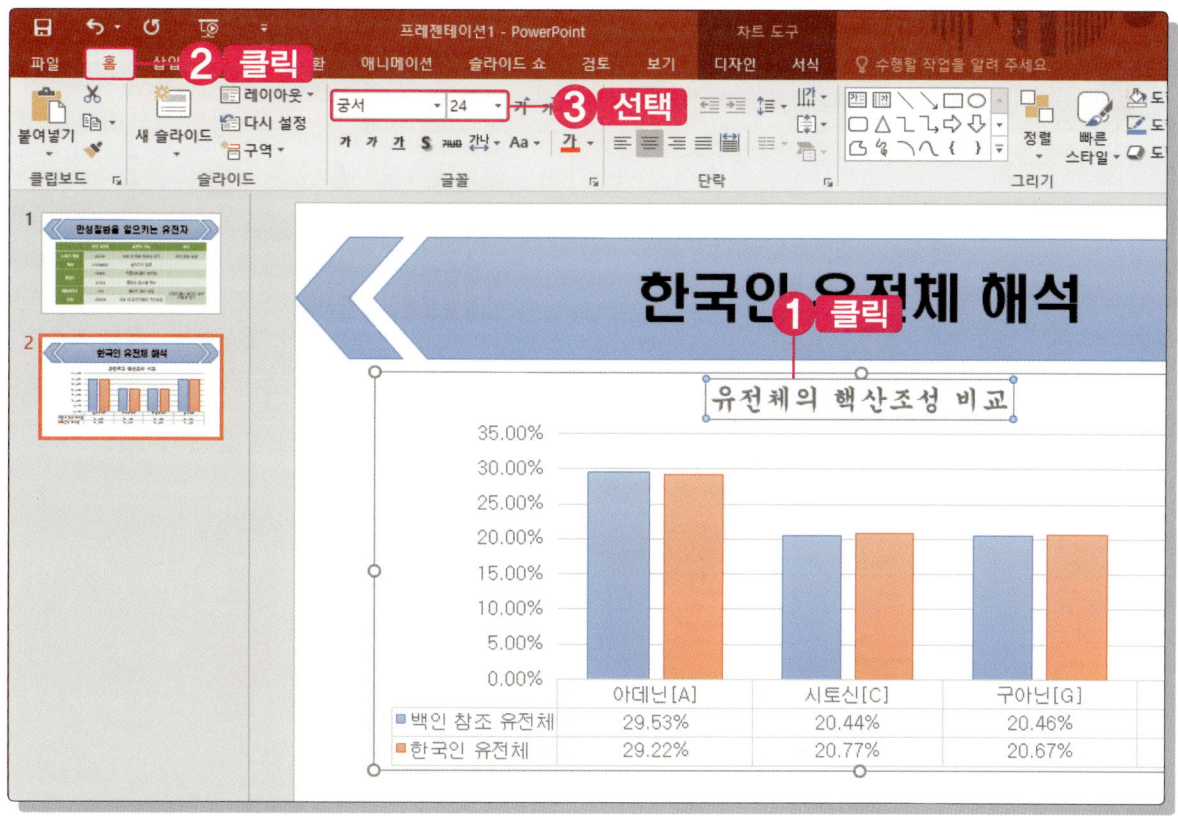

Chapter 06 - 표와 차트 작성하기 **93**

8 차트 영역에 색을 지정하기 위해 [차트 도구] 정황 탭-[서식] 탭-[도형 스타일] 그룹에서 [도형 채우기]를 클릭한 후 [녹색, 강조 6, 80% 더 밝게]를 클릭합니다.

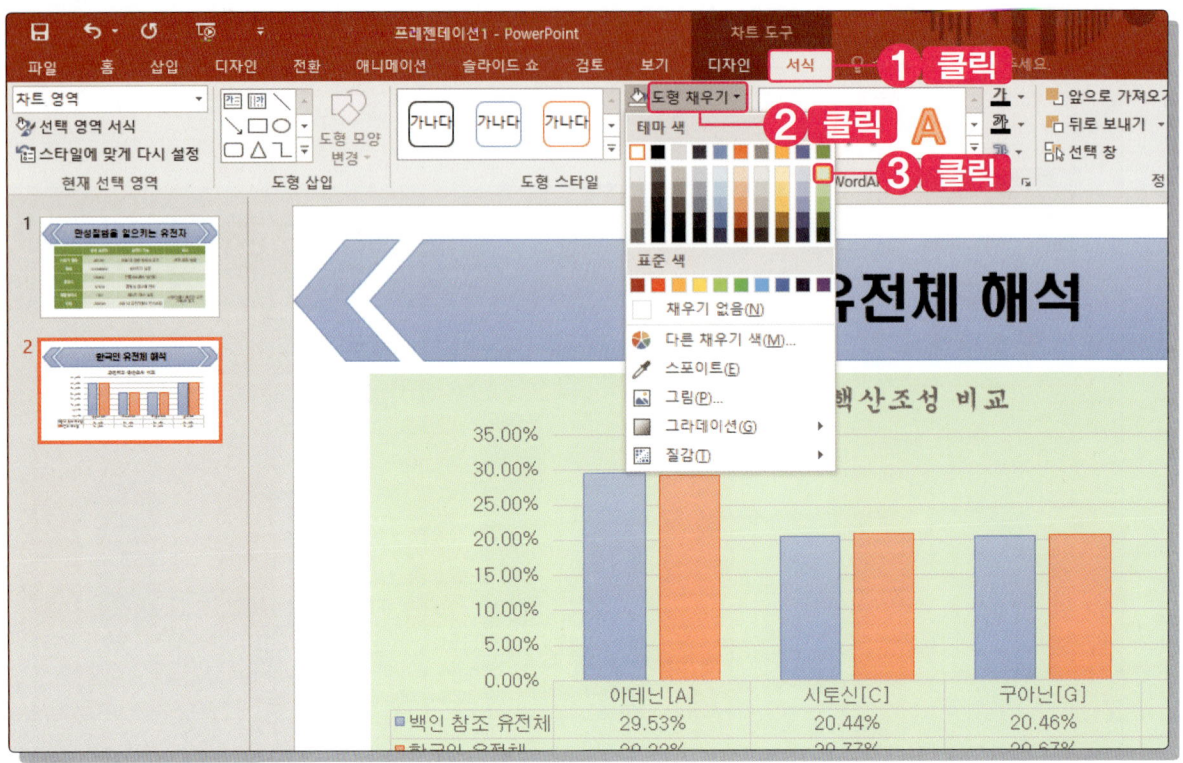

9 차트 영역에 채우기 색이 지정되면 [차트 도구] 정황 탭-[서식] 탭-[도형 스타일] 그룹에서 [도형 윤곽선]을 클릭한 후 [검정, 텍스트 1]을 클릭합니다.

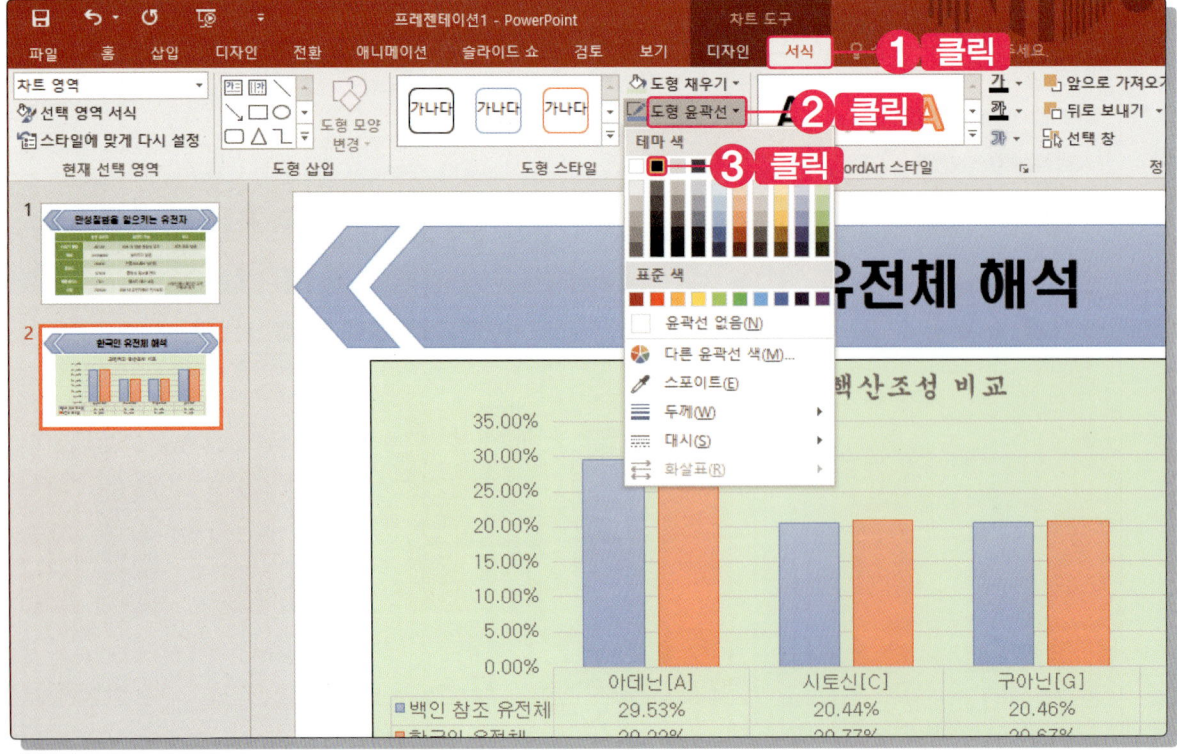

10 차트에 그림자를 지정하기 위해 [차트 도구] 정황 탭-[서식] 탭-[도형 스타일] 그룹에서 **[도형 효과]를 클릭**한 후 [그림자]- **[오프셋 대각선 오른쪽 아래]를 클릭**합니다.

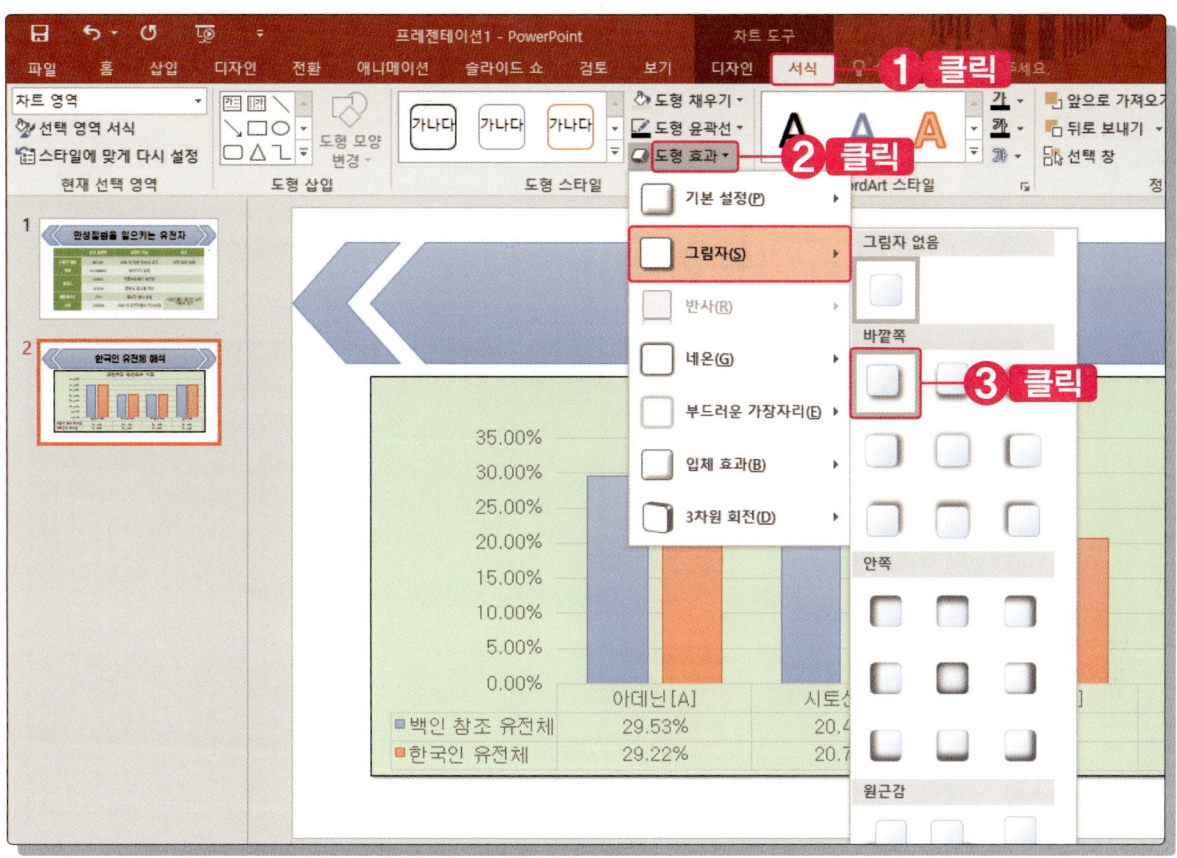

11 다음과 같이 차트가 완성되면 **차트를 아래로 드래그하여 위치를 조절**합니다.

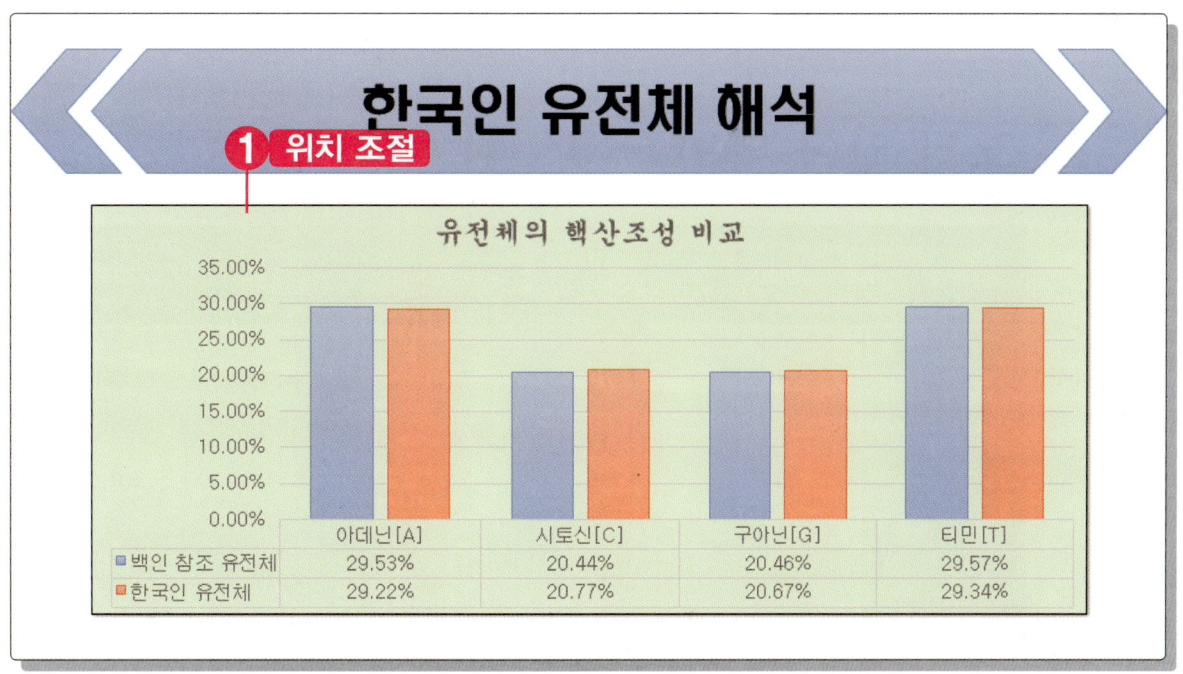

Chapter 06 - 표와 차트 작성하기 **95**

실전 연습 문제

01 다음과 같이 1번 슬라이드에 표(4행 6열)를 삽입한 후 표 스타일을 적용해 보세요.
- 표 내용 : [가운데 맞춤], [세로 가운데 맞춤]
- 표 스타일 : [보통 스타일 2 - 강조 5]

노인 인구 추이 - 1

구분	2010	2018 (고령)	2020	2026 (초고령)	2030
65세 이상	5,357	7,075	7,701	10,218	11,811
70세 이상	3,546	4,786	5,120	6,538	8,019
80세 이상	952	1,612	1,783	2,217	2,581

02 다음과 같이 표를 편집해 보세요.
- 제목 : 글꼴(궁서), [텍스트 그림자]
- 표 스타일 옵션 : 머리글 행, 첫째 열, 줄무늬 행

노인 인구 추이 - 1

구분	2010	2018 (고령)	2020	2026 (초고령)	2030
65세 이상	5,357	7,075	7,701	10,218	11,811
70세 이상	3,546	4,786	5,120	6,538	8,019
80세 이상	952	1,612	1,783	2,217	2,581

실전 연습 문제

03 다음과 같이 2번 슬라이드에 차트를 삽입한 후 차트 스타일을 적용해 보세요.
- 제목 : 글꼴(궁서), S [텍스트 그림자]
- 차트 : [묶은 세로 막대형]
- 차트 스타일 : [스타일 6]

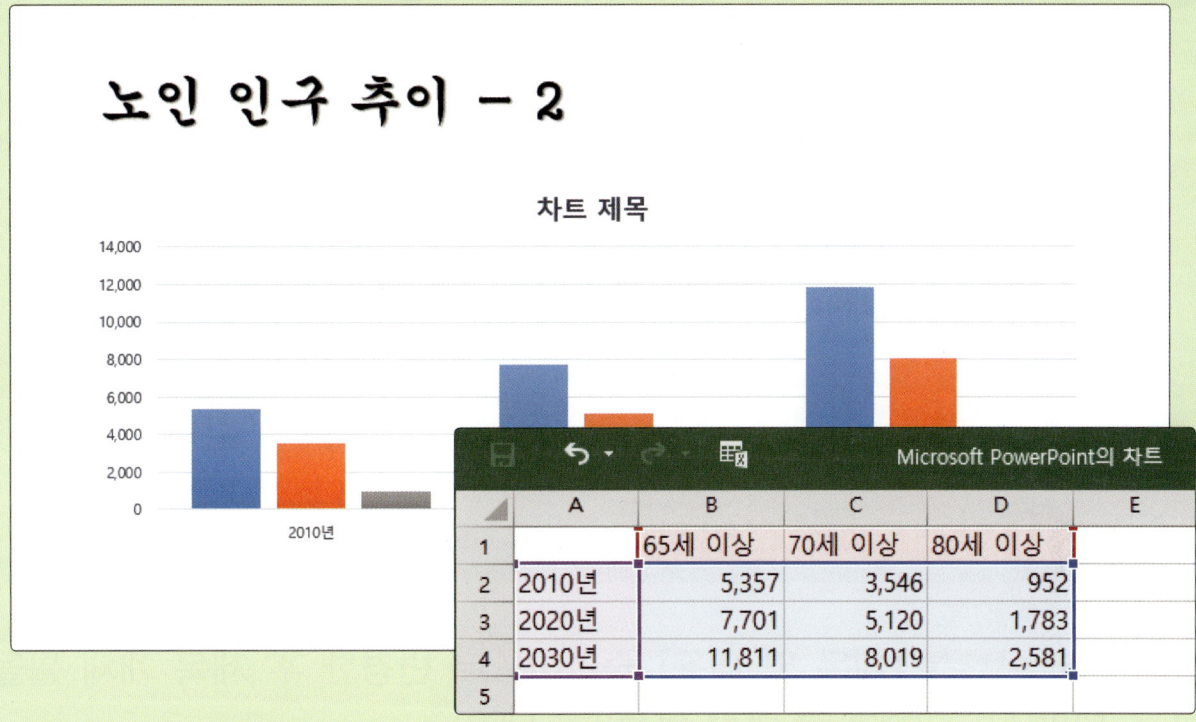

04 다음과 같이 차트를 편집해 보세요.
- 차트 글꼴 : 굴림
- 차트 제목 : 없음
- 축 제목 : 기본 가로, 기본 세로
- 차트 글꼴 크기 : 16pt
- 범례 : 아래쪽에 범례 표시
- 데이터 레이블 : '65세 이상' 계열

Powerpoint 2016

슬라이드 디자인하기

프레젠테이션의 전반적인 디자인을 변경할 수 있는 테마를 제공합니다. 테마는 테마 색, 테마 글꼴, 테마 효과로 구성된 서식 모음입니다. 테마를 지정하면 전문가 수준의 프레젠테이션을 손쉽게 작성할 수 있습니다. 또한 WordArt를 활용하면 제목을 부각시키고 다양한 효과를 지정할 수 있습니다.

Step 01 WordArt 삽입하여 제목 작성하기

1 슬라이드를 [제목 및 내용] 슬라이드로 변경한 후 **제목 개체 틀을 선택**한 다음 Delete 를 눌러 삭제합니다.

2 WordArt를 삽입하기 위해 [삽입] 탭-[텍스트] 그룹에서 [WordArt]를 클릭한 후 🅰[채우기 – 흰색, 윤곽선 – 강조 2, 진한 그림자 – 강조 2]를 클릭합니다.

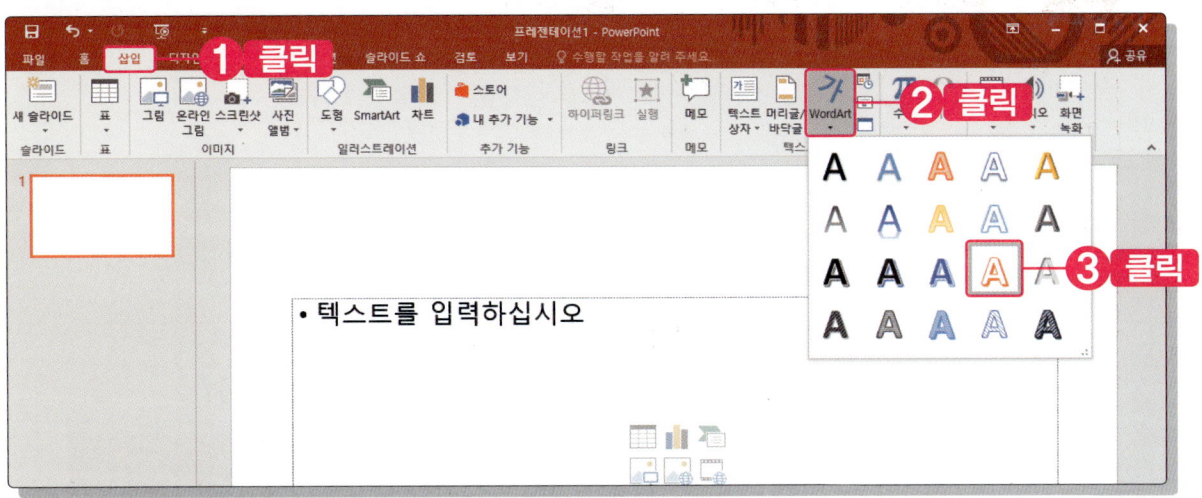

3 다음과 같이 WordArt가 삽입되면 **텍스트(5일 일정표)를 입력**합니다.

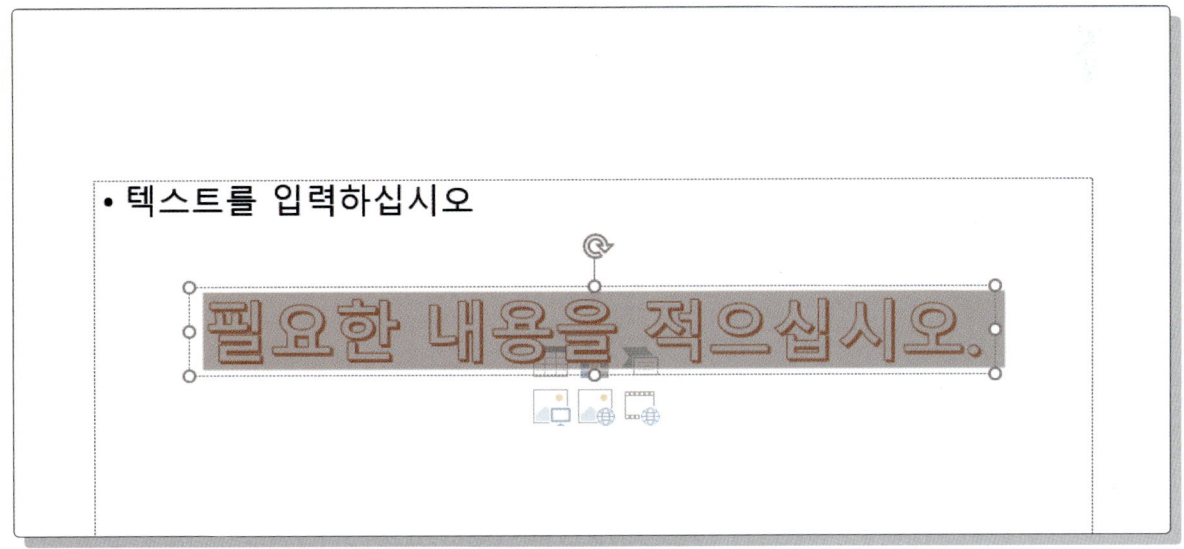

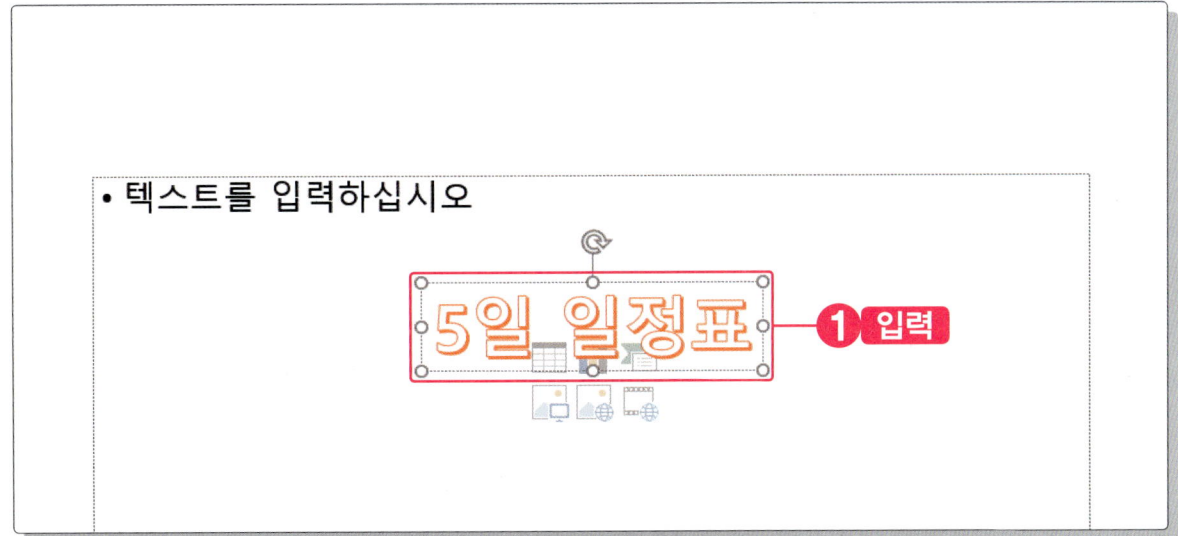

4 WordArt 텍스트를 드래그하여 블록으로 설정한 후 [홈] 탭-[글꼴] 그룹에서 **글꼴 크기(60)를 선택**합니다.

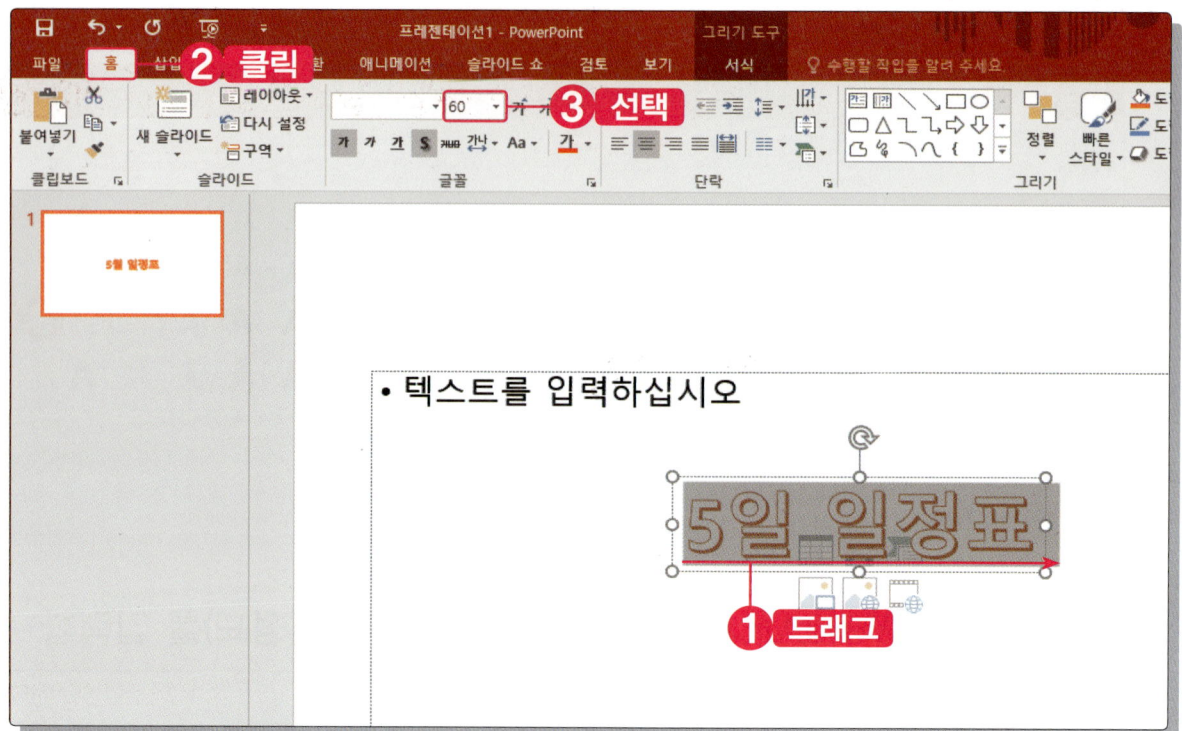

5 WordArt의 글꼴 크기가 지정되면 **WordArt 개체 틀을 선택**한 후 **드래그하여 위치를 이동**합니다.

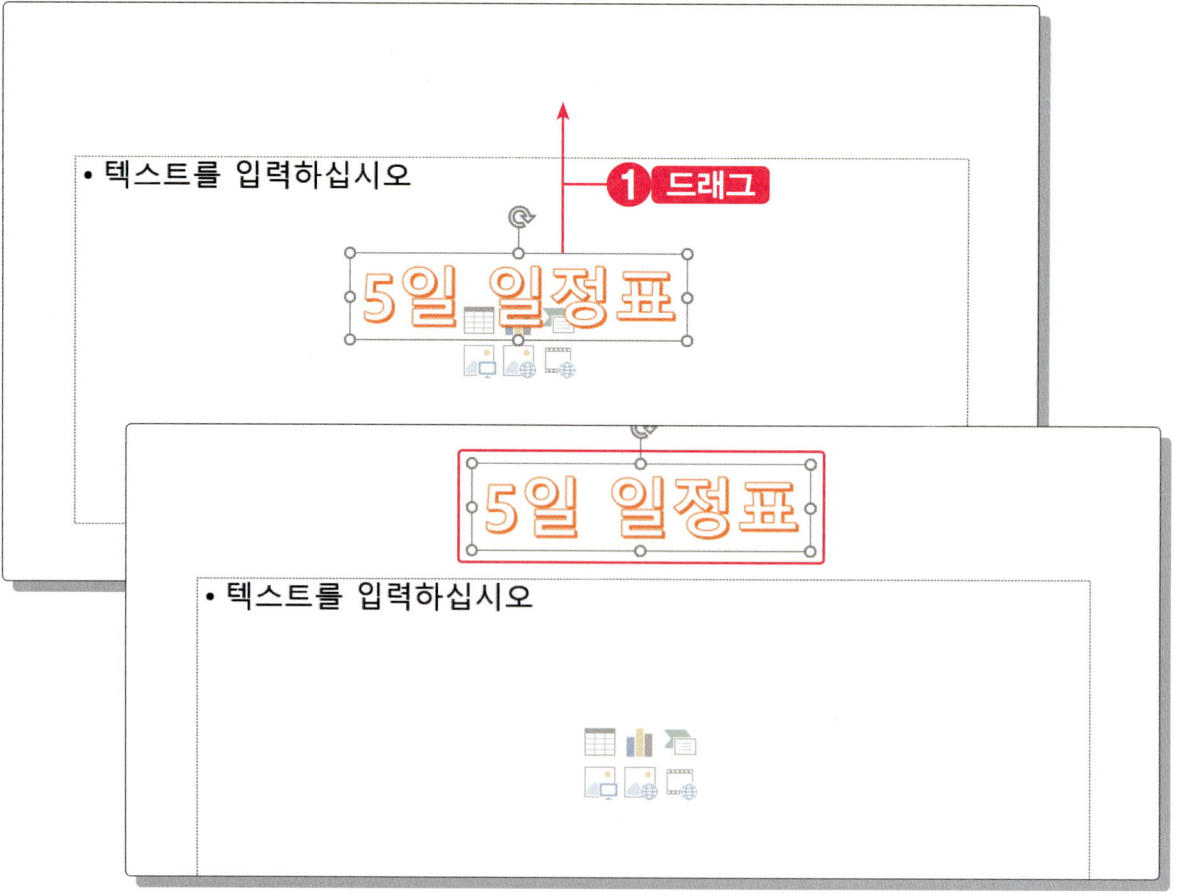

Step 02 표를 삽입하고 일정표 만들기

1 슬라이드 제목 작성이 완료되면 표를 삽입하기 위해 슬라이드에서 [표 삽입]을 **클릭**합니다.

2 [표 삽입] 대화상자가 나타나면 **열 개수(5)와 행 개수(11)를 입력**한 후 [확인] 단추를 **클릭**합니다.

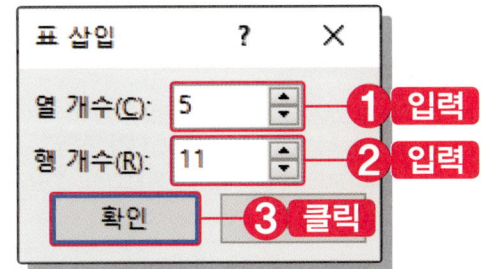

3 표가 삽입되면 다음과 같이 **표 내용을 입력**합니다.

4 표 내용이 입력되면 셀을 병합하기 위해 **2행 1열 ~ 3행 1열을 드래그하여 블록으로 설정**한 후 [표 도구] 정황 탭-[레이아웃] 탭-[병합] 그룹에서 [셀 병합]을 클릭합니다.

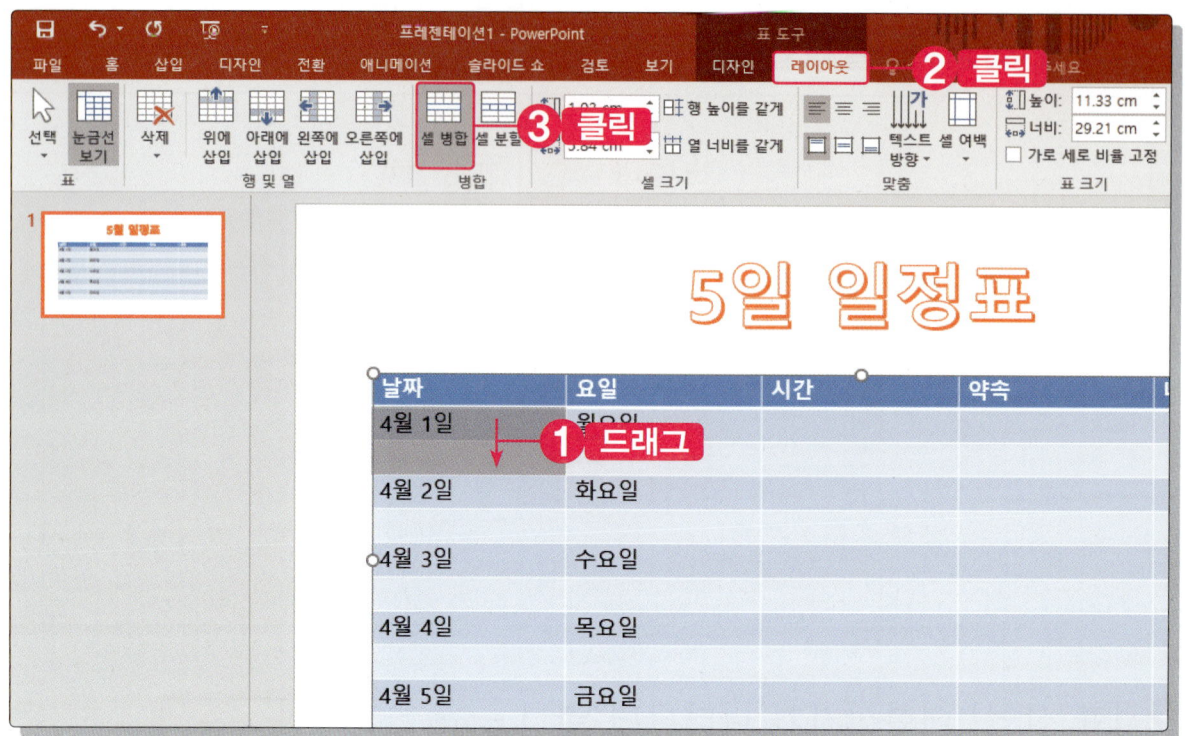

Tip
선택한 셀들을 합쳐서 하나의 셀로 만드는 것을 '셀 병합'이라고 하고 하나의 셀을 나누어서 여러 개의 셀로 만드는 것을 '셀 분할'이라고 합니다.

5 같은 방법으로 **나머지 셀들을 셀 병합**합니다.

표 그리기와 지우개 알아보기

- **표 그리기** : [표 도구] 정황 탭–[디자인] 탭–[테두리 그리기] 그룹에서 [표 그리기]를 클릭하면 마우스 포인터 모양이 ✏ 모양으로 변경됩니다. 마우스 포인터 모양이 변경되면 표에서 드래그하여 셀 선을 그려 셀을 분할할 수 있습니다.

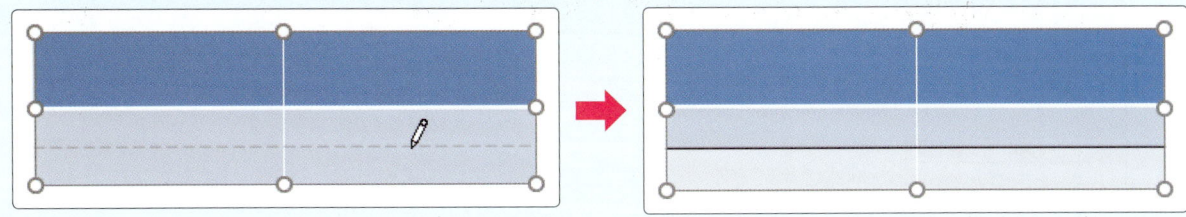

- **지우개** : [표 도구] 정황 탭–[디자인] 탭–[테두리 그리기] 그룹에서 [지우개]를 클릭하면 마우스 포인터 모양이 🧽 모양으로 변경됩니다. 마우스 포인터 모양이 변경되면 표에서 드래그하여 셀 선을 지워 셀을 병합할 수 있습니다.

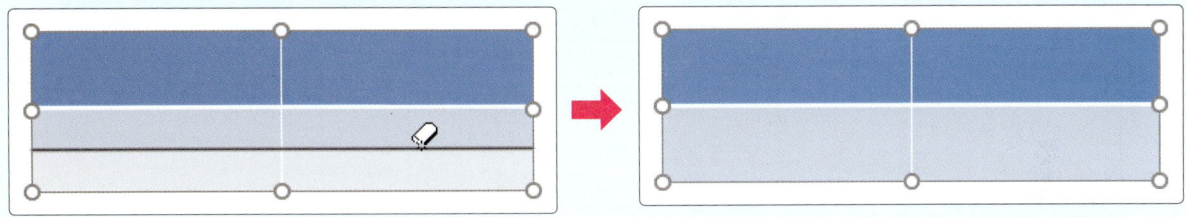

6 표 내용을 가운데 정렬하기 위해 모든 **셀(1행 1열 ~ 11행 5열)을 드래그하여 블록으로 설정**한 후 [표 도구] 정황 탭–[레이아웃] 탭–[맞춤] 그룹에서 ≡[가운데 맞춤]을 클릭한 다음 ▤[세로 가운데 맞춤]을 클릭합니다.

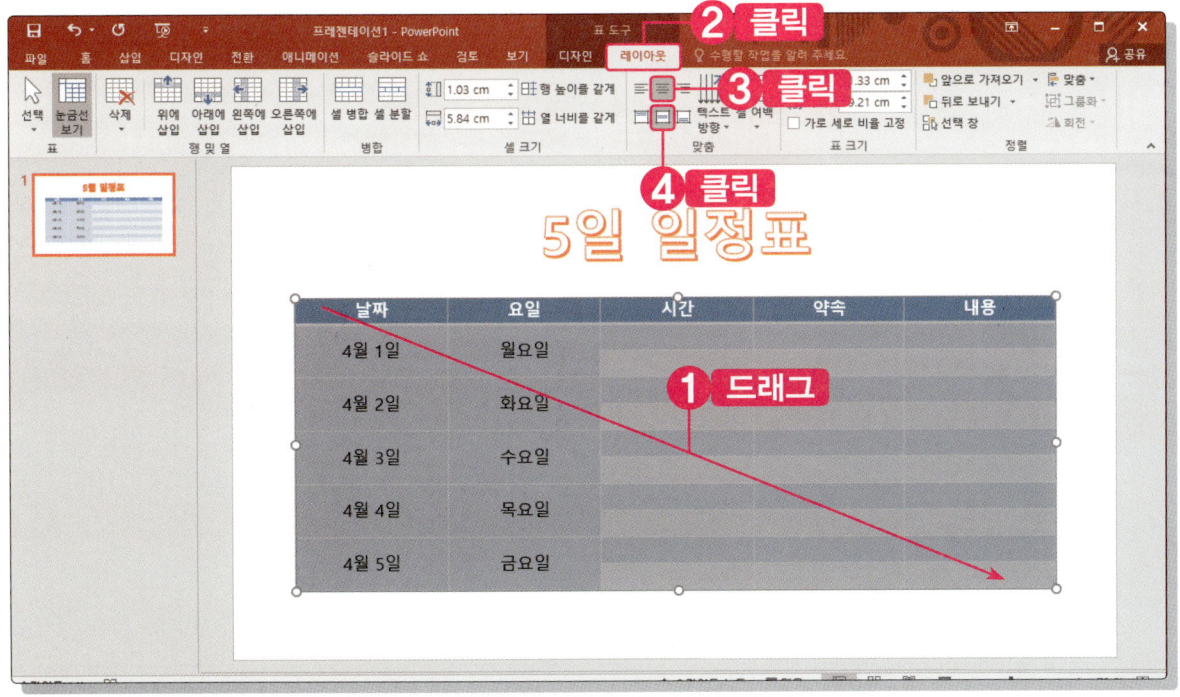

Chapter 07 – 슬라이드 디자인하기 **103**

7 다음과 같이 표 내용이 셀의 정 가운데에 맞춰지면 표의 열 너비를 조절하기 위해 **머리글 행(1행 1열 ~ 1행 5열)을 드래그하여 블록으로 설정**한 후 [표 도구] 정황 탭-[레이아웃] 탭-[셀 크기] 그룹에서 [표 열 너비]에 "3.5"를 입력한 다음 Enter 를 누릅니다.

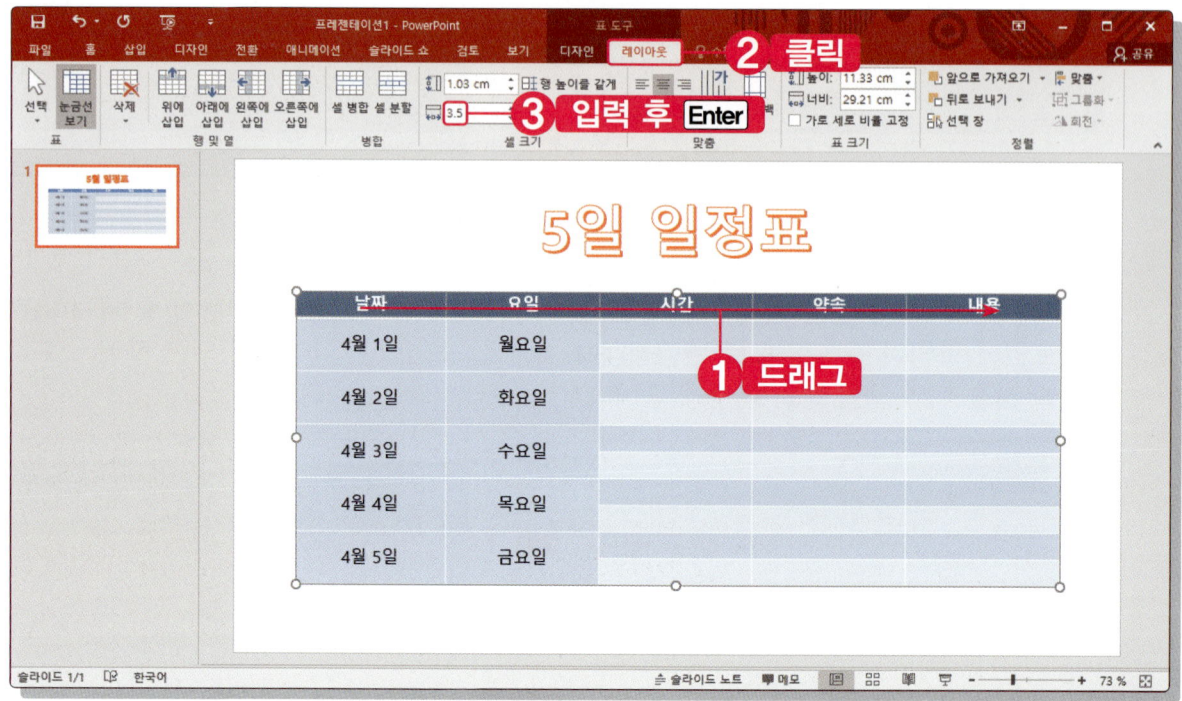

Tip
표의 행 높이를 조절하려면 셀을 선택한 후 [표 도구] 정황 탭-[레이아웃] 탭-[셀 크기] 그룹에서 [표 행 높이]에 표의 행 높이를 입력하면 됩니다.

8 다음과 같이 표의 열 너비가 조절됩니다.

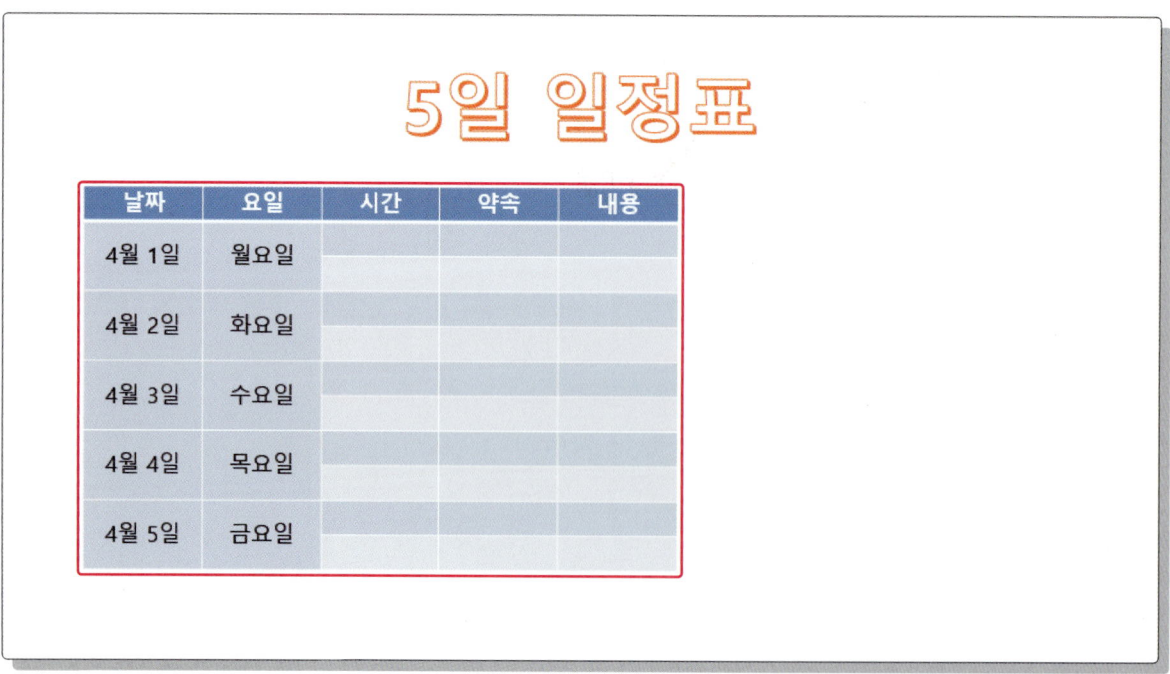

Step 03 온라인 그림 삽입하고 편집하기

1 온라인 그림를 삽입하기 위해 [삽입] 탭-[이미지] 그룹에서 **[온라인 그림]을 클릭**합니다.

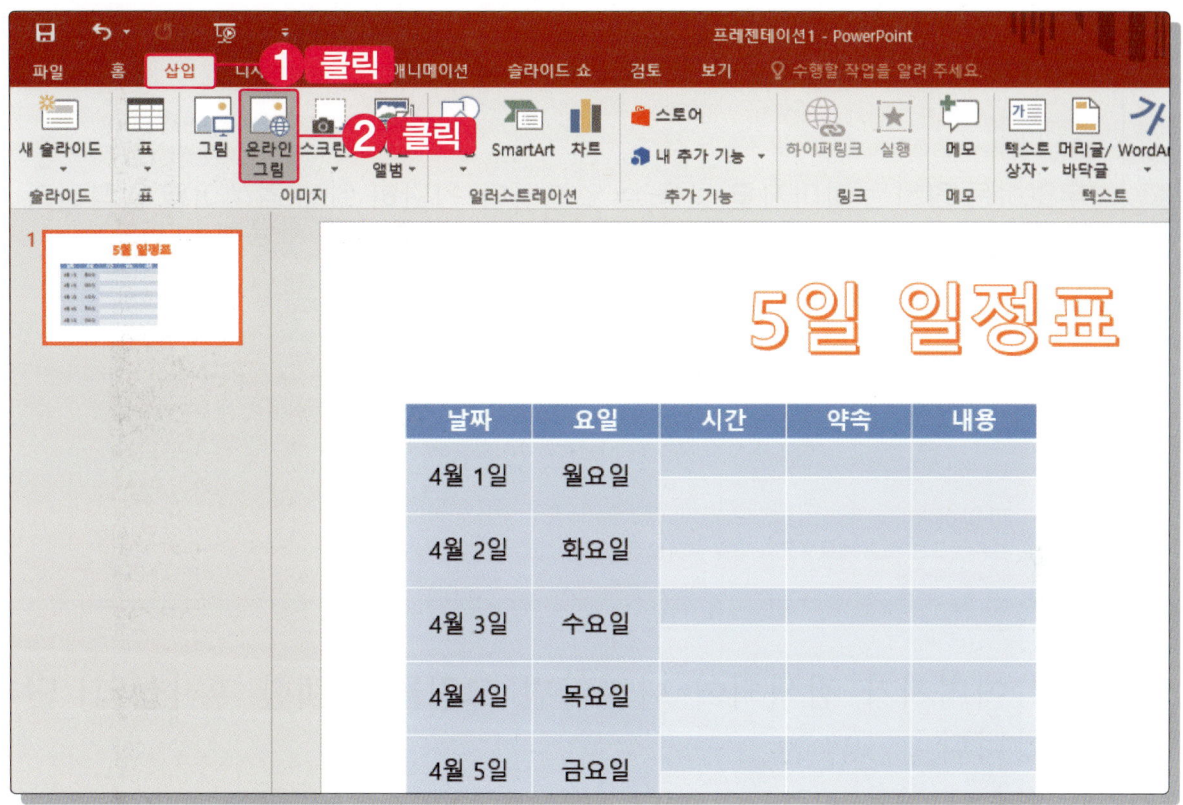

2 [그림 삽입] 대화상자가 나타나면 **[Bing 이미지 검색]을 클릭**합니다.

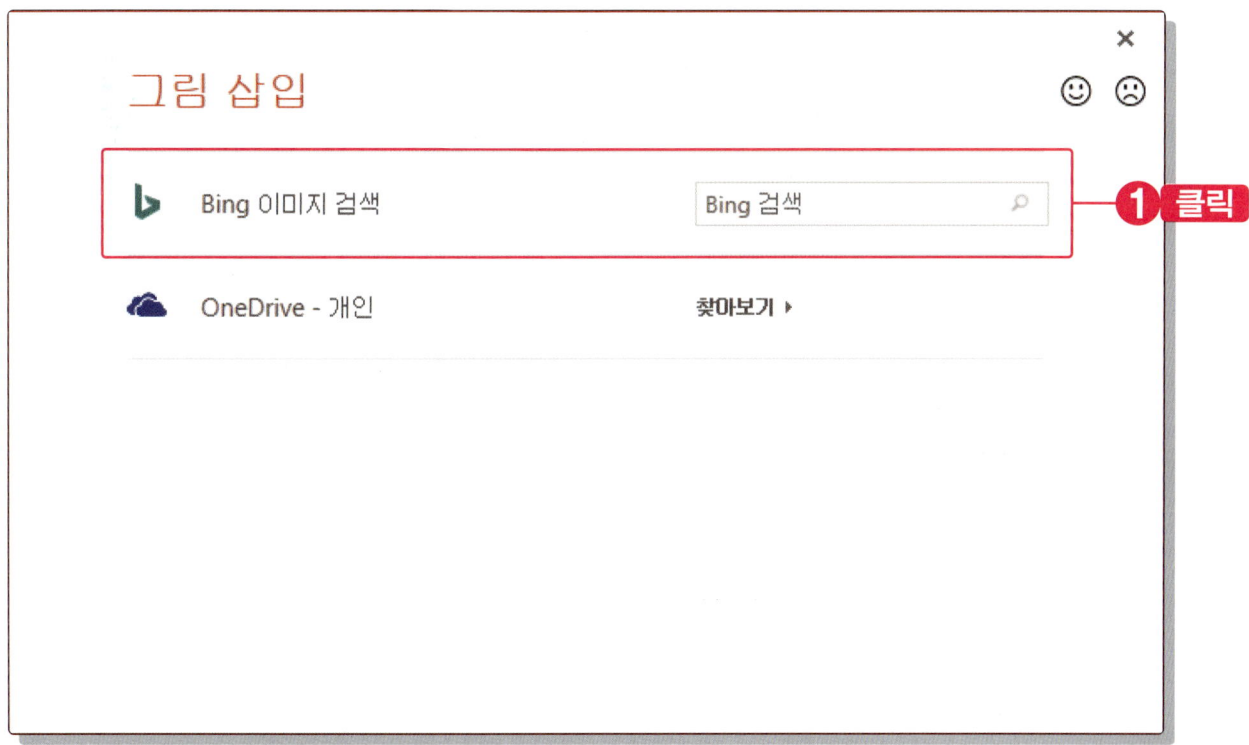

3 bing 검색 대화상자가 나타나면 **'일정'을 입력**한 후 **[검색] 단추를 클릭**합니다.

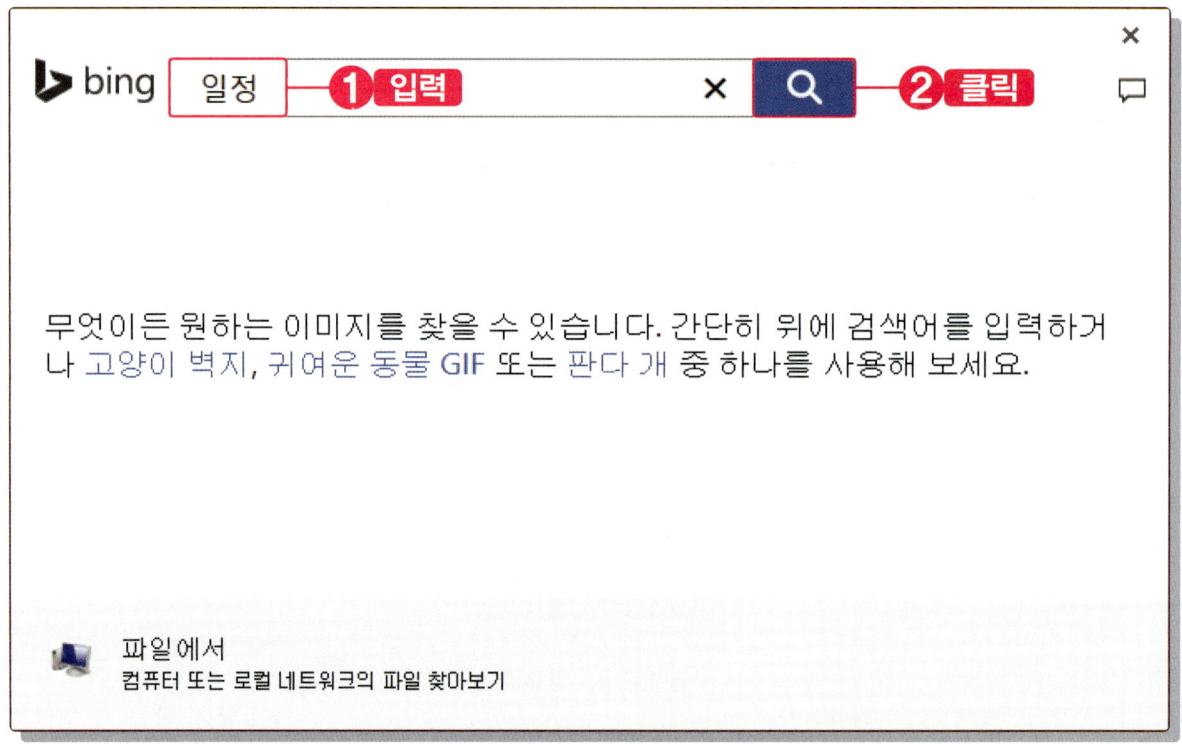

4 '일정' 이미지가 검색되어 나타나면 **그림을 선택**한 후 **[삽입] 단추를 클릭**합니다.

5 다음과 같이 온라인 그림이 삽입됩니다.

6 다음과 같이 온라인 그림의 **크기 조절점을 드래그하여 크기 및 위치를 조절**합니다.

7 그림 효과를 지정하기 위해 [그림 도구] 정황 탭-[서식] 탭-[그림 스타일] 그룹에서 **[그림 효과]을 클릭**한 후 **[반사]**-**[1/2 반사, 터치]를 클릭**합니다.

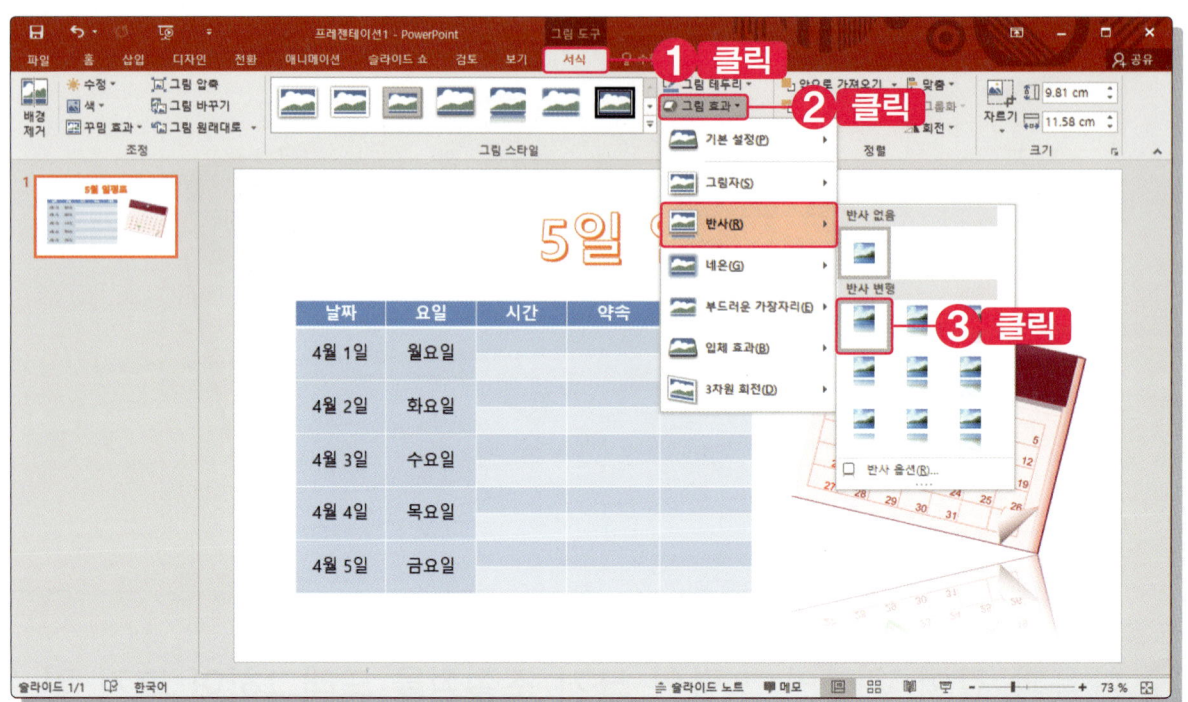

잠깐만요!

그림 밝기 알아보기

온라인 그림을 선택한 후 [그림 도구] 정황 탭-[서식] 탭-[조정] 그룹에서 [수정]을 클릭하면 온라인 그림의 밝기 및 대비를 지정할 수 있습니다.

▲ 밝기 : -40%   ▲ 밝기 : 0% (표준)   ▲ 밝기 : +40%
  대비 : 0% (표준)   대비 : 0% (표준)   대비 : 0% (표준)

Step 04 테마 지정하고 테마 색 변경하기

1 테마를 지정하기 위해 [디자인] 탭-[테마] 그룹에서 ▼[자세히] 단추를 클릭합니다.

2 테마 목록이 나타나면 [심플 테마]를 클릭합니다.

Chapter 07 - 슬라이드 디자인하기 **109**

3 다음과 같이 슬라이드에 테마가 지정됩니다.

배경 서식과 배경 그래픽 숨기기 알아보기

- 배경 서식 : 테마의 배경 서식을 변경할 수 있습니다.
- 배경 그래픽 숨기기 : 테마에 포함된 배경 그래픽을 표시하지 않습니다.

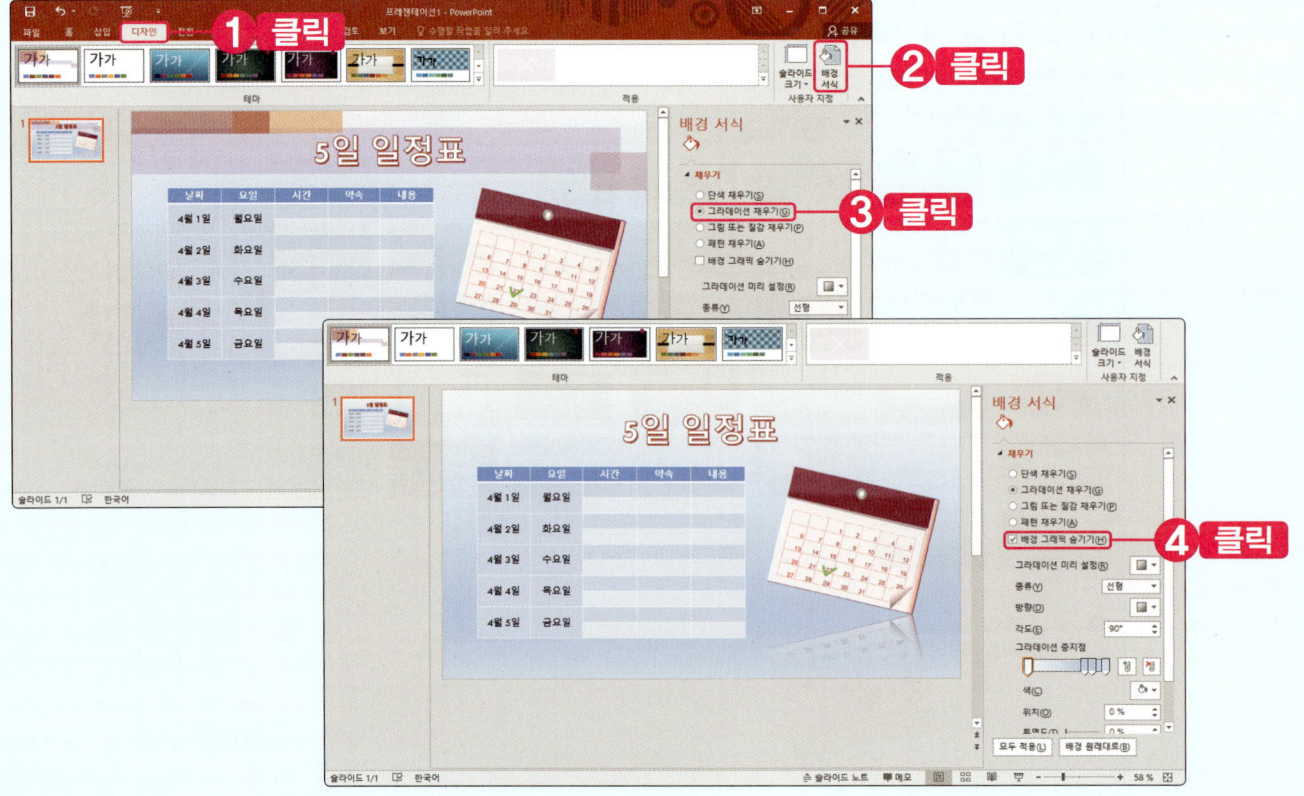

4 [디자인] 탭-[적용] 그룹에서 [자세히] 단추를 클릭한 후 [색]-[자주색]을 클릭합니다.

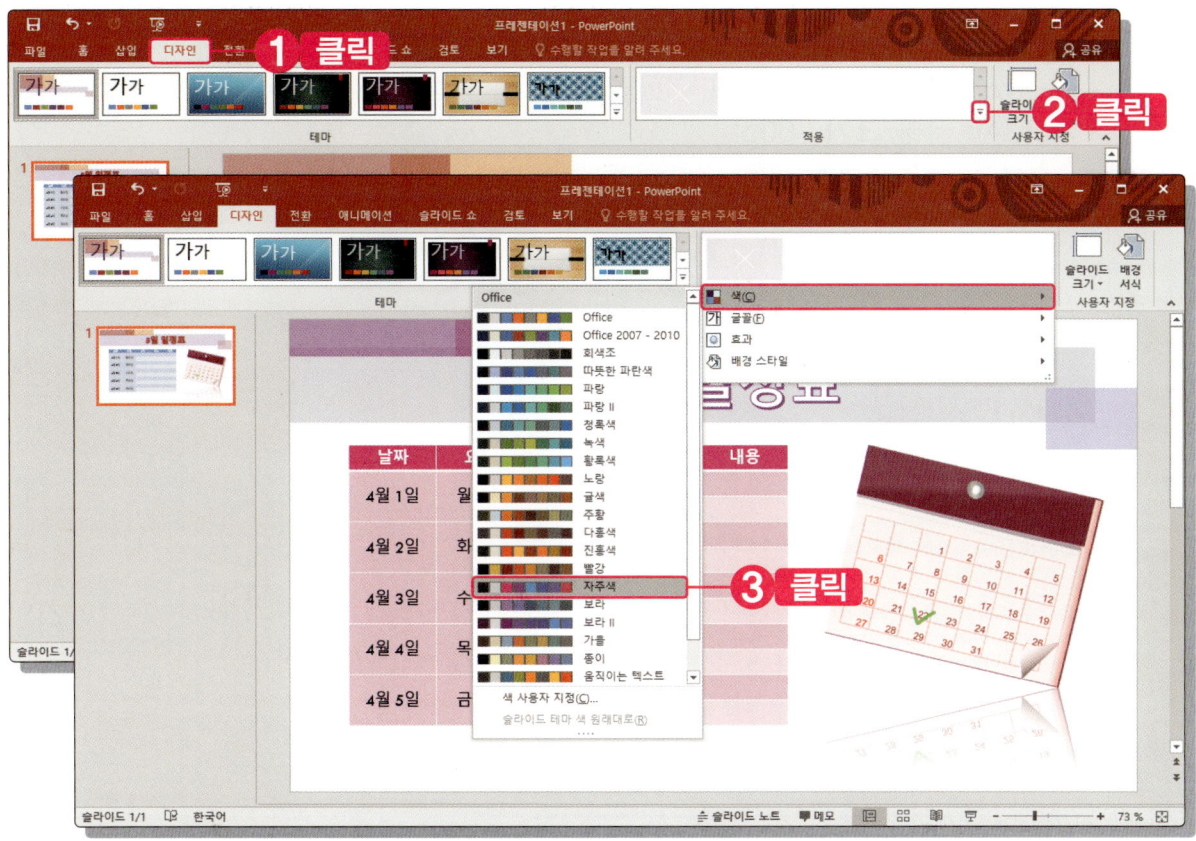

5 다음과 같이 테마 색이 변경됩니다.

실전 연습 문제

01 다음과 같이 WordArt를 삽입하여 제목을 작성해 보세요.
- WordArt 스타일 : A[채우기 – 파랑, 강조 1, 윤곽선 – 배경 1, 진한 그림자 – 강조 1]
- WordArt 글꼴 크기 : 60pt

02 다음과 같이 표(6행 3열)를 삽입하여 행사 일정표를 만들어 보세요.
- 표 내용 : [가운데 맞춤], [세로 가운데 맞춤]
- 2행~6행 : 표 행 높이(2.2cm)

시간	프로그램	비고
09:00~11:00		
11:00~12:00		
12:00~13:00		
13:00~15:00		
15:00~17:00		

실전 연습 문제

03 다음과 같이 온라인 그림을 삽입해 보세요.
- 검색 대상 : 게이트볼
- 그림 스타일 : [사각형 가운데 그림자]

04 다음과 같이 테마를 지정한 후 테마 색을 변경해 보세요.
- 테마 : [자르기]
- 테마 색 : 보라

Powerpoint 2016

Chapter 08 슬라이드 마스터 설정하고 동영상 삽입하기

슬라이드 마스터를 설정하면 제목이나 텍스트 등의 서식을 모든 슬라이드에 동일하게 적용하여 일관성 있는 프레젠테이션을 만들 수 있고 슬라이드 쇼를 진행할 때 그림을 보여주는 것보다 동영상을 보여주면 생동감이 있어서 더욱 효과적으로 내용을 전달할 수 있습니다.

Step 01 슬라이드 마스터 설정하기

1 [디자인] 탭-[테마] 그룹에서 [자세히] 단추를 클릭합니다. 그런다음 테마 목록이 나타나면 [자연주의]를 클릭합니다.

2 슬라이드에 테마가 적용되면 다음과 같이 **슬라이드를 작성**합니다.

신라의 삼국통일

◀ 1번 슬라이드

발해의 건국(698년)

- 진국의 성립 : 고구려 구(舊) 장인 대조영이 동모산(길림성 돈화)에서 건국
- 발해의 사회 구조 : 지배층은 고구려, 피지배층은 말갈족
- 발해의 고구려 계승의식 : 발해 무왕때 일본에 보낸 국서에서 "부고려지구거유부여지유속(復高麗之舊居有扶餘之遺俗)" 이라고 한 것이 나 스스로 고려국(高麗國)으로 칭한 사실

◀ 2번 슬라이드

남북국가의 관계

- 대립
  - 신라군의 발해 공격(무왕 : 732) : 당·발해 전쟁시 당의 요청으로 신라가 발해의 남쪽경계공격
  - 쟁장사건(897), 등제서열사건(906)
- 친선
  - 건국직후 : 신라에서 사신파견(700), 대조영에게 대아찬(5품) 수여
  - 원성왕(790), 헌덕왕(812)에 북극에 사신 파견
  - 신라에 결원 요청(911) : 거란 공격시 신라에 결원요청, 신라 수락
  - 신라도(신당서) 39개의 역(고금군국지)이 존재하여 교류사실 입증 (그러나 활발한 교류는 아님)

◀ 3번 슬라이드

통일 신라 말기의 사회상

- 내물계, 무열계의 왕위 다툼 치열 : 내물계 왕위 독점(진골 간의 다툼)
  - 왕권 약화 = 시중 권한 약화 = 상대등(귀족) 권한 강화
- 진골 귀족의 횡포가 극심 : 녹장 확대, 자작농 몰락 → 농민의 난 발생
- 6두품의 반신락적 경향 : 선종9산 → 조형 예술 쇠퇴
- 지방 호족 세력, 해상 세력 등장(해상 무역의 발달 : 장보고)

◀ 4번 슬라이드

Chapter 08 – 슬라이드 마스터 설정하고 동영상 삽입하기

3 4개의 슬라이드가 작성되면 [보기] 탭-[마스터 보기] 그룹에서 **[슬라이드 마스터]를 클릭**합니다.

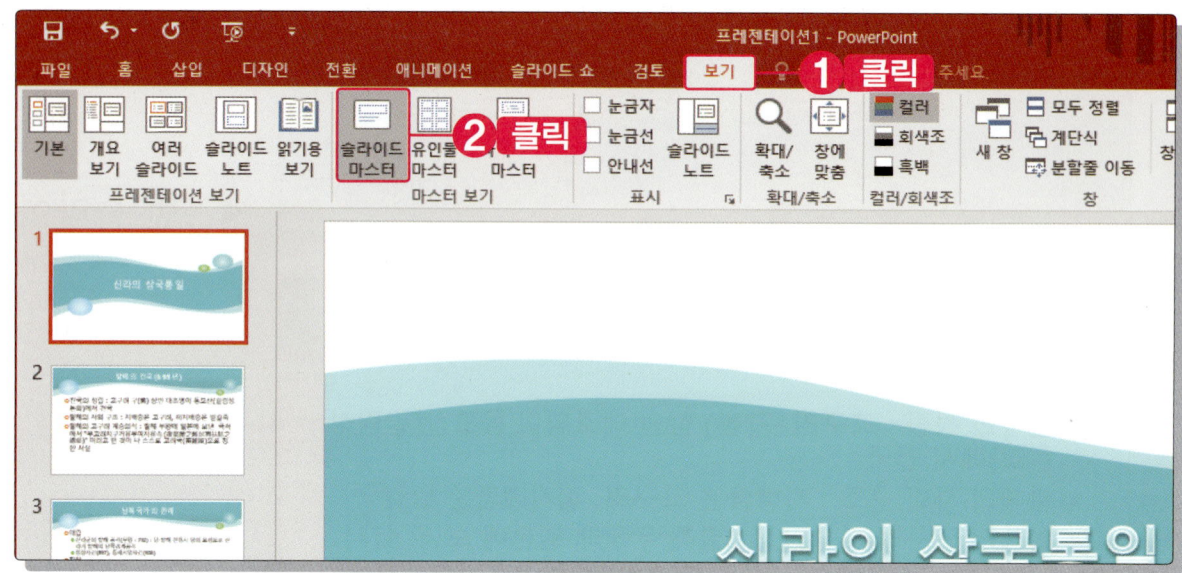

> **Tip**
> Shift 를 누른 상태에서 보기 바로 가기의 [기본]을 클릭하여 슬라이드 마스터를 설정할 수 있습니다. 유인물 마스터를 설정하려면 [보기] 탭-[마스터 보기] 그룹에서 [유인물 마스터]를 클릭하거나 Shift 를 누른 상태에서 보기 바로 가기의 [여러 슬라이드]를 클릭하면 됩니다.

4 [슬라이드 마스터] 편집 화면이 나타나면 제목 슬라이드 레이아웃에서 **[마스터 제목 스타일 편집] 개체 틀을 선택**한 후 [홈] 탭-[글꼴] 그룹에서 **글꼴(휴먼옛체)과 글꼴 크기(60)를 지정**합니다.

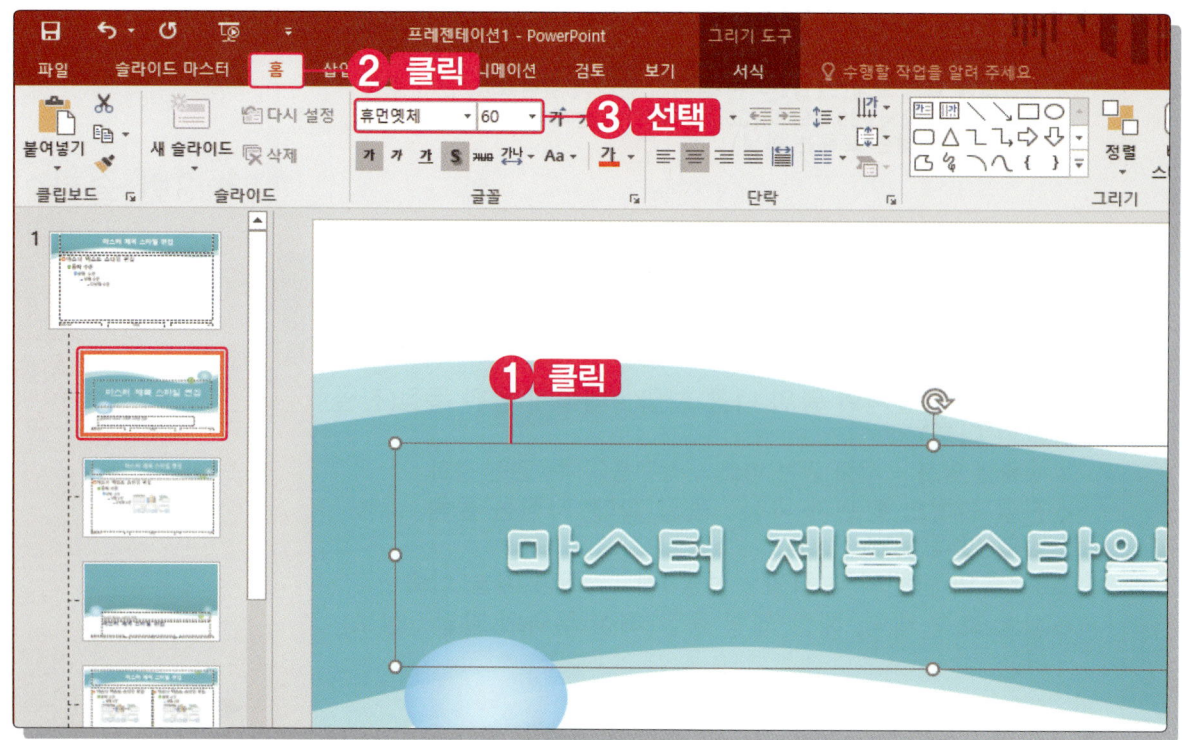

5 다음과 같이 [마스터 제목 스타일 편집] 개체 틀에 글꼴 서식이 지정되면 [슬라이드 마스터] 창을 닫기 위해 [슬라이드 마스터] 탭-[닫기] 그룹에서 **[마스터 보기 닫기]를 클릭**합니다.

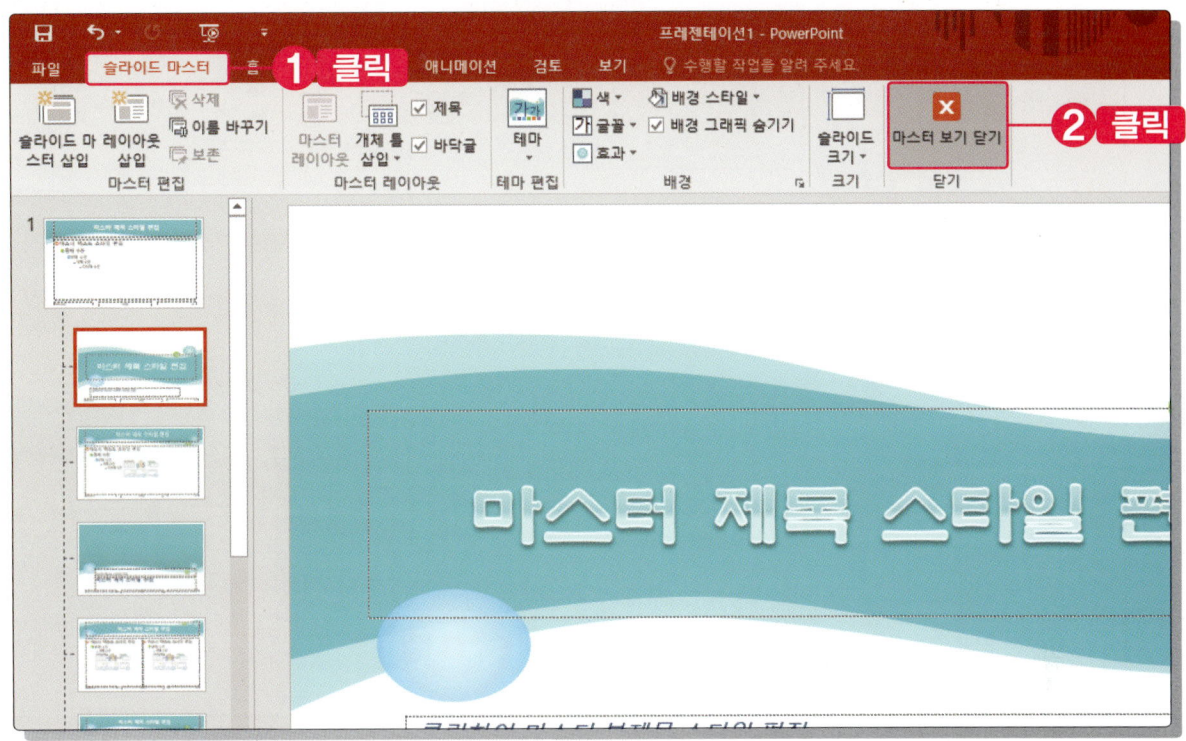

6 슬라이드 탭에서 1번 ~ 4번 슬라이드를 선택해보면 제목 슬라이드에만 적용된 것을 확인할 수 있습니다.

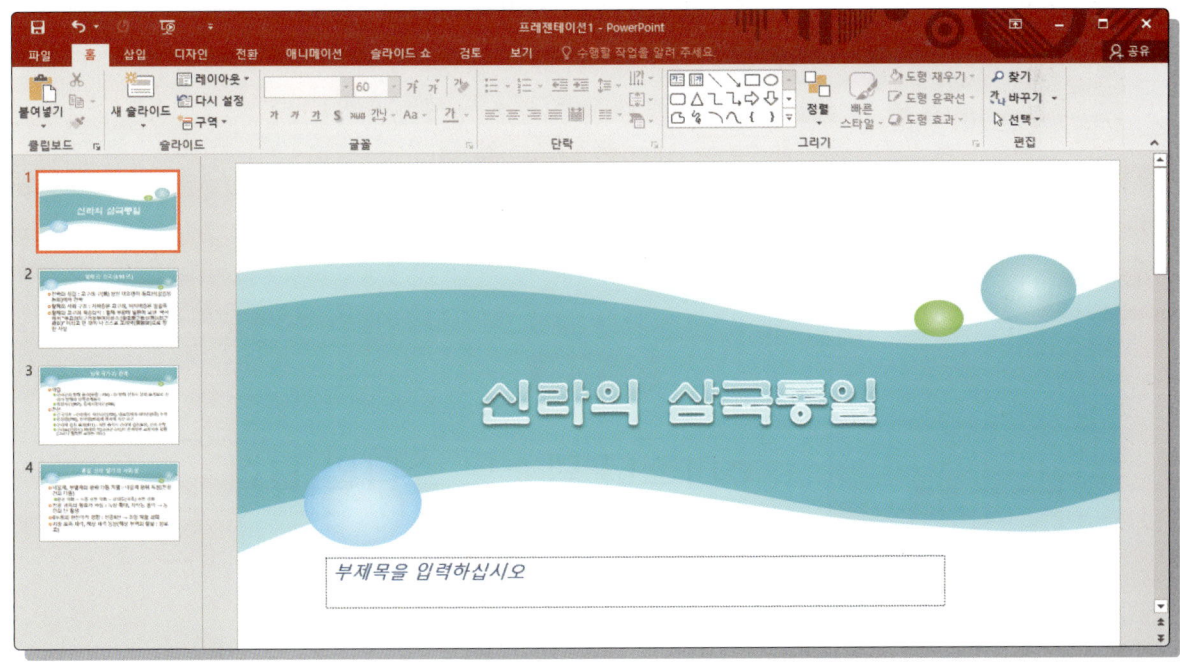

> **Tip**
> 슬라이드에서 직접 서식을 지정한 경우에는 슬라이드 마스터 설정이 적용되지 않습니다.

7 제목 및 내용 슬라이드를 편집하기 위해 [보기] 탭-[마스터 보기] 그룹에서 **[슬라이드 마스터]를 클릭**합니다.

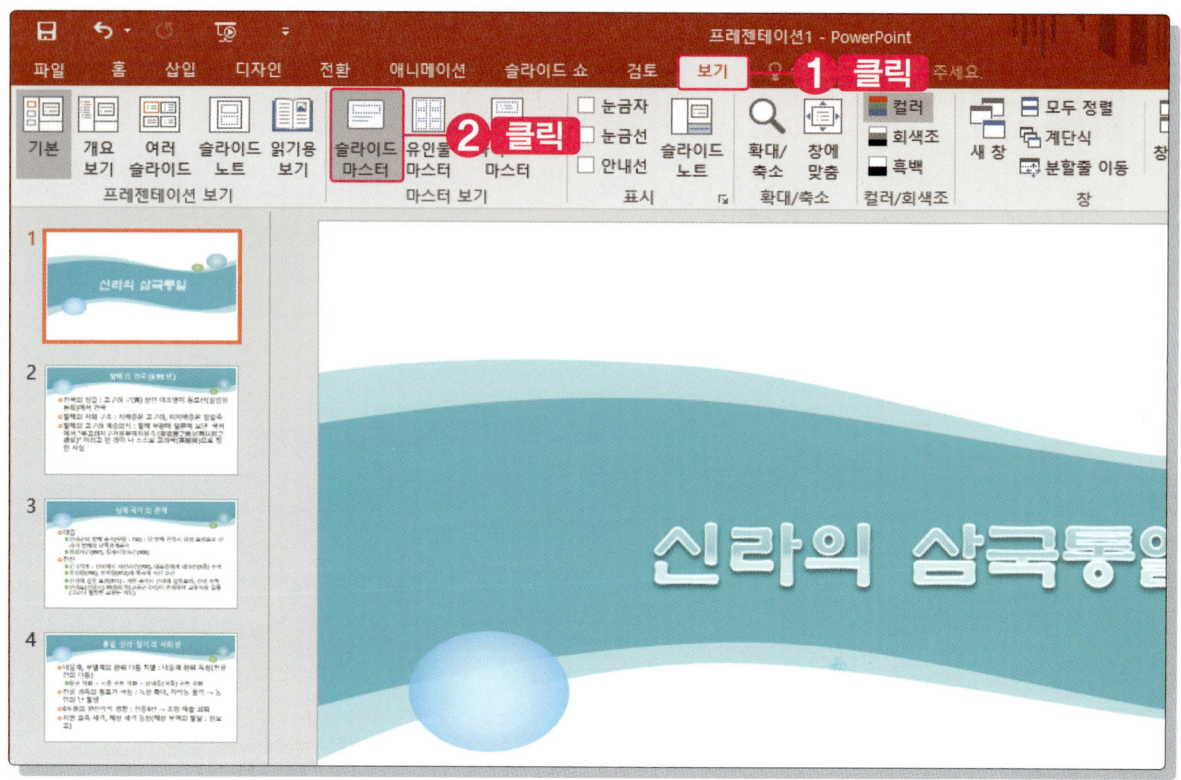

8 [슬라이드 마스터] 편집 화면이 나타나면 **[제목 및 내용 레이아웃: 슬라이드 2-4에서 사용]** 슬라이드를 **선택**한 후 **내용 개체 틀을 선택**한 다음 [홈] 탭-[글꼴] 그룹에서 **글꼴(HY그래픽M)을 선택**합니다.

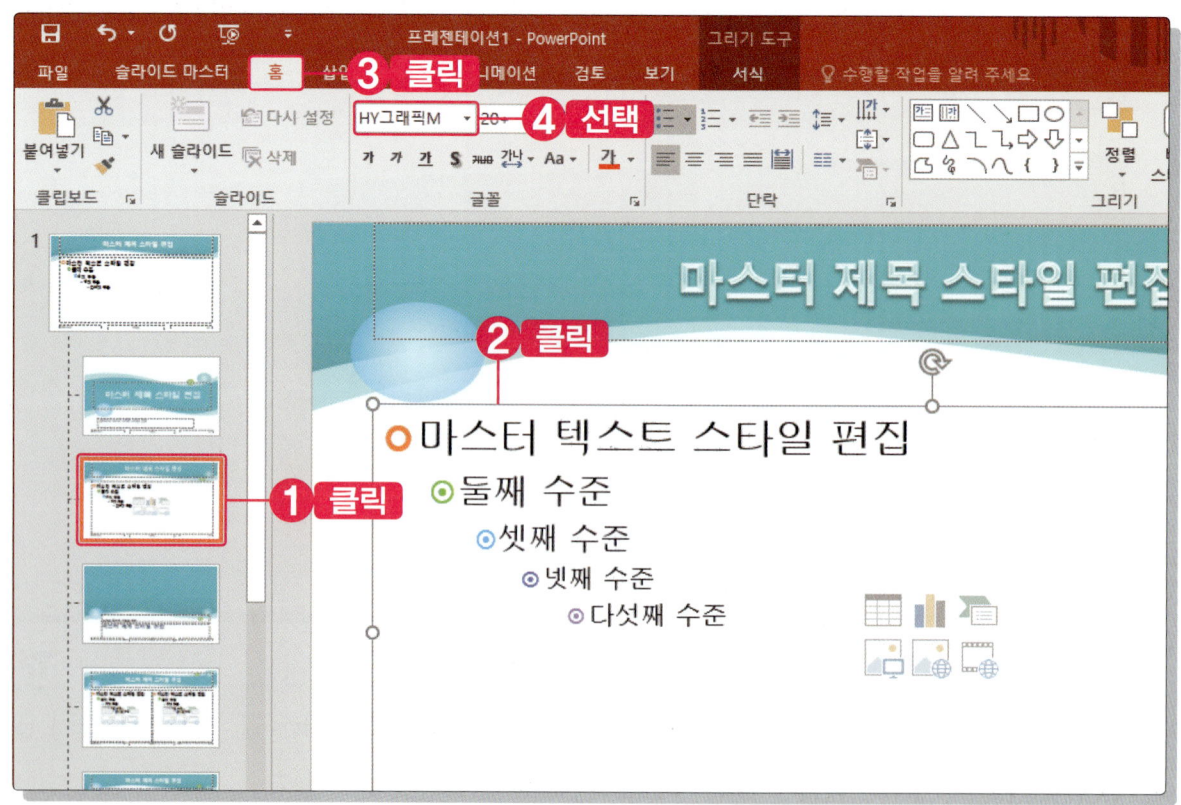

Step 02 온라인 그림 삽입하고 편집하기

1 슬라이드 마스터에 온라인 그림을 삽입하기 위해 [삽입] 탭-[이미지] 그룹에서 **[온라인 그림]**을 클릭합니다.

2 [그림 삽입] 대화상자가 나타나면 **[Bing 이미지검색]**을 클릭합니다.

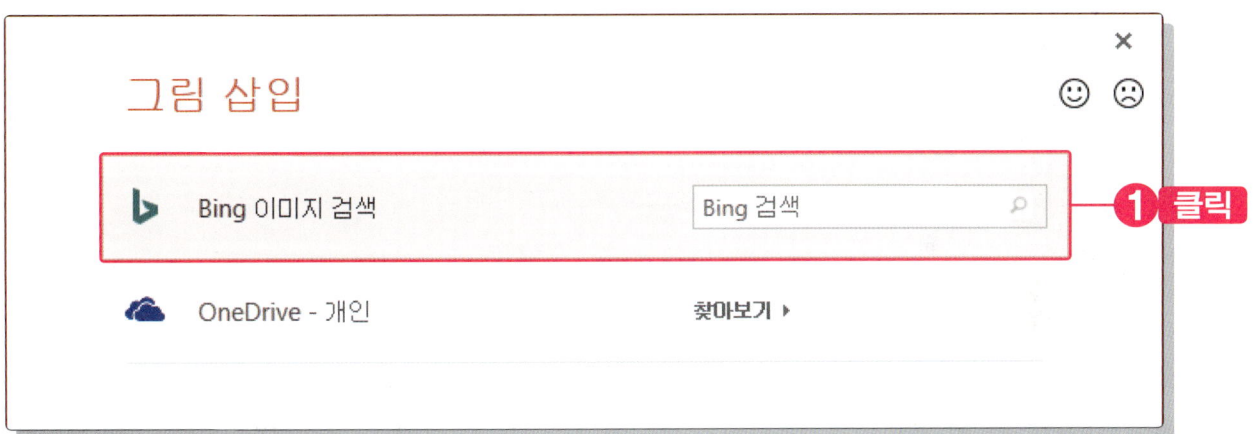

3 bing 검색 대화상자가 나타나면 **'왕관'**을 **입력**한 후 **[검색]** 단추를 클릭합니다.

Chapter 08 - 슬라이드 마스터 설정하고 동영상 삽입하기

4 '왕관' 이미지가 검색되어 나타나면 **그림을 선택**한 후 **[삽입] 단추를 클릭**합니다.

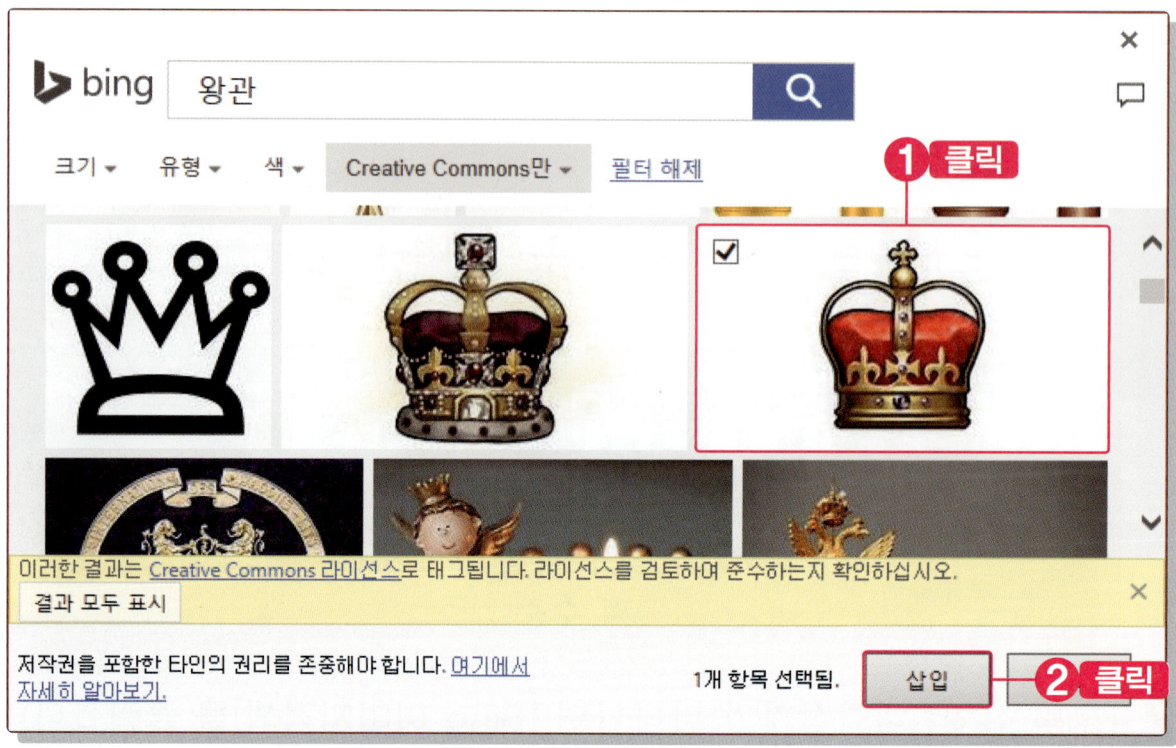

5 그림이 삽입되면 [그림 도구] 정황 탭-[서식] 탭-[크기] 그룹에서 **[자르기]를 클릭**합니다.

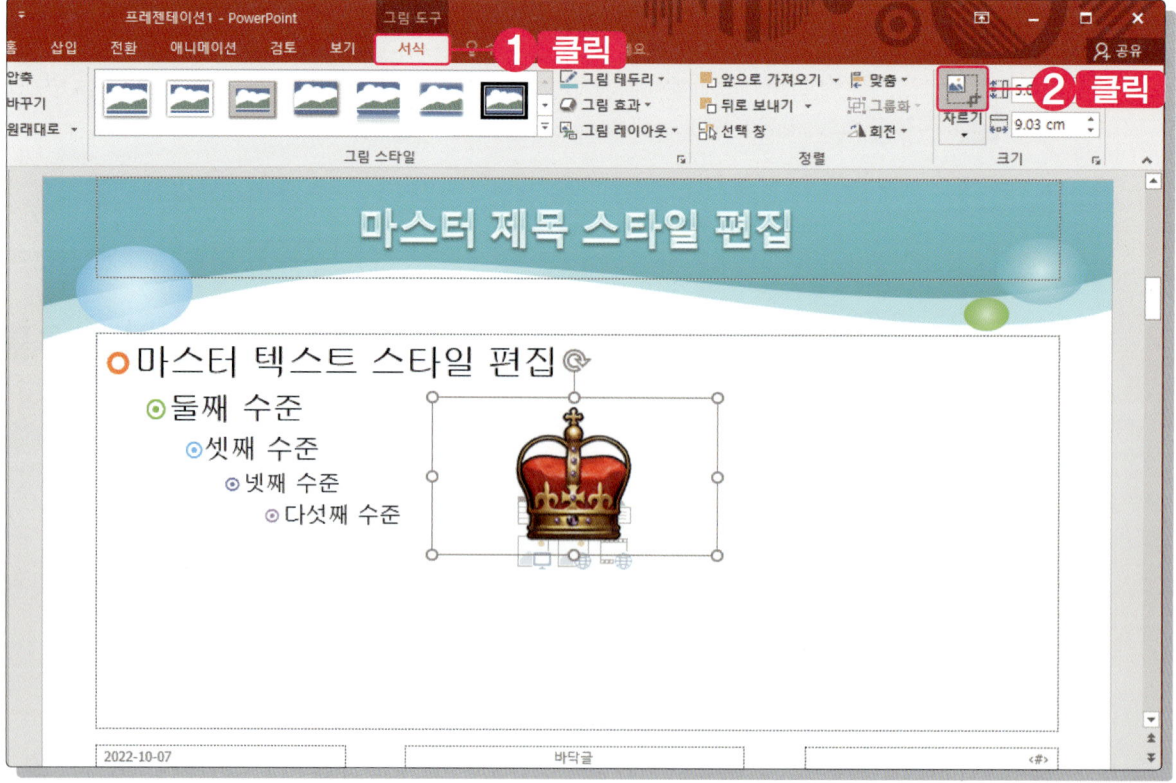

6 자르기 편집 상태가되면 **조절점을 드래그하여 자를 부분을 지정**합니다.

7 Esc 를 눌러 자르기 편집 상태를 해제한 후 드래그하여 **그림의 위치를 이동**합니다.

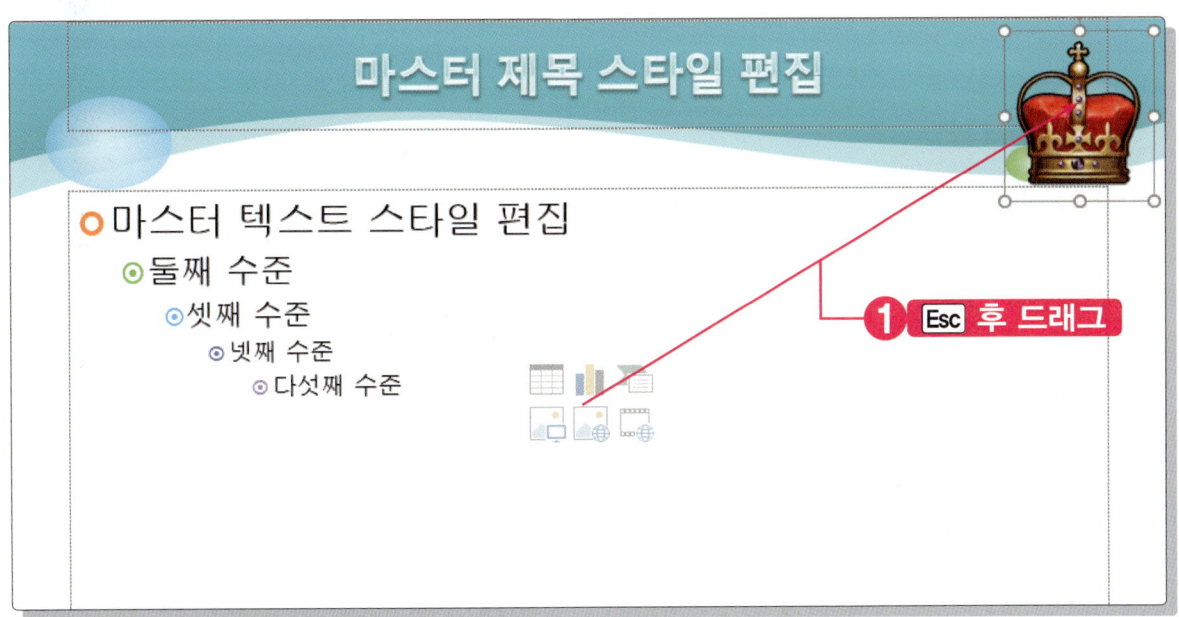

8 슬라이드 마스터 창을 닫기 위해 [슬라이드 마스터] 탭-[닫기] 그룹에서 **[마스터 보기 닫기]를 클릭**합니다.

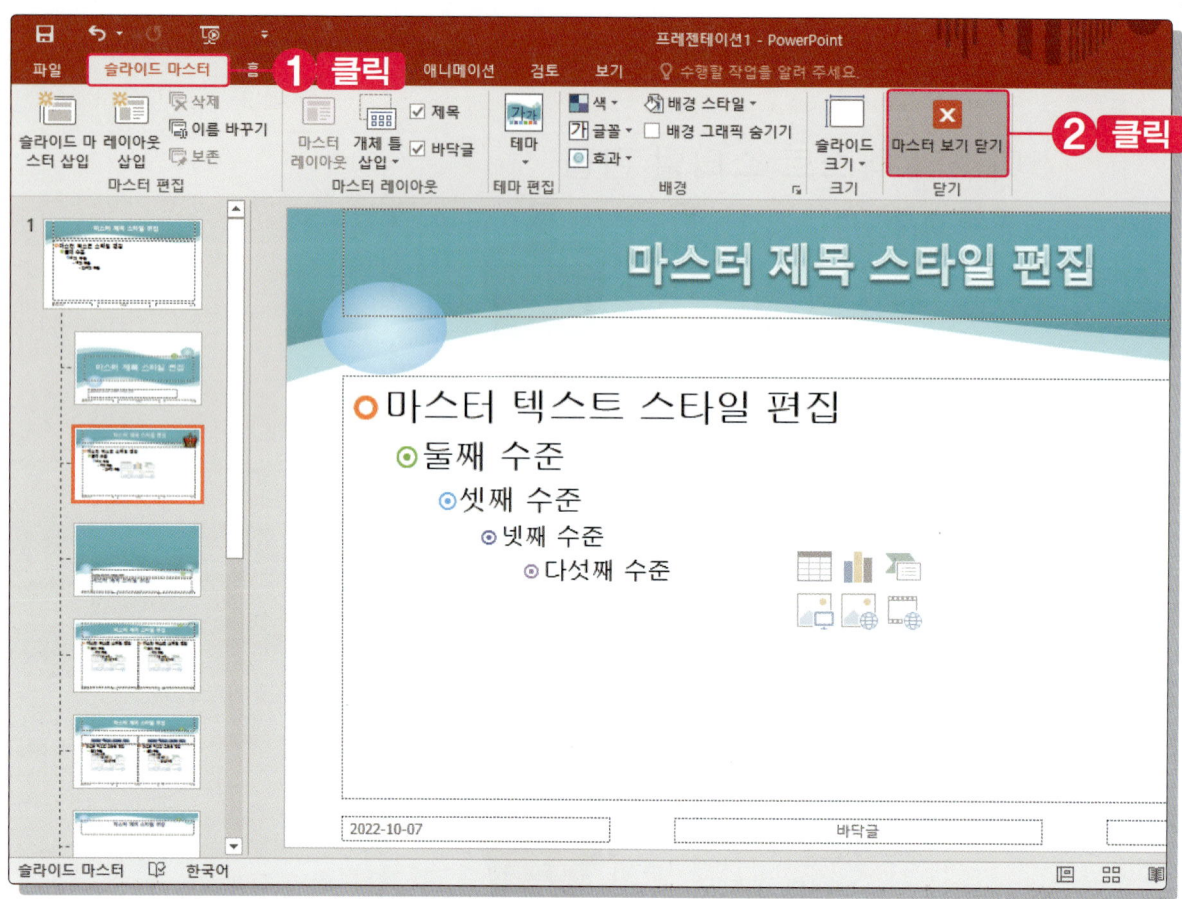

9 슬라이드 탭에서 1번 ~ 4번 슬라이드를 선택해보면 제목 및 내용 슬라이드에만 적용된 것을 확인할 수 있습니다.

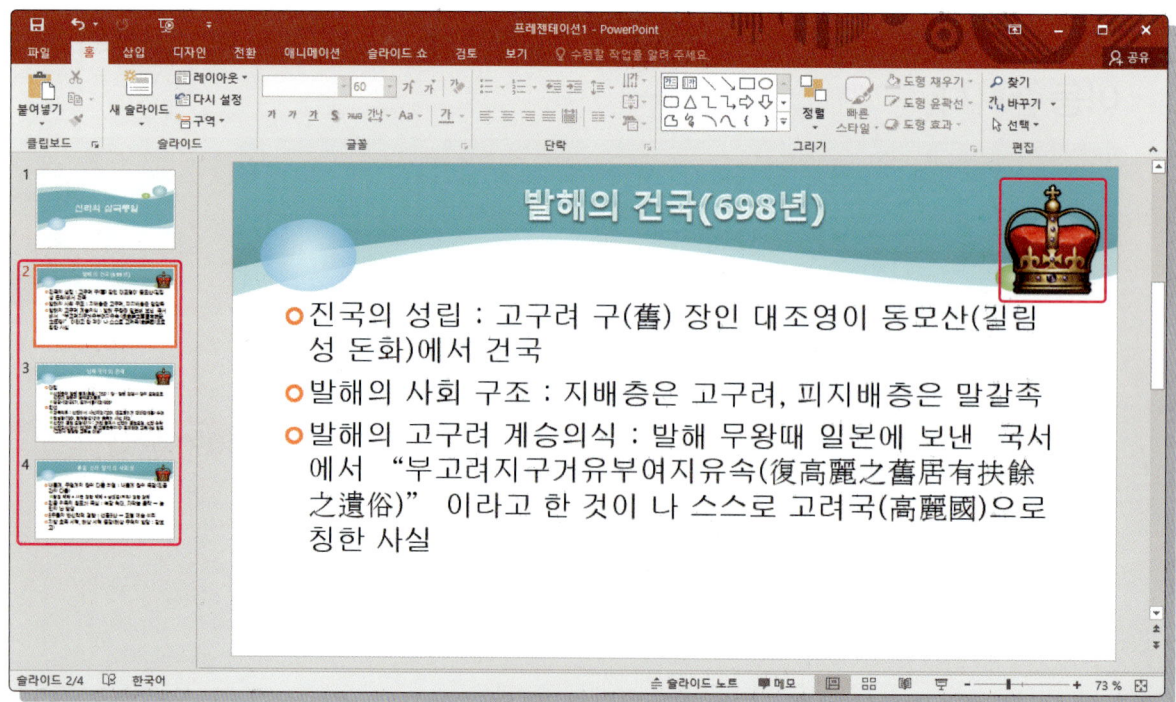

Step 03 동영상 삽입하기

1 [제목 슬라이드]를 선택한 후 슬라이드를 삽입하기 위해 [홈] 탭-[슬라이드] 그룹에서 [새 슬라이드]를 클릭한 다음 [제목 및 내용]을 클릭합니다.

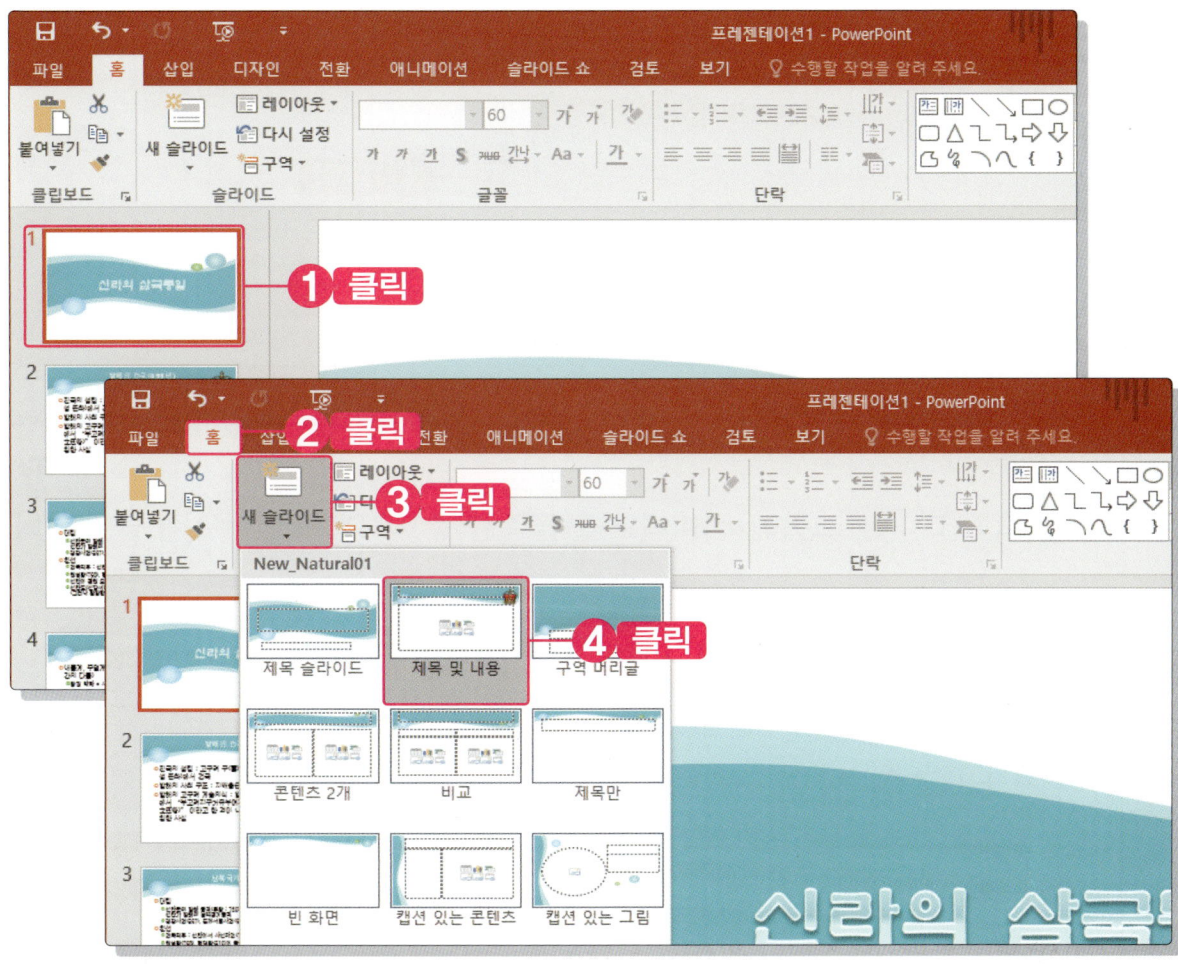

2 제목 및 내용 슬라이드가 삽입되면 제목(신라의 첨성대)을 입력합니다.

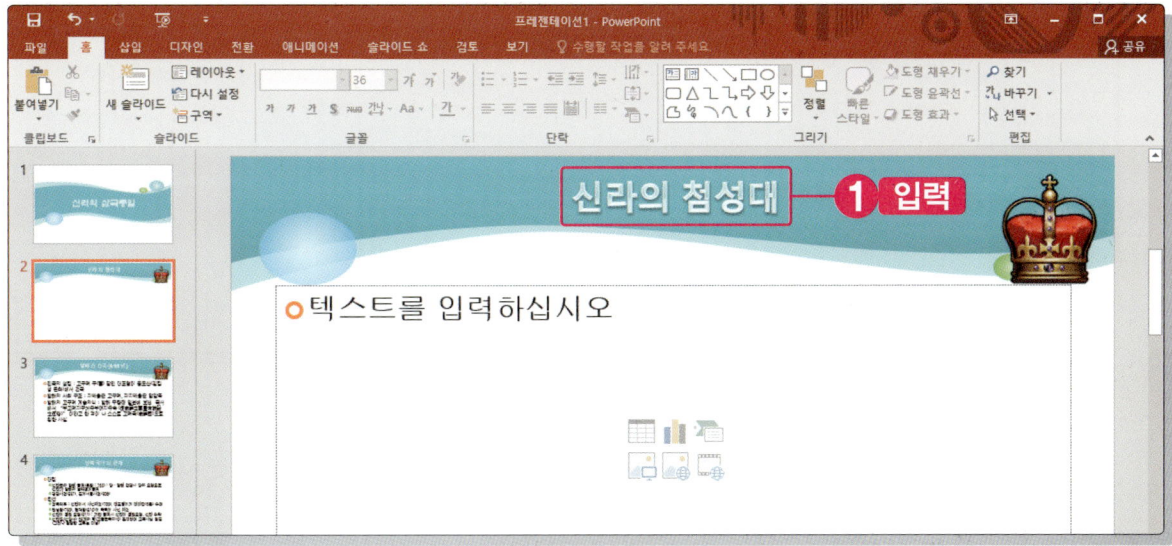

Chapter 08 - 슬라이드 마스터 설정하고 동영상 삽입하기

3 동영상을 삽입하기 위해 슬라이드에서 [비디오 삽입]을 **클릭**합니다.

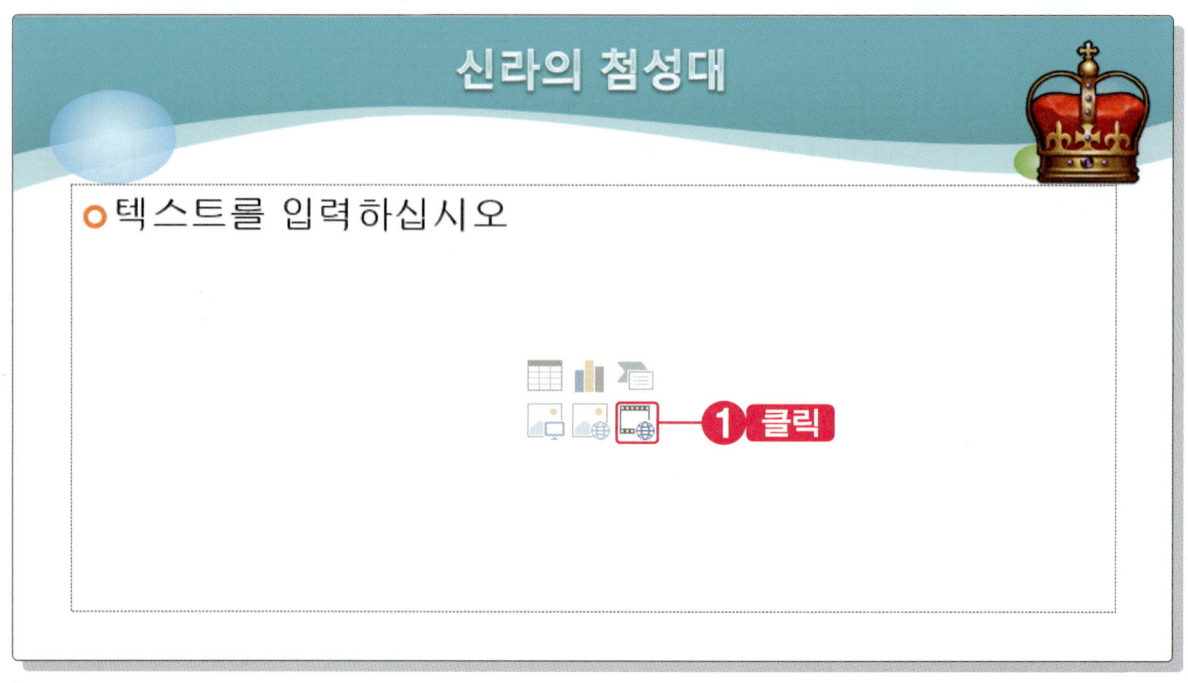

> **Tip**
> [삽입] 탭-[미디어] 그룹에서 [비디오]를 클릭한 후 [내 PC의 비디오]를 클릭 합니다.

4 [비디오 삽입] 대화상자가 나타나면 **[파일에서]를 클릭**합니다.

5 [비디오 삽입] 대화상자가 나타나면 **찾는 위치((스마트정보화) 파워포인트 2016)를 지정**한 후 **파일 이름(08_첨성대)을 선택**한 다음 **[삽입] 단추를 클릭**합니다.

> **Tip**
> **동영상 파일의 위치 살펴보기**
> 프레젠테이션 문서에 삽입한 동영상 파일은 상대 경로를 읽어서 불러오는 방식을 사용합니다. 따라서 동영상 파일이 담긴 슬라이드를 저장한 후 다른 장소 또는 다른 컴퓨터 환경으로 이동하여 재생하면 동영상 파일의 경로를 제대로 읽지 못해 재생이 되지 않을 수 있습니다. 그러므로 반드시 동영상 파일을 포함하여 이동하며, 파일의 경로를 정확하게 일치하도록 지정해야 합니다.

6 다음과 같이 동영상이 삽입되면 동영상을 미리 보기 위해 [비디오 도구] 정황 탭-[서식] 탭-[미리 보기] 그룹에서 **[재생]을 클릭**합니다.

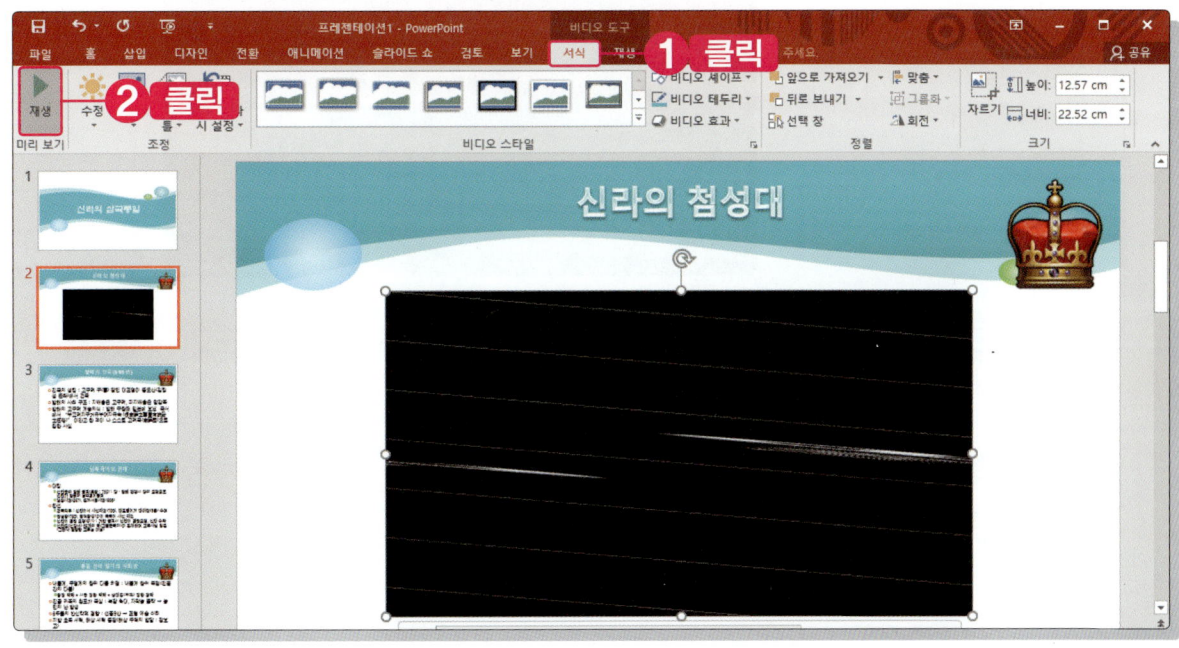

Chapter 08 – 슬라이드 마스터 설정하고 동영상 삽입하기

7 다음과 같이 동영상을 미리 보여줍니다.

8 슬라이드 쇼 실행시 자동으로 실행하기 위해 [비디오 도구] 정황 탭-[재생] 탭-[비디오 옵션] 그룹에서 **시작(자동 실행)을 선택**합니다.

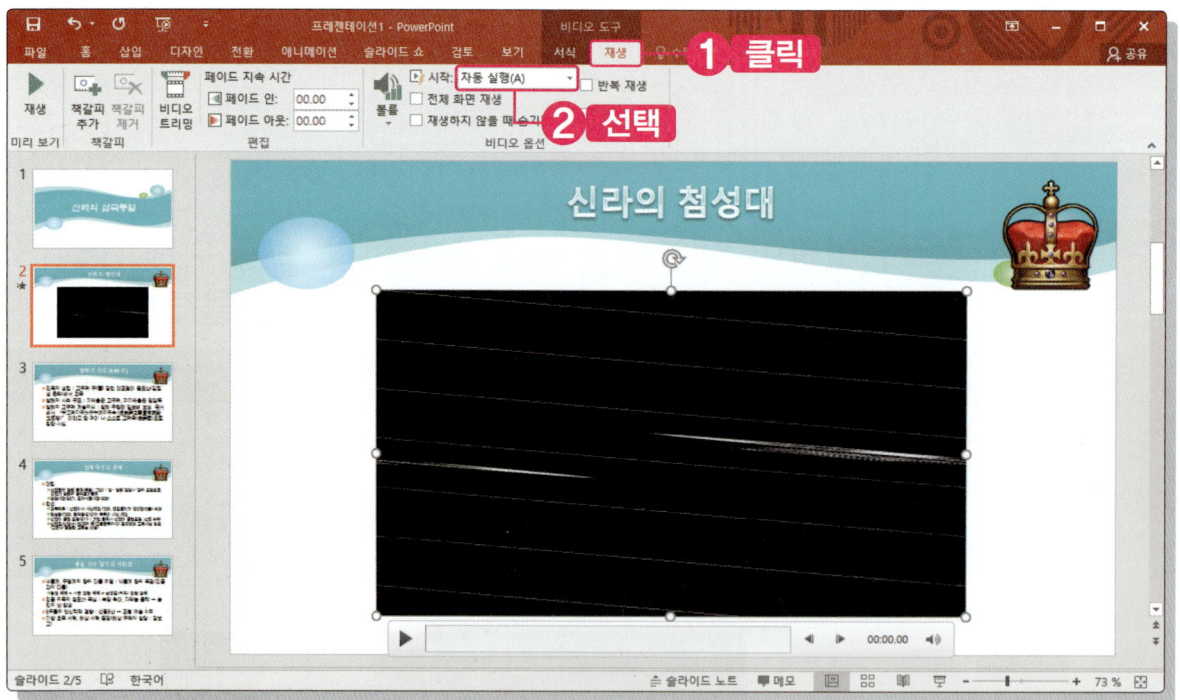

> **Tip**
> • **자동 실행** : 슬라이드 쇼를 진행할 때 별도의 조작 없이 자동으로 동영상이 재생됩니다.
> • **클릭할 때** : 슬라이드 쇼를 진행할 때 동영상 부분을 클릭해야 재생됩니다.

[비디오 도구] 정황 탭-[재생] 탭 살펴보기

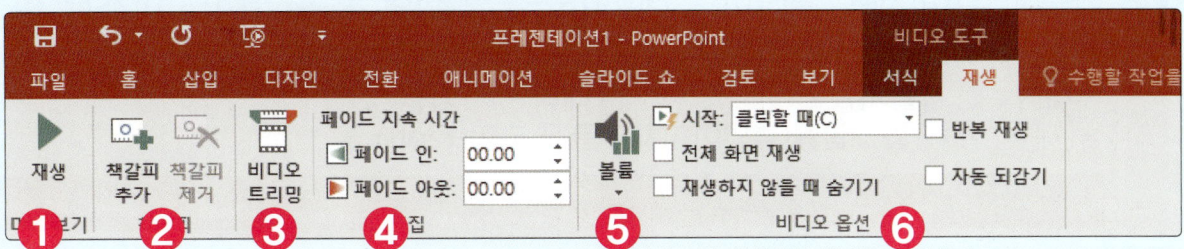

1. **재생** : 오디오 또는 비디오 클립을 변경한 모든 서식과 함께 미리봅니다.
2. **책갈피 추가/제거** : 비디오 클립에서 현재 시간에 책갈피를 추가/제거합니다.
3. **비디오 트리밍** : 시작 및 종료 날짜를 지정하여 비디오 클립을 트리밍합니다.
4. **페이드 지속 시간** : 페이드 효과와 함께 비디오 클립을 시작 또는 종료합니다.
5. **볼륨** : 비디오 클립의 볼륨을 변경합니다.
6. **비디오 옵션** : 비디오 클립을 자동 또는 클릭했을 때 재생하거나 전체 화면 재생, 반복 재생, 자동 되감기, 재생하지 않을 때 숨기기 등을 지정합니다.

9 [슬라이드 쇼] 탭-[슬라이드 쇼 시작] 그룹에서 **[현재 슬라이드 부터]를 클릭**하면 슬라이드 쇼가 실행되며 자동으로 동영상이 재생됩니다.

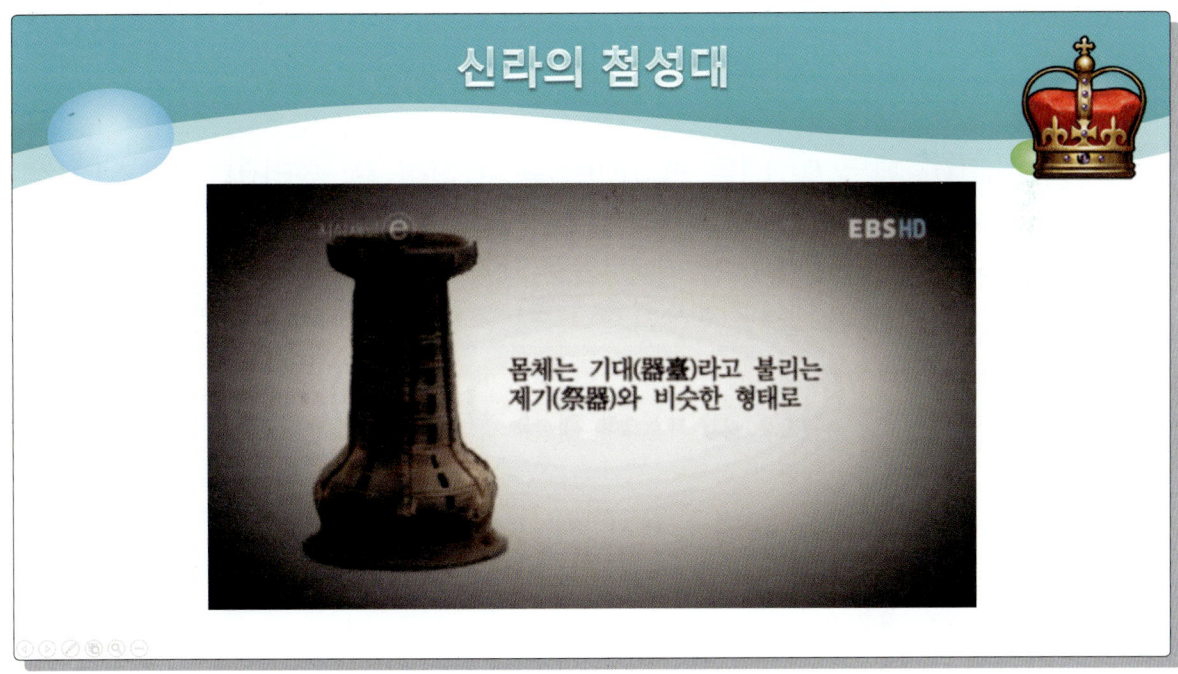

실전 연습 문제

01 다음과 같이 제목 슬라이드 레이아웃을 편집한 후 슬라이드 마스터 설정의 적용 여부를 확인해 보세요.

- 테마 : [줄기]
- 테마 색 : 가을
- [제목] 개체 틀 : 글꼴(휴먼아미체), 글꼴 크기(72pt)

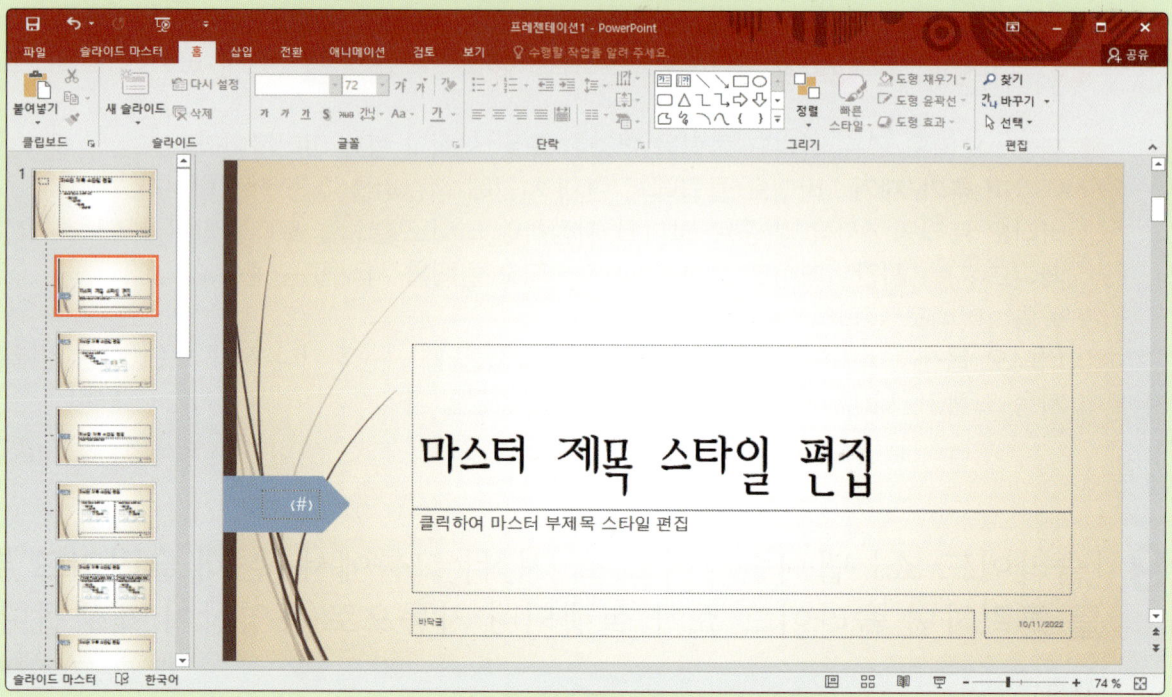

02 다음과 같이 제목 및 내용 레이아웃을 편집한 후 슬라이드 마스터 설정의 적용 여부를 확인해 보세요.

- [내용] 개체 틀 : 글꼴(HY그래픽M), 글꼴 크기 크게(2번 클릭)
- 온라인 그림 : 검색 대상(공원), 유형(투명)

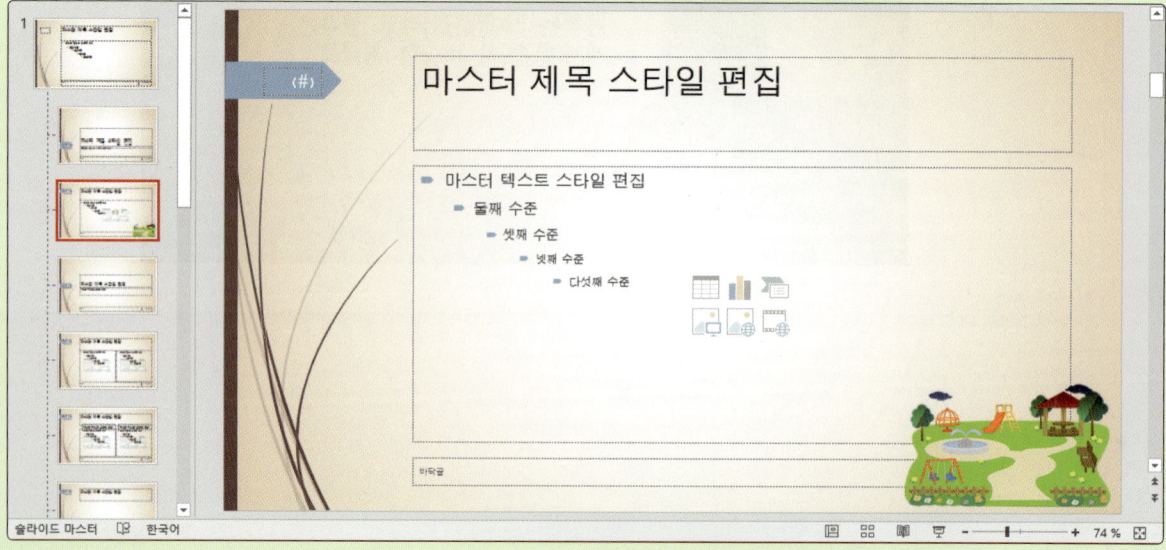

실전 연습 문제

03 슬라이드 마스터 설정이 완료되면 다음과 같이 슬라이드를 작성해 보세요.

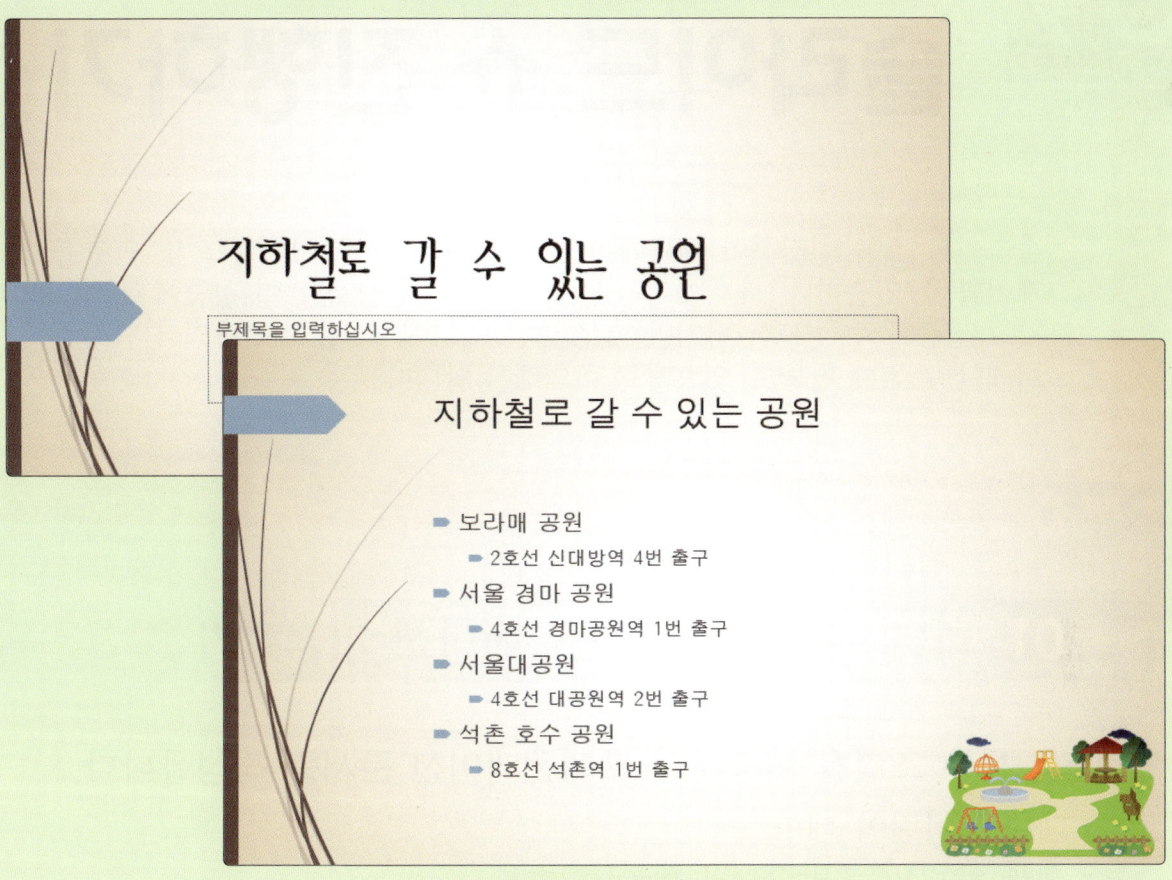

04 슬라이드를 모두 작성했으면 2번 슬라이드에 동영상을 삽입해 보세요.
- 동영상 파일 : 08_공원.avi

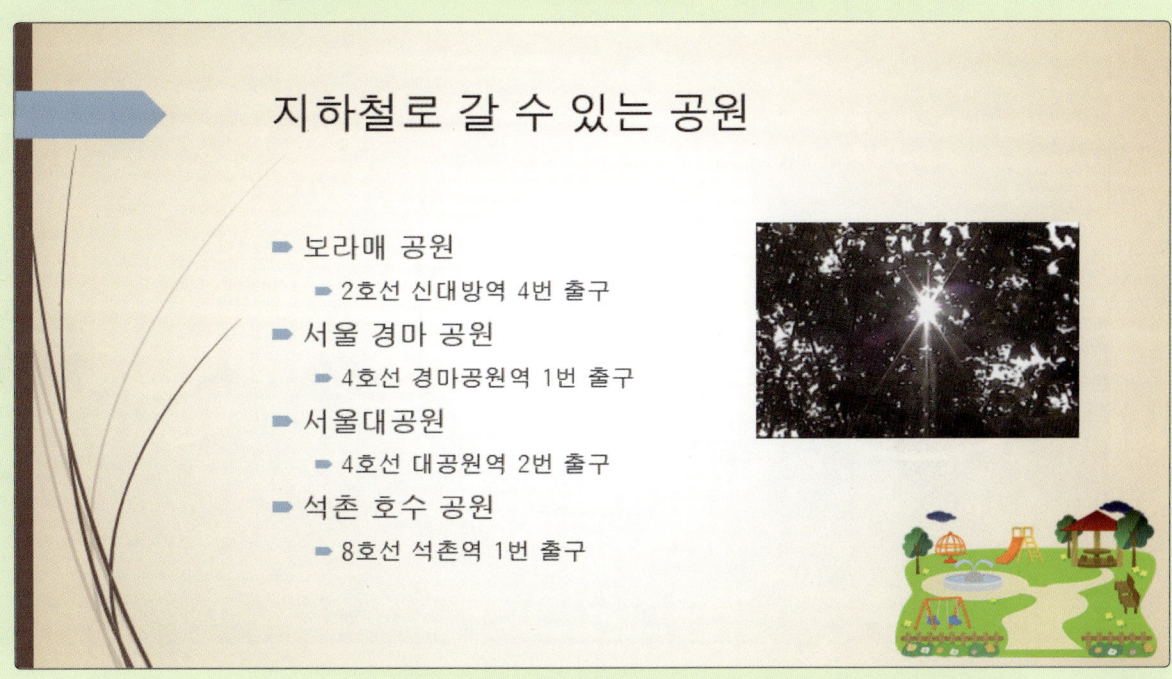

Powerpoint 2016

애니메이션 지정하고 슬라이드 쇼 진행하기

슬라이드 쇼를 설정하여 애니메이션을 지정하거나 하이퍼링크 및 단추를 제어할 수 있습니다. 애니메이션을 지정하면 생동감을 주어 청중이 관심을 갖고 집중할 수 있도록 하지만 너무 많은 애니메이션을 지정하면 산만하여 이해할 수 없게 만들 수 있으므로 주의해야 합니다.

Step 01 화면 전환 효과와 애니메이션 지정하기

1 다음 세부 조건을 이용하여 **프레젠테이션 문서를 작성**합니다.
- 테마 : 어린이 테마
- 제목 슬라이드 마스터 : 제목(60pt)
- 제목 및 내용 슬라이드 마스터 : 제목(44pt), 내용(글꼴 크기 크게 1번 클릭)

1번 슬라이드

2번 슬라이드
- 목차 번호 : ☐[대각선 방향의 모서리가 둥근 사각형], [보통 효과 – 황금색, 강조 3], HY엽서M, 36pt
- 목차 내용 : ☐[양쪽 모서리가 둥근 사각형], [보통 효과 – 황금색, 강조 3], HY엽서M, 36pt

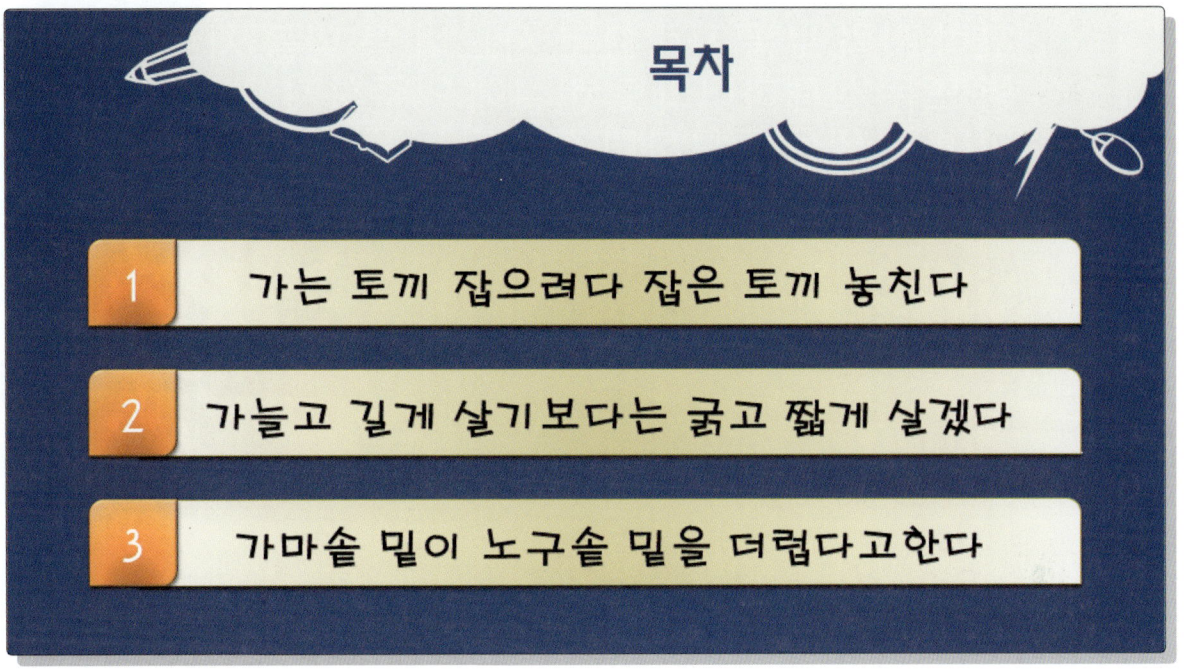

3번 슬라이드
- 온라인 그림 : 토끼

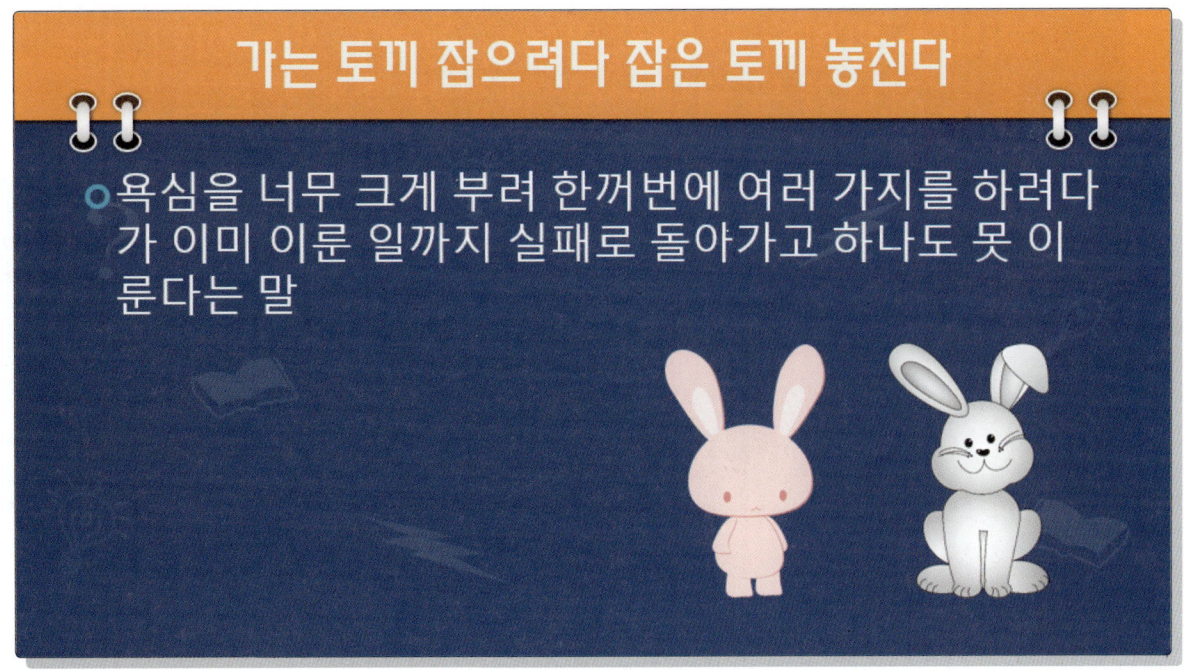

4번 슬라이드
- 온라인 그림 : 사업

5번 슬라이드
- 온라인 그림 : 가마

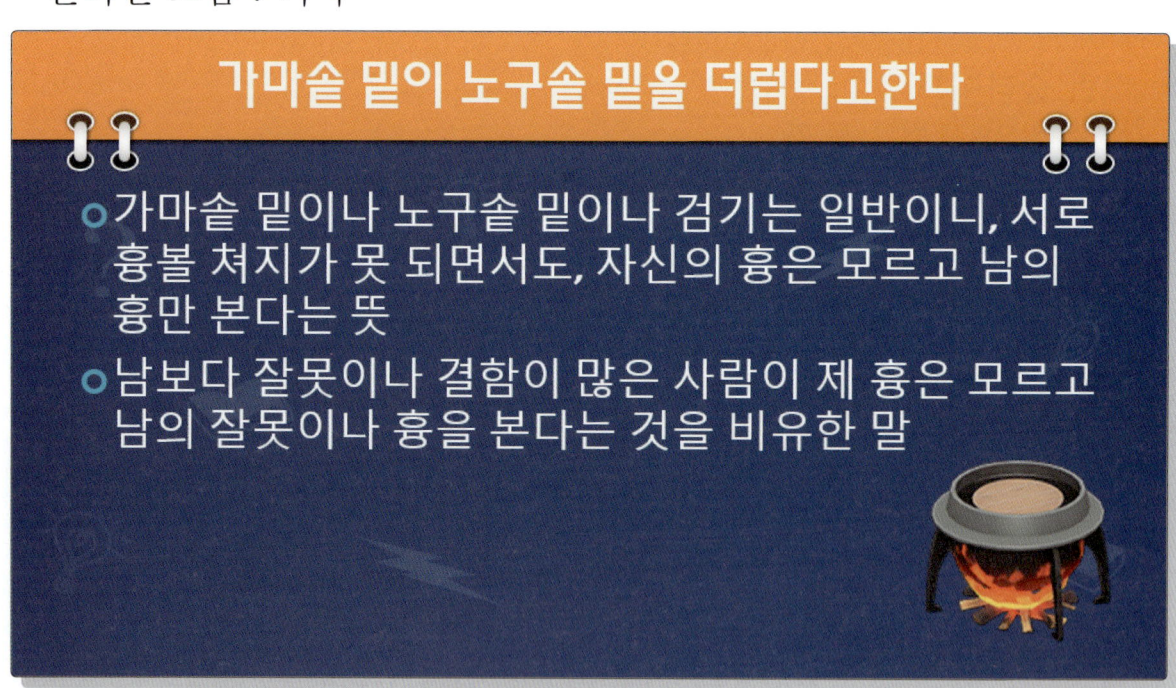

2 5개의 슬라이드를 모두 작성하면 **1번 슬라이드를 선택**한 후 [전환] 탭–[슬라이드 화면 전환] 그룹에서 **[자세히] 단추를 클릭**합니다.

> **Tip**
> 화면 전환 효과는 한 슬라이드에서 다른 슬라이드로 이동할 때 다른 슬라이드가 나타나는 방식을 말합니다.

3 화면 전환 효과 목록이 나타나면 **[닦아내기]를 클릭**합니다.

Chapter 09 – 애니메이션 지정하고 슬라이드 쇼 진행하기

4 다음과 같이 1번 슬라이드에 화면 전환 효과가 지정되면 모든 슬라이드에 화면 전환 효과를 지정하기 위해 [전환] 탭-[타이밍] 그룹에서 **[모두 적용]을 클릭**합니다.

Tip
화면 전환 효과를 지정한 후 슬라이드 탭을 보면 슬라이드 번호 아래에 ★[애니메이션 실행] 아이콘이 표시됩니다. ★[애니메이션 실행] 아이콘을 클릭하면 지정된 화면 전환 효과를 미리 보여줍니다.

5 다음과 같이 모든 슬라이드에 화면 전환 효과가 지정되면 화면 전환 효과를 미리 보기 위해 [전환] 탭-[미리 보기] 그룹에서 **[미리 보기]를 클릭**합니다.

6 다음과 같이 화면 전환 효과를 미리 볼 수 있습니다.

7 2번 슬라이드를 선택한 후 목차 번호 도형을 선택한 다음 Shift 를 누른 상태에서 목차 내용 도형을 선택하고 바로 가기 메뉴의 [그룹화]-[그룹]을 클릭합니다.

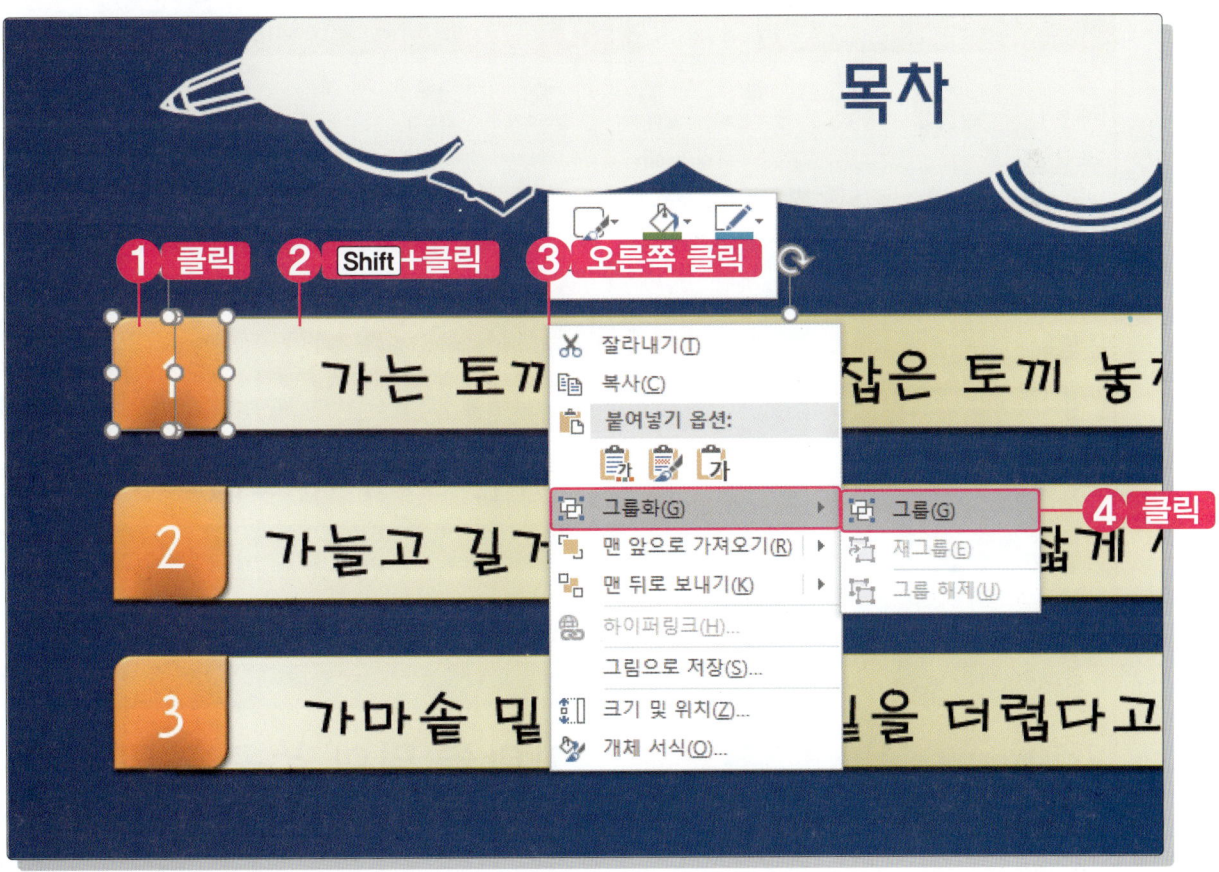

Chapter 09 - 애니메이션 지정하고 슬라이드 쇼 진행하기

8 같은 방법으로 나머지 목차 번호 도형과 목차 내용 도형을 그룹화합니다.

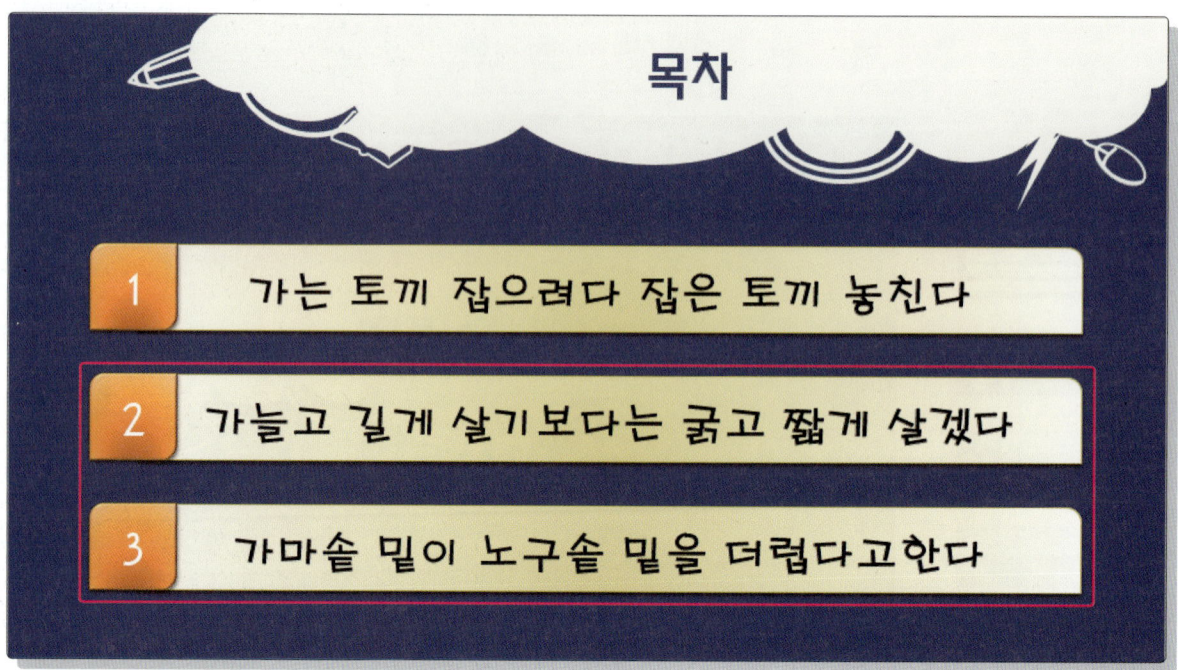

9 그룹이 지정되면 **첫 번째 도형을 선택**한 후 [애니메이션] 탭-[애니메이션] 그룹에서 [자세히] 단추를 클릭합니다.

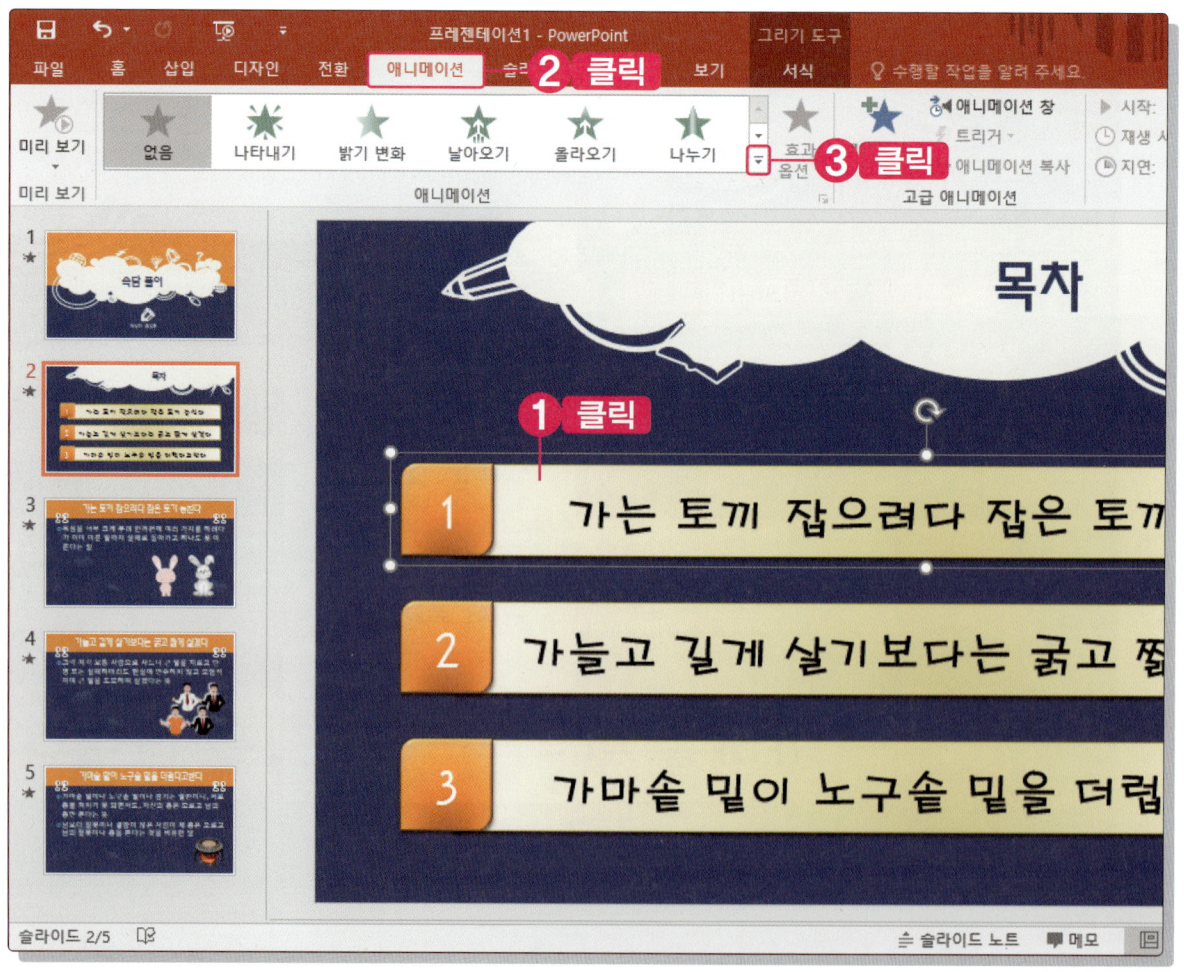

10 애니메이션 목록이 나타나면 [추가 나타내기 효과]를 클릭합니다.

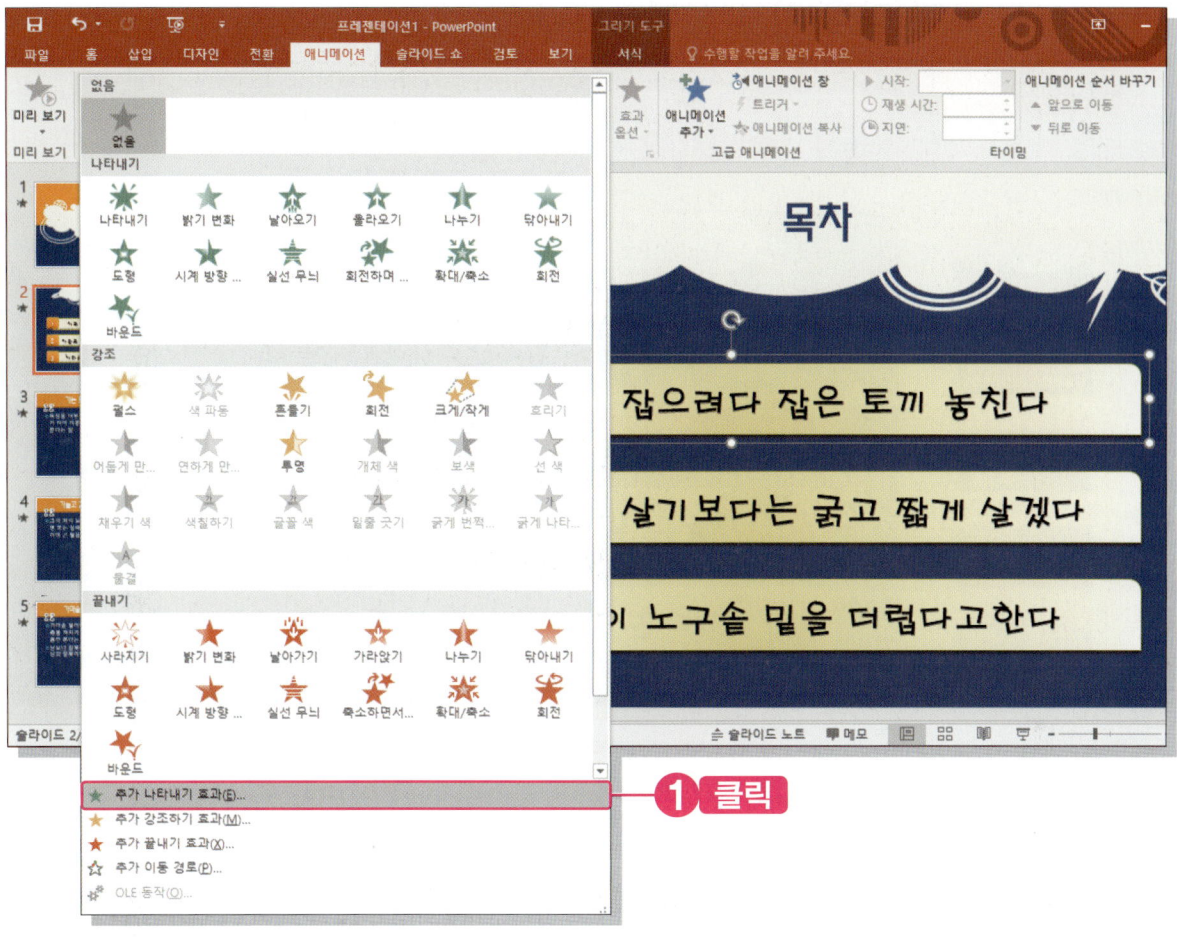

11 [나타내기 효과 변경] 대화상자가 나타나면 [떠오르기]를 선택한 후 [확인] 단추를 클릭합니다.

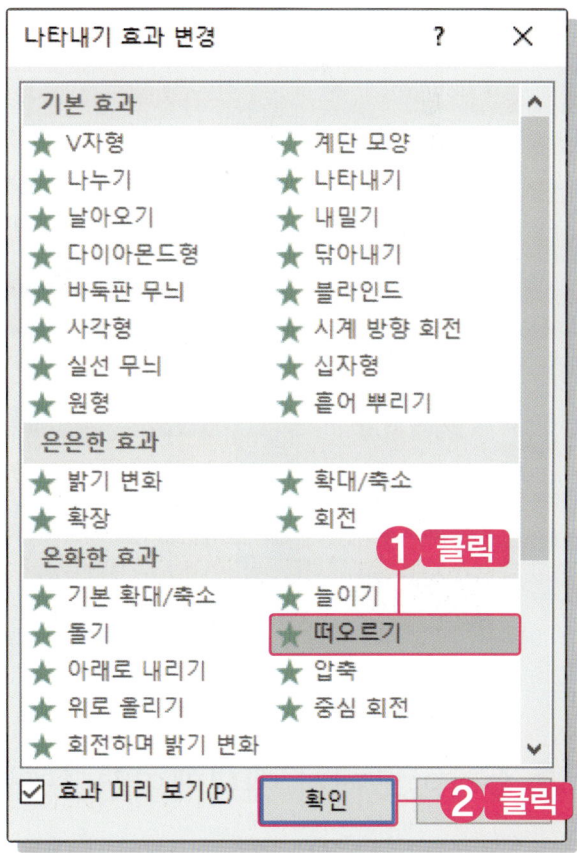

12 같은 방법으로 두 번째 도형에 **애니메이션(떠오르기)을 지정**한 후 **시작(이전 효과 다음에)를 선택**합니다.

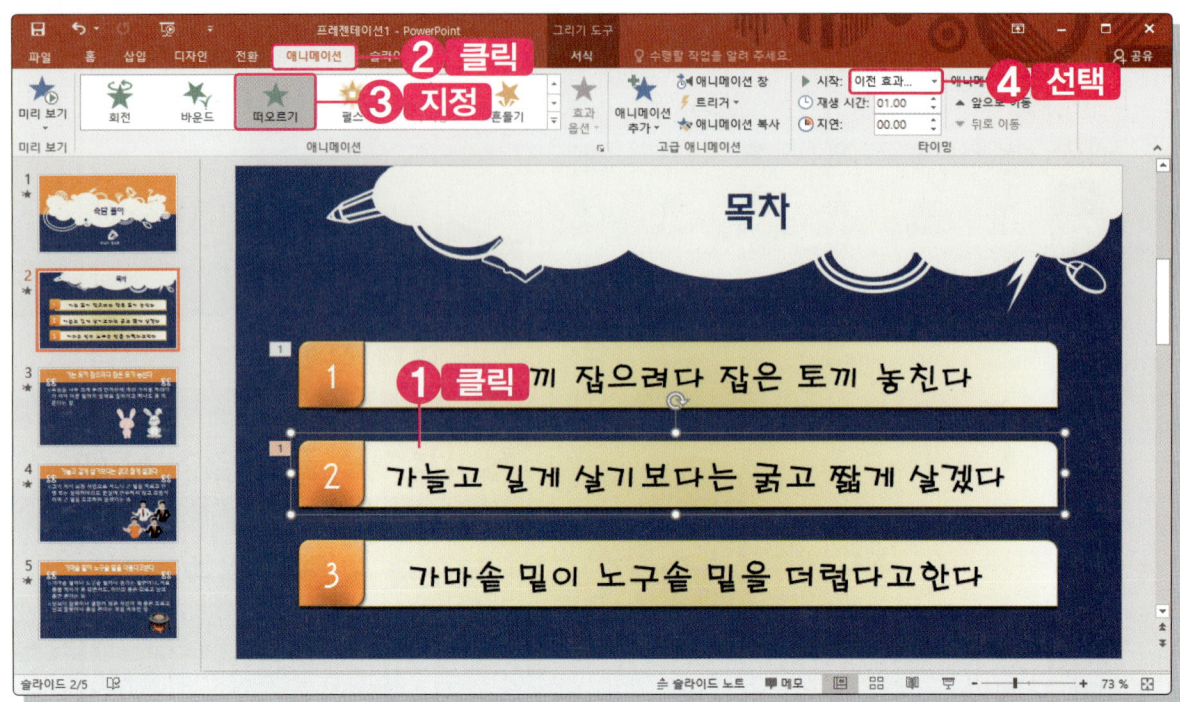

13 **세 번째 도형에 애니메이션을 지정**한 후 애니메이션을 미리 보기 위해 [애니메이션] 탭-[미리 보기] 그룹에서 **[미리 보기]를 클릭**합니다.

- 애니메이션 : 떠오르기
- 시작 : 이전 효과 다음에

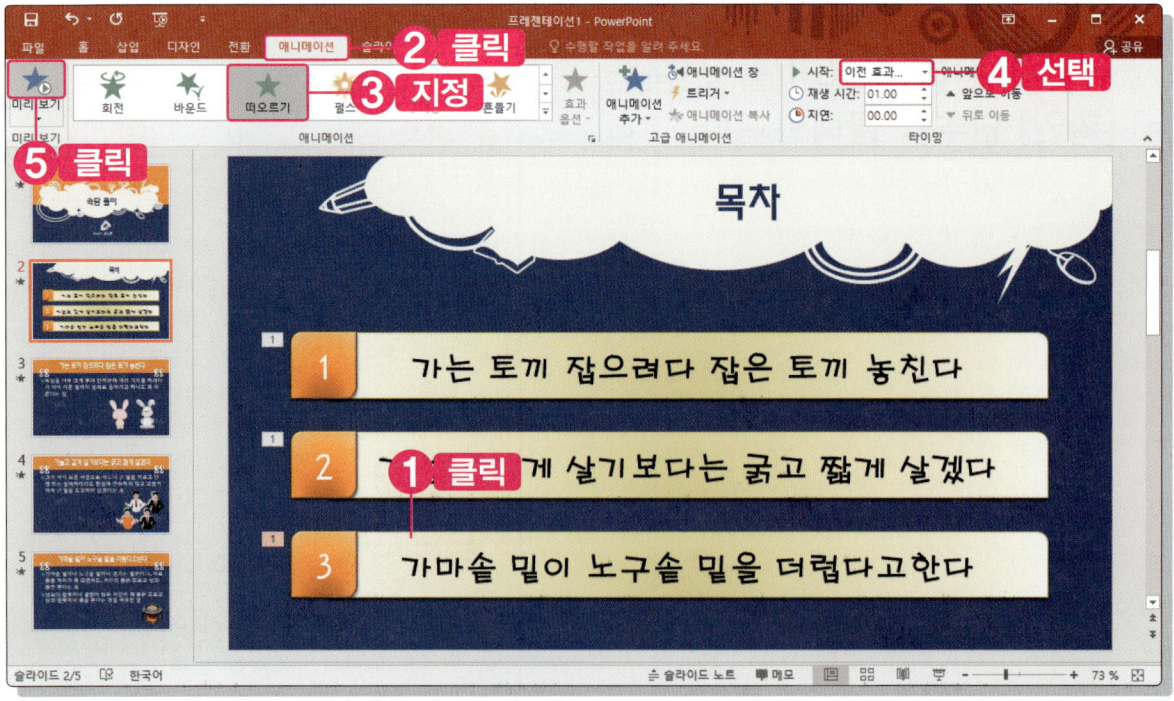

14 슬라이드에서 애니메이션 효과를 미리 볼 수 있습니다.

Step 02 하이퍼링크와 실행 단추 삽입하기

1 목차 내용에 하이퍼링크를 지정하기 위해 **첫 번째 목차 도형의 텍스트를 드래그하여 블록으로 설정**한 후 [삽입] 탭-[링크] 그룹에서 **[하이퍼링크]를 클릭**합니다.

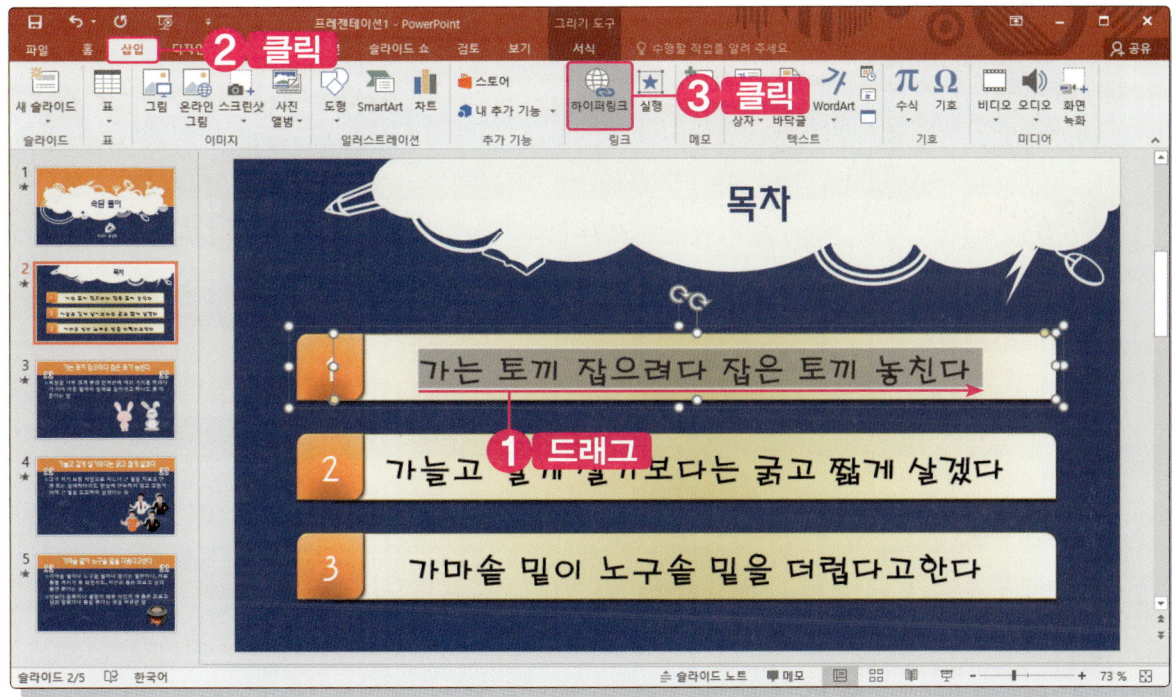

2 [하이퍼링크 삽입] 대화상자가 나타나면 **연결 대상(현재 문서)을 선택**한 후 **이 문서에서 위치 선택(3. 가는 토끼 잡으려다 잡은 토끼 놓친다)을 선택**한 다음 [확인] 단추를 클릭합니다.

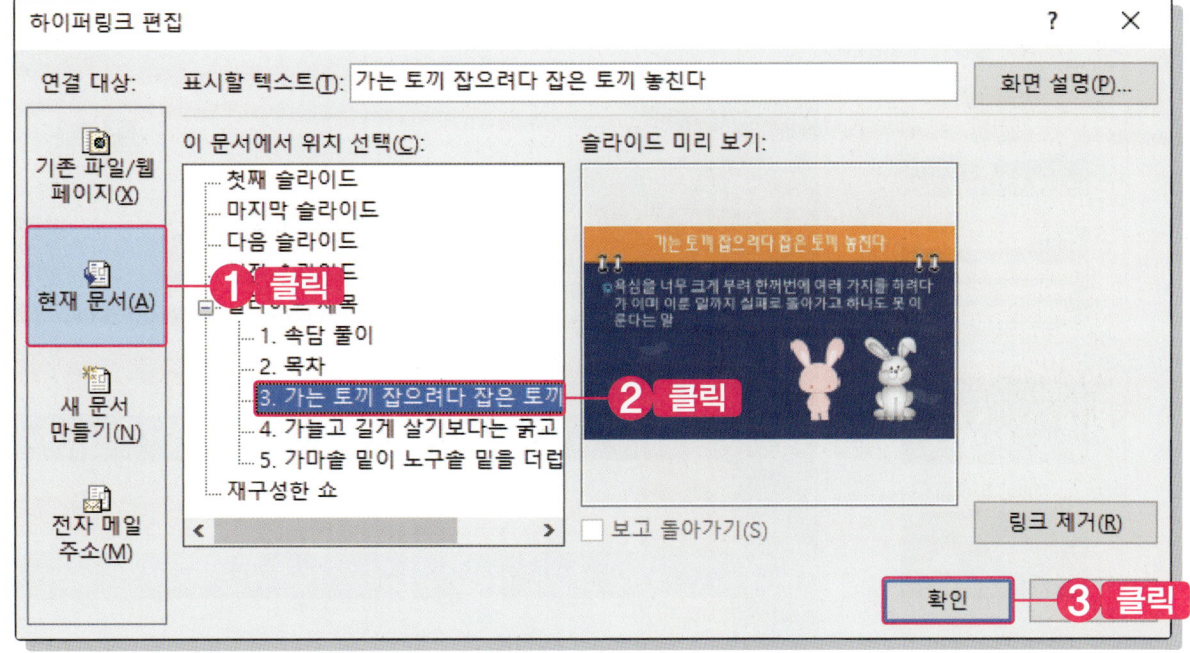

Chapter 09 - 애니메이션 지정하고 슬라이드 쇼 진행하기

3 같은 방법으로 나머지 목차 도형에 **하이퍼링크를 지정**합니다.

- 두 번째 목차 : 연결 대상(현재 문서), 이 문서에서 위치 선택(4. 가늘고 길게 살기 보다는 굵고 짧게 살겠다)
- 세 번째 목차 : 연결 대상(현재 문서), 이 문서에서 위치 선택(5. 가마솥 밑이 노구솥 밑을 더럽다고한다)

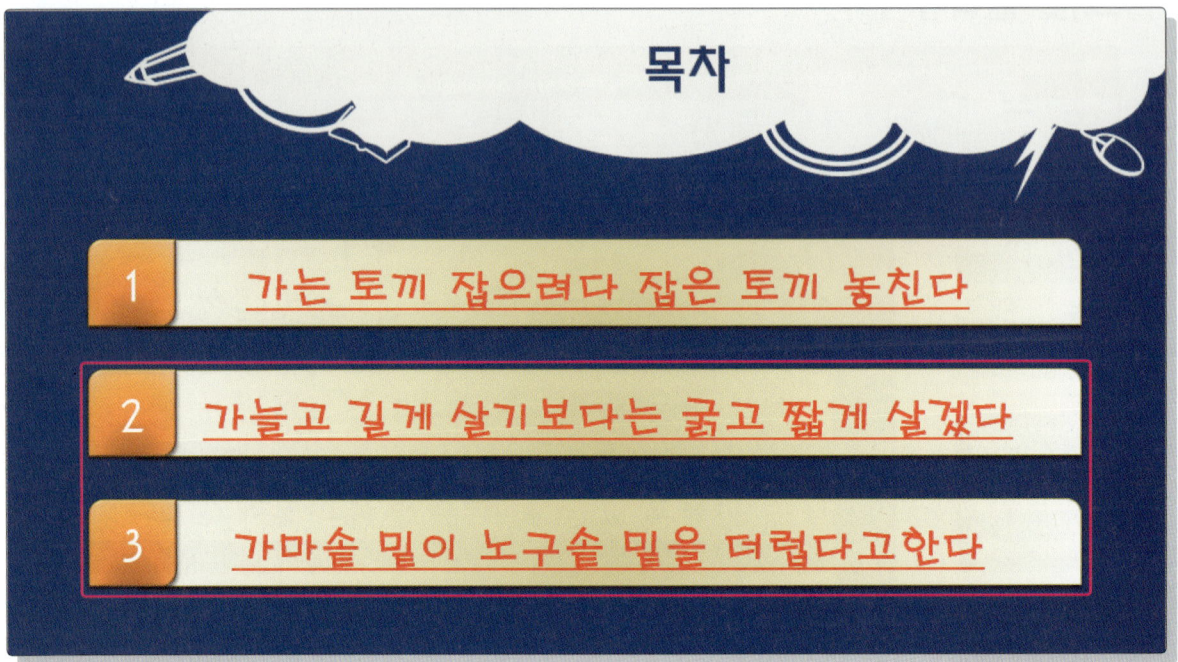

4 하이퍼링크가 정상적으로 이동하는지 확인하기 위해 [슬라이드 쇼] 탭-[슬라이드 쇼 시작] 그룹에서 **[현재 슬라이드부터]를 클릭**합니다.

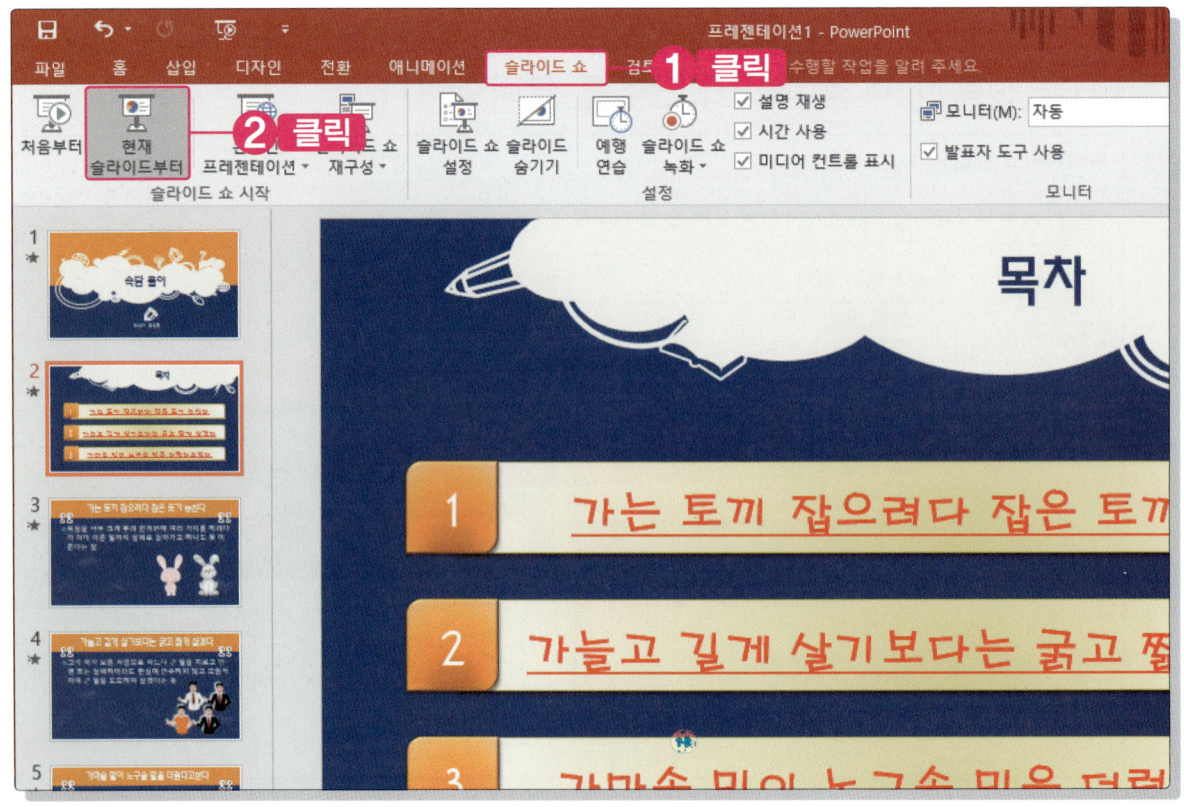

140 파워포인트 2016

5 다음과 같이 2번 슬라이드가 전체 화면으로 나타나면 '**가늘고 길게 살기보다는 굵고 짧게 살겠다**'를 **클릭**합니다.

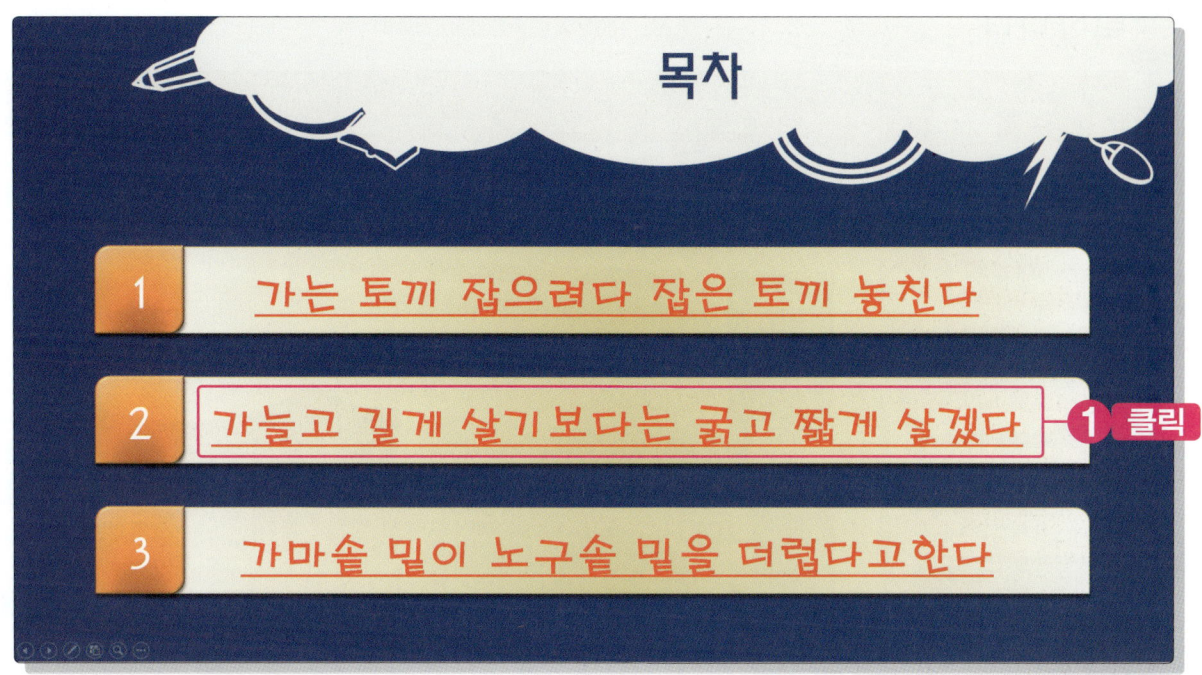

> **Tip**
> 현재 2번 슬라이드가 선택되어 있으므로 현재 슬라이드부터 슬라이드 쇼를 진행하면 2번 슬라이드가 전체 화면으로 나타납니다.

6 다음과 같이 4번 슬라이드가 전체 화면으로 나타나는 것을 확인 한 후 Esc를 눌러 슬라이드 쇼를 마칩니다.

7 실행 단추를 삽입하기 위해 **2번 슬라이드를 선택**한 후 [삽입] 탭-[일러스트레이션] 그룹에서 **[도형]**을 **클릭**한 다음 **[실행 단추: 홈]**을 클릭합니다.

8 마우스 포인터 모양이 + 모양으로 변경되면 다음과 같이 **드래그하여 실행 단추를 삽입**합니다.

9 [실행 설정] 대화상자가 나타나면 [확인] 단추를 클릭합니다.

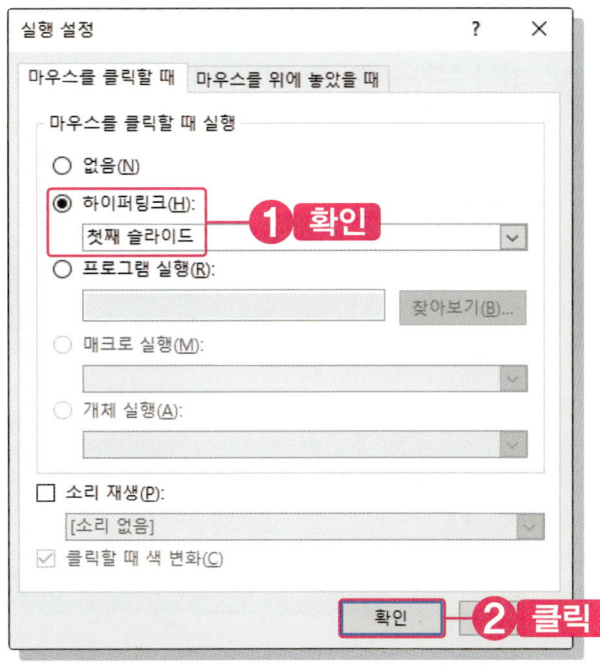

10 2번 슬라이드부터 슬라이드 쇼를 진행하기 위해 [슬라이드 쇼] 탭-[슬라이드쇼 시작] 그룹에서 [현재 슬라이드부터]를 클릭합니다.

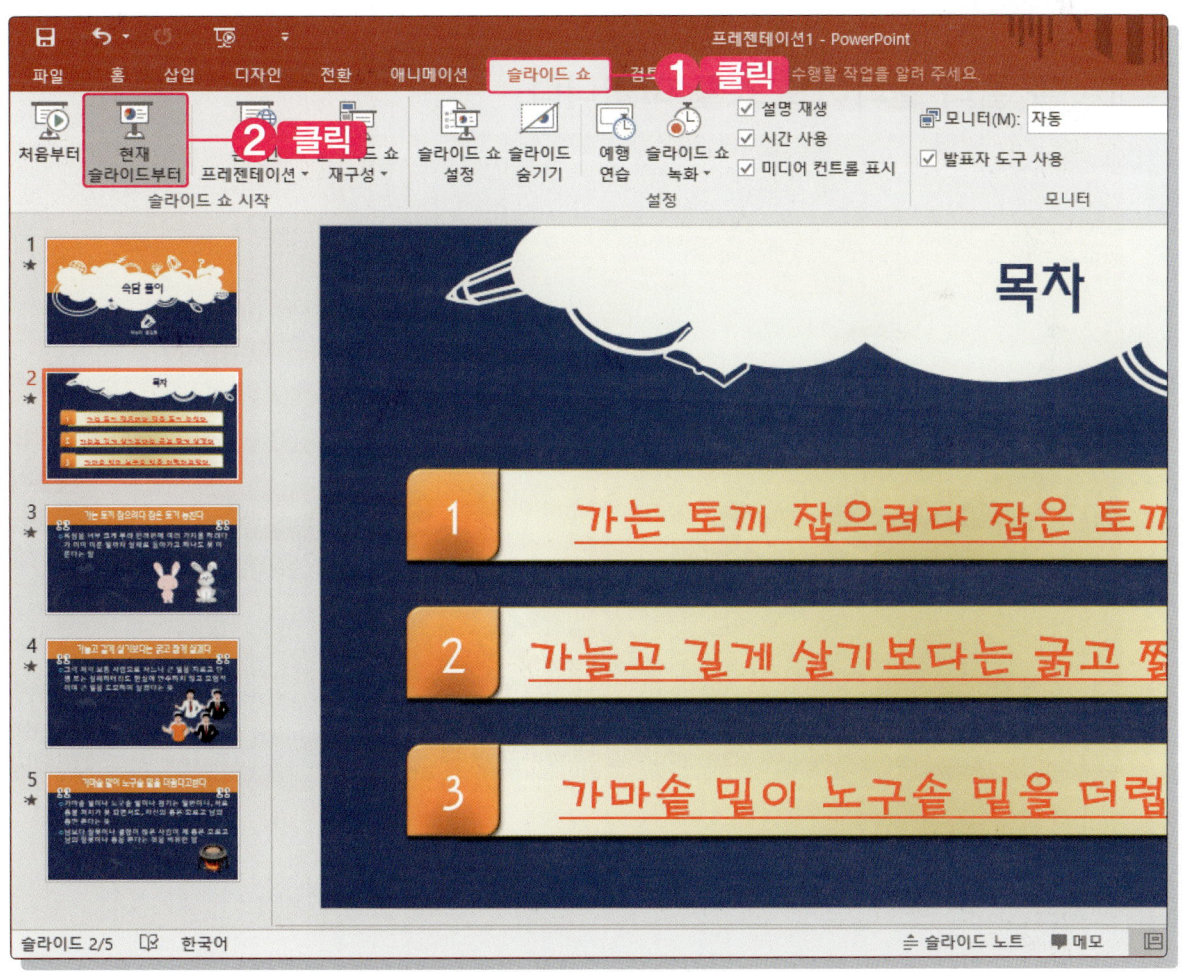

Chapter 09 – 애니메이션 지정하고 슬라이드 쇼 진행하기

11 다음과 같이 2번 슬라이드가 전체 화면으로 나타나면 [실행 단추: 홈] 단추를 클릭합니다.

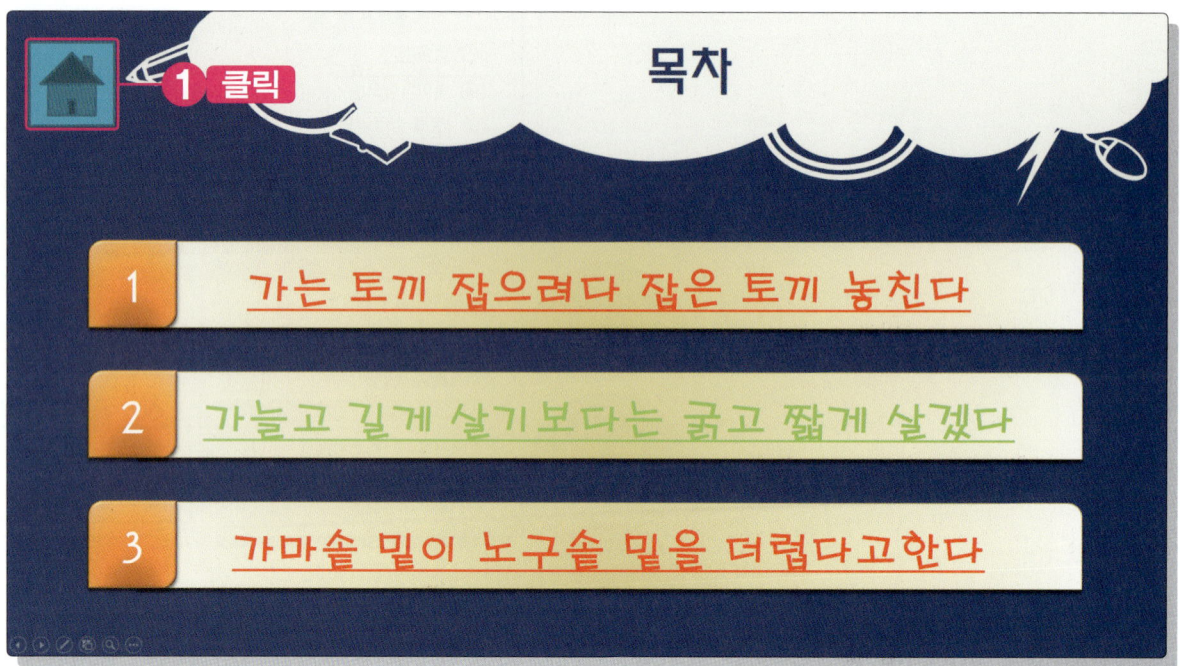

12 다음과 같이 1번 슬라이드가 전체 화면으로 나타나는 것을 확인한 후 Esc를 눌러 슬라이드 쇼를 마칩니다.

Step 03 슬라이드 쇼 진행하기

1 슬라이드 쇼를 진행하기 위해 [슬라이드 쇼] 탭-[슬라이드 쇼 시작] 그룹에서 [**처음부터**]를 **클릭**합니다.

2 다음과 같이 1번 슬라이드가 전체 화면으로 나타나면 **클릭하거나** Enter를 **누릅니다**.

Chapter 09 - 애니메이션 지정하고 슬라이드 쇼 진행하기

3 다음과 같이 2번 슬라이드가 전체 화면으로 나타나면 **바로 가기 메뉴의 [포인터 옵션]-[펜]을 클릭**합니다.

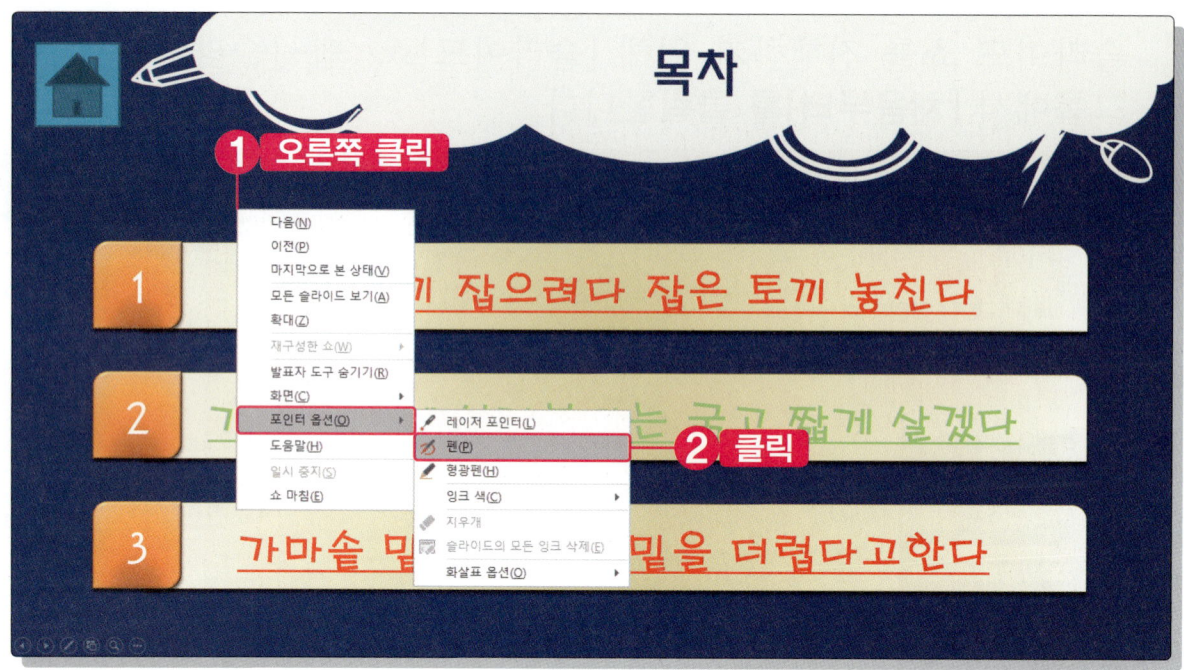

4 마우스 포인터 모양이 · 모양으로 변경되면 다음과 같이 **드래그하여 주요 내용을 표시**한 후 3번 슬라이드로 이동하기 위해 Enter를 누릅니다.

Tip
펜이나 형광펜을 사용하면 클릭하여 다음 슬라이드로 이동할 수 없으므로 Enter를 눌러 이동합니다.

5 다음과 같이 3번 슬라이드가 전체 화면으로 나타나면 Esc를 눌러 슬라이드 쇼를 마칩니다.

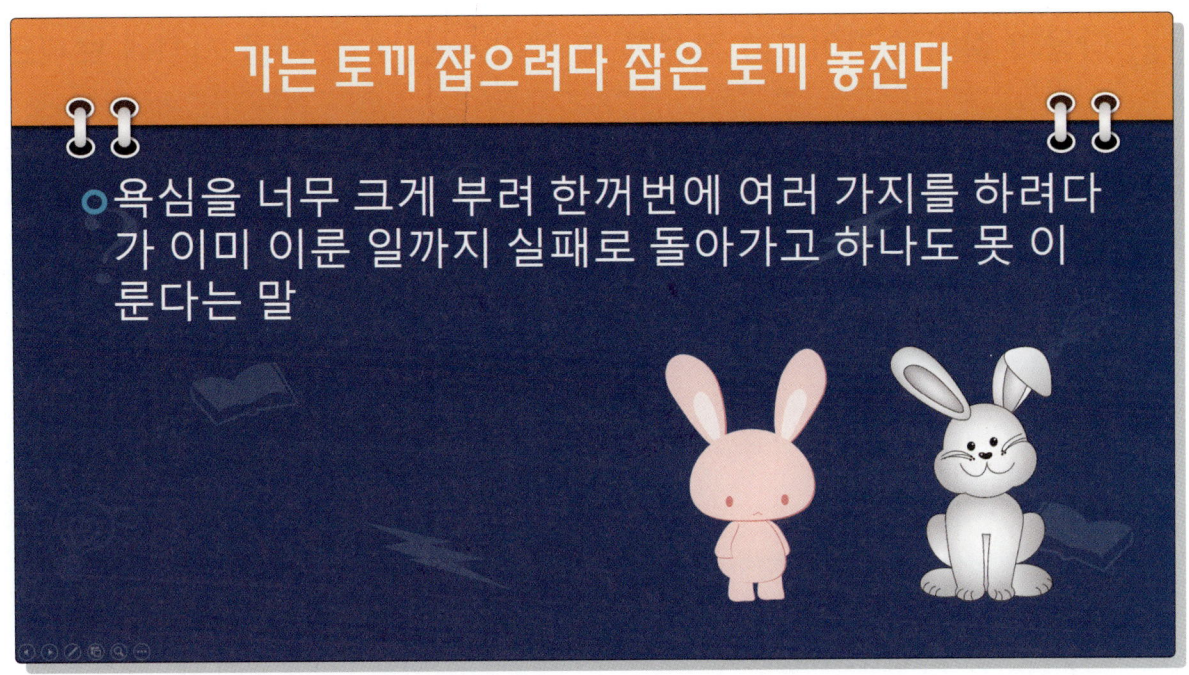

6 '잉크 주석을 유지하시겠습니까?'라고 묻는 메시지가 나타나면 [아니요] 단추를 클릭합니다.

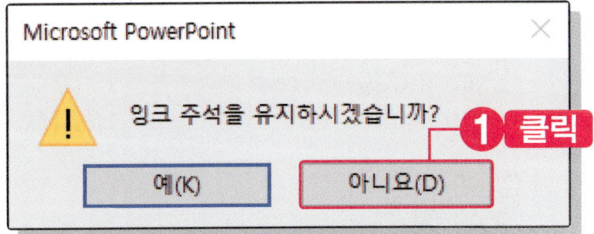

Tip

'잉크 주석을 유지하시겠습니까?'라고 묻는 메시지에서 [예] 단추를 클릭하면 잉크 주석이 슬라이드에 도형을 그린 것처럼 삽입됩니다.

슬라이드 쇼를 일시 중지시키기

청중과 의견을 교환하기 위해 슬라이드 쇼를 일시 중지시켜야 하는 경우, 다음과 같이 하면 됩니다.

- **방법 1** : ,를 누르면 흰 화면이 되면서 슬라이드 쇼를 일시 중지시키고 ,를 다시 누르면 슬라이드 쇼가 다시 진행됩니다.
- **방법 2** : .를 누르면 검은 화면이 되면서 슬라이드 쇼를 일시 중지시키고, .를 다시 누르면 슬라이드 쇼가 다시 진행됩니다.

01 다음과 같이 슬라이드를 작성한 후 테마(가가 [베를린])를 지정해 보세요.

장기의 유래

부제목을 입력하십시오

장기의 유래-1

- 승려들이 인간의 파괴 본능을 달래고 잡념을 떨쳐 버리기 위해 전쟁을 모태로 장기를 만들었다.

장기의 유래-2

- 인도의 한 왕이 현인에게 다음과 같은 특성을 살려서 아주 재미있는 게임을 만들어 보라고 명했다.
  - 깊이 생각할 수 있게 해야 한다.
  - 주의를 집중할 수 있게 해야 한다.
  - 선견과 지혜를 필요로 해야 한다.
  - 찬스를 포착하되 결과를 예측하기 어려워야 한다.
  - 재미있어야한다.
- 현인은 몇 날 몇일을 연구하여 전쟁을 모델로 장기를 만들어 왕에게 바쳤다. 왕은 크게 기뻐하며 신전에 보존토록 하였다.

장기의 유래-3

- 버마의 한 왕비가 전쟁을 좋아하여 전쟁터에만 나가있는 왕의 사랑을 되찾기 위해 전쟁을 모델로 장기를 만들었다. 결국, 왕과 함께 장기를 즐기게 되어 전쟁을 중지시키고 사랑을 되찾았다.

실전 연습 문제

02 다음과 같이 전환 효과를 지정해 보세요.
- 전환 : 흩어 뿌리기
- 적용 : 모두 적용

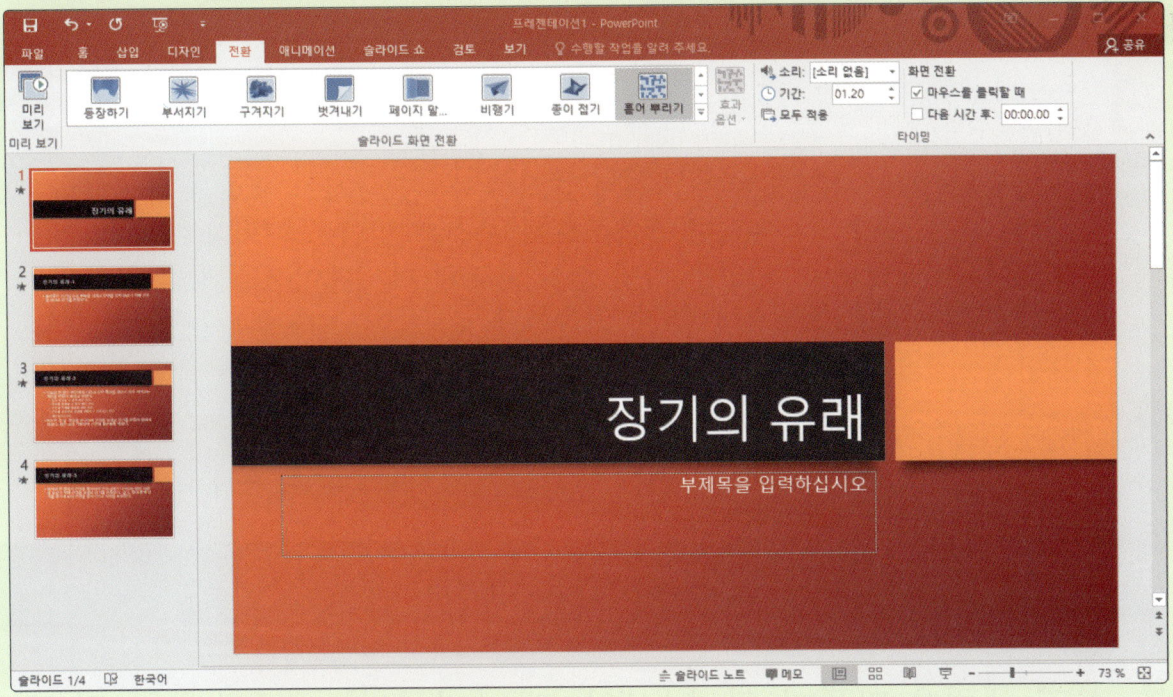

03 다음과 같이 3번 슬라이드의 2번~6번 단락에 애니메이션을 지정해 보세요.
- 애니메이션 : 날아오기
- 시작 : 클릭할 때

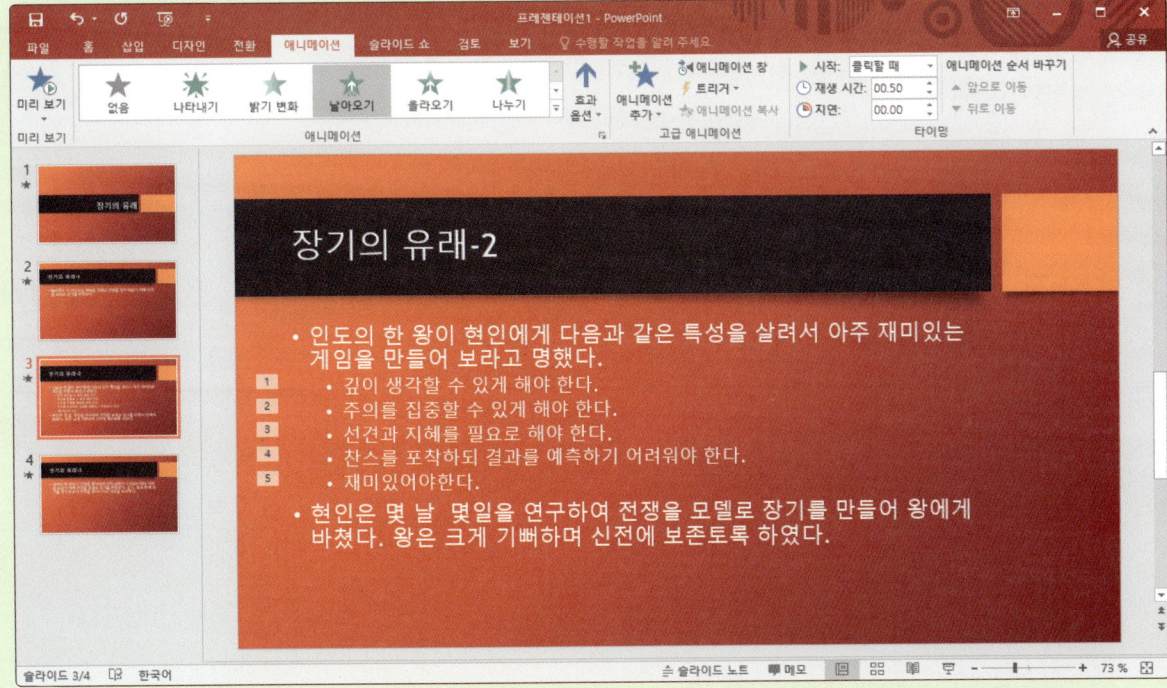

Chapter 09 - 애니메이션 지정하고 슬라이드 쇼 진행하기

Chapter 10 사진 앨범 만들기

파워포인트에서는 사진을 손쉽게 표시할 수 있는 사진 앨범을 제공합니다. 사진 앨범을 사용하면 슬라이드에 사진을 일일이 배치할 필요가 없습니다. 또한 사진 앨범에 화면 전환 효과와 애니메이션을 지정하면 생동감 있는 사진 앨범을 만들 수 있습니다.

Step 01 사진 앨범 만들고 편집하기

1 사진 앨범을 만들기 위해 [삽입] 탭-[이미지] 그룹에서 **[사진 앨범]**을 **클릭**합니다.

2 [사진 앨범] 대화상자가 나타나면 그림을 삽입하기 위해 **[파일/디스크] 단추를 클릭**합니다.

3 [새 그림 삽입] 대화상자가 나타나면 **찾는 위치((스마트정보화) 파워포인트 2016)를 지정**한 후 **그림(독일1~독일8, 영국1~영국8)을 선택**한 다음 **[삽입] 단추를 클릭**합니다.

4 [사진 앨범] 대화상자가 다시 나타나면 **그림 삽입을 확인**한 후 **그림 레이아웃(그림 4개)과 프레임 모양(사각형 가운데 그림자)을 선택**한 다음 **[찾아보기] 단추를 클릭**합니다.

Chapter 10 - 사진 앨범 만들기 **151**

5 [테마 선택] 대화상자가 나타나면 **테마(Slice)를 클릭**한 후 [선택] 단추를 클릭합니다.

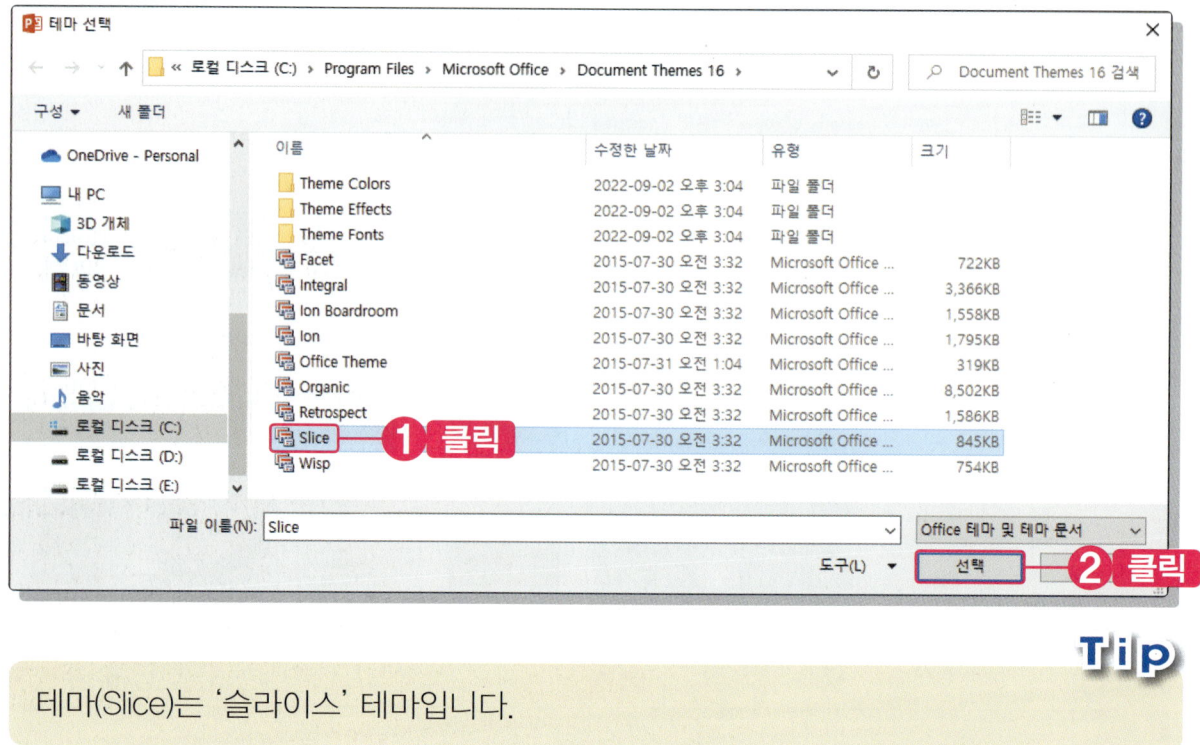

> Tip
> 테마(Slice)는 '슬라이스' 테마입니다.

6 [사진앨범] 대화상자가 다시 나타나면 **[만들기] 단추를 클릭**합니다.

7 사진 앨범이 만들어지면 **1번 슬라이드를 선택**한 후 다음과 같이 **제목과 부제목을 입력**합니다.

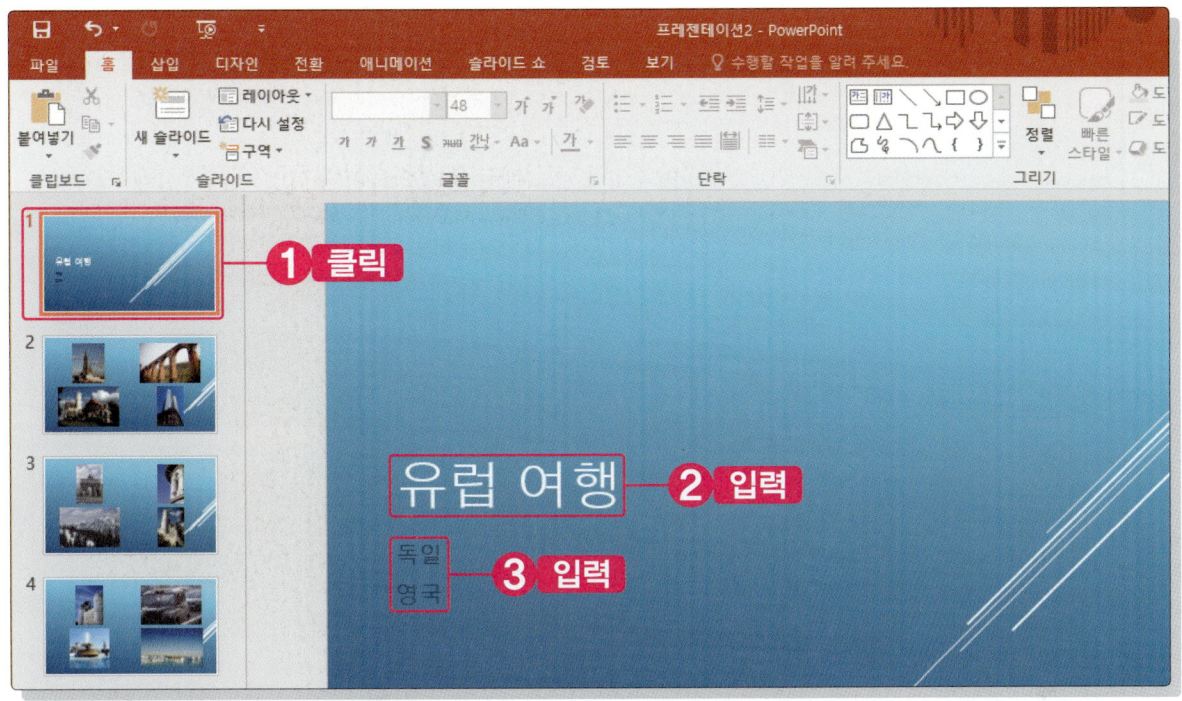

> **Tip**
> 사진 앨범을 만들면 새로운 프레젠테이션 문서에 작성됩니다.

8 제목과 부제목이 입력되면 **부제목을 드래그하여 블록으로 설정**한 후 [홈] 탭-[단락] 그룹에서 [글머리 기호]의 **[목록] 단추를 클릭**한 다음 **[속이 찬 큰 둥근 글머리 기호]를 클릭**합니다.

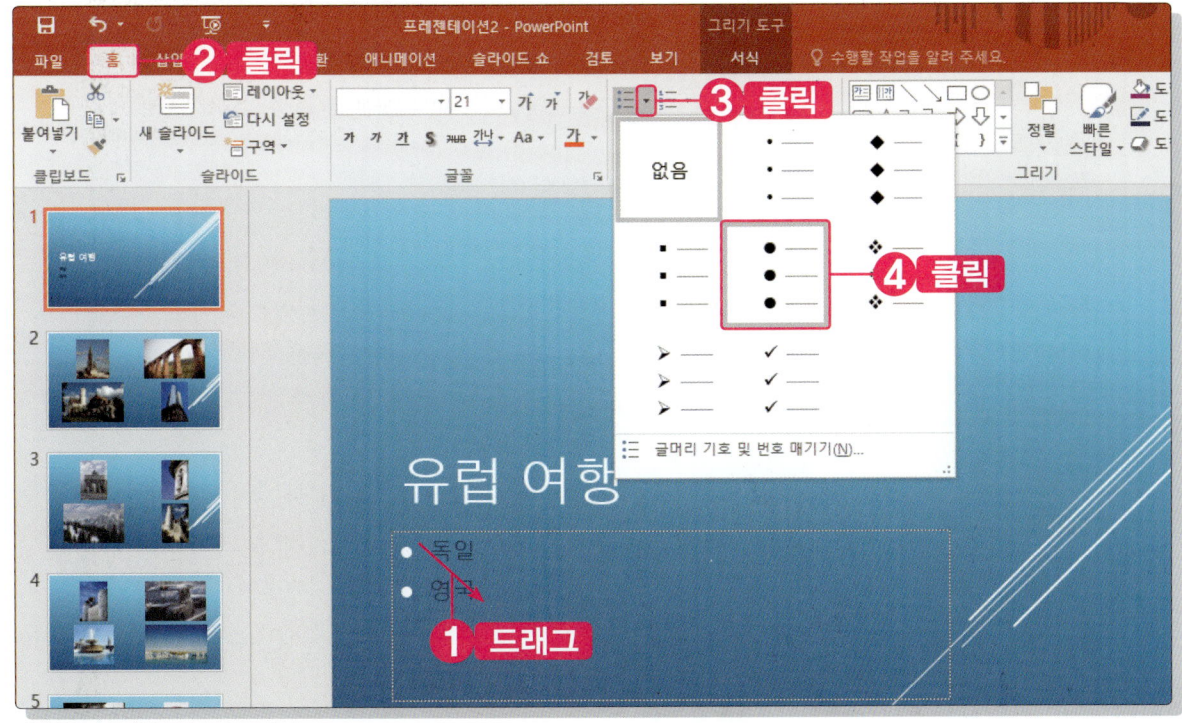

Chapter 10 - 사진 앨범 만들기 **153**

9 1번 슬라이드 다음에 [제목 및 내용] 슬라이드를 **삽입**한 후 다음과 같이 **제목 및 내용을 입력**합니다.

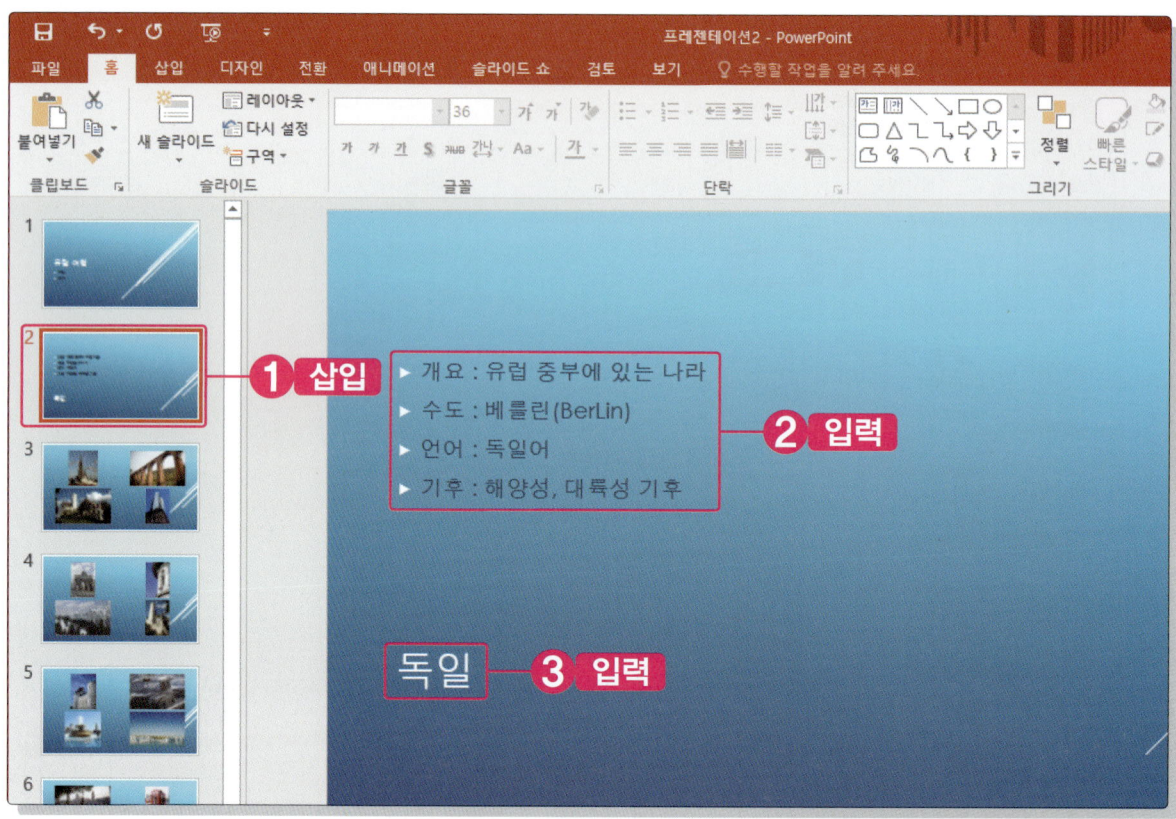

10 같은 방법으로 4번 슬라이드 다음에 [제목 및 내용] 슬라이드를 삽입한 후 **제목 및 내용을 입력**합니다.

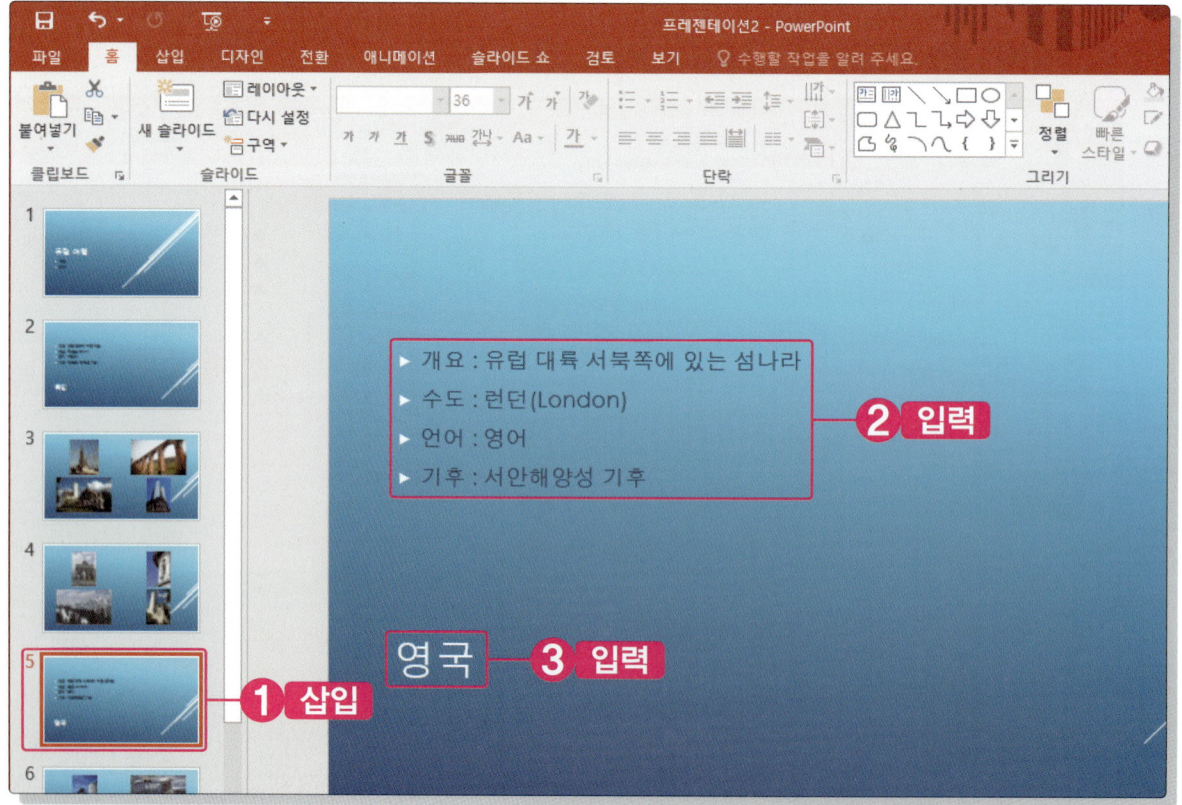

Step 02 사진 앨범에 화면 전환 효과와 애니메이션 지정하기

1 1번 슬라이드를 선택한 후 [전환] 탭-[슬라이드 화면 전환] 그룹에서 [자세히] 단추를 클릭합니다.

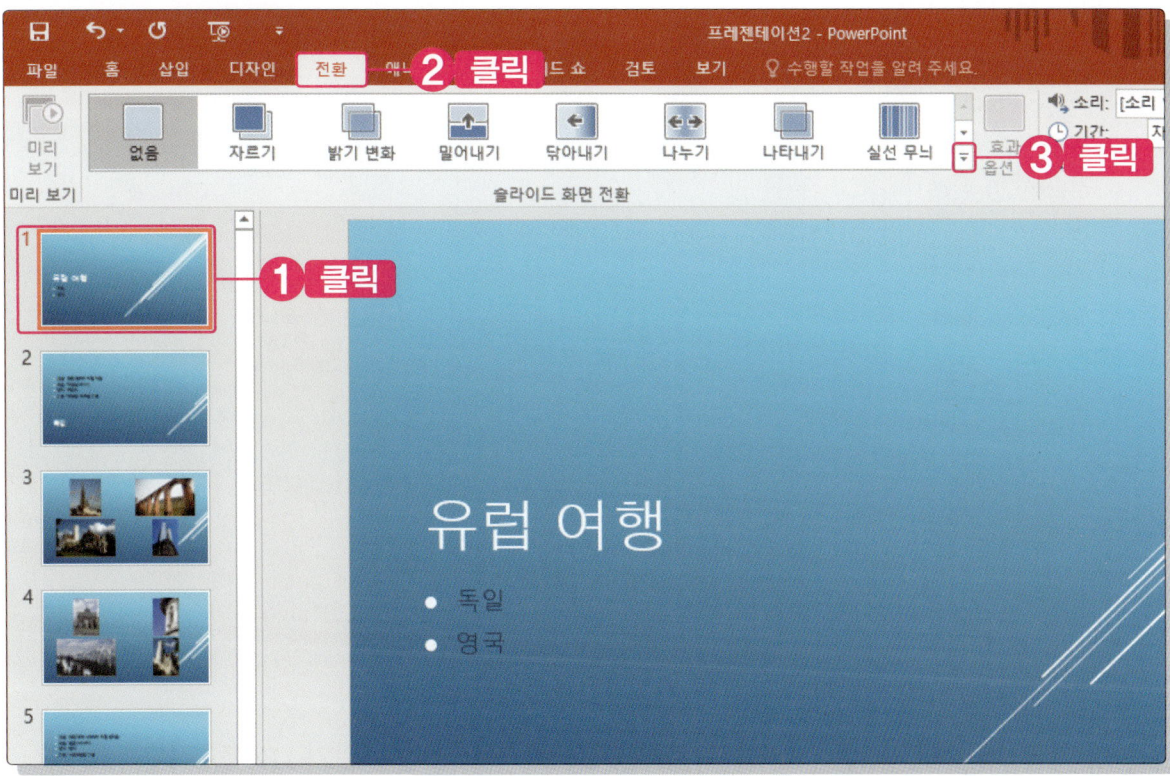

2 화면 전환 효과 목록이 나타나면 [나누기]를 클릭합니다.

Chapter 10 – 사진 앨범 만들기 **155**

3 다음과 같이 1번 슬라이드 화면 전환 효과가 지정되면 모든 슬라이드에 화면 전환 효과를 지정하기 위해 [전환] 탭-[타이밍] 그룹에서 **[모두 적용]**을 클릭합니다.

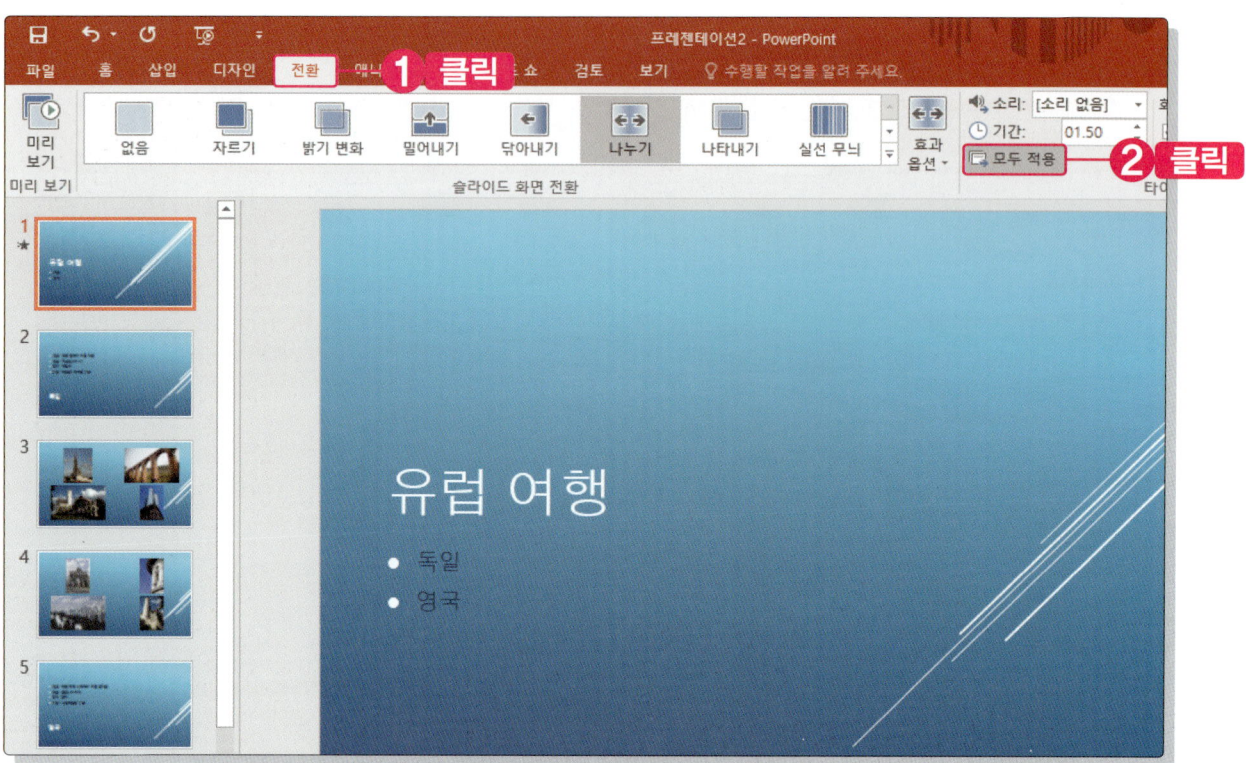

4 다음과 같이 모든 슬라이드에 화면 전환 효과가 지정되면 화면 전환 효과를 미리 보기 위해 [전환] 탭-[미리 보기] 그룹에서 **[미리 보기]**를 클릭합니다.

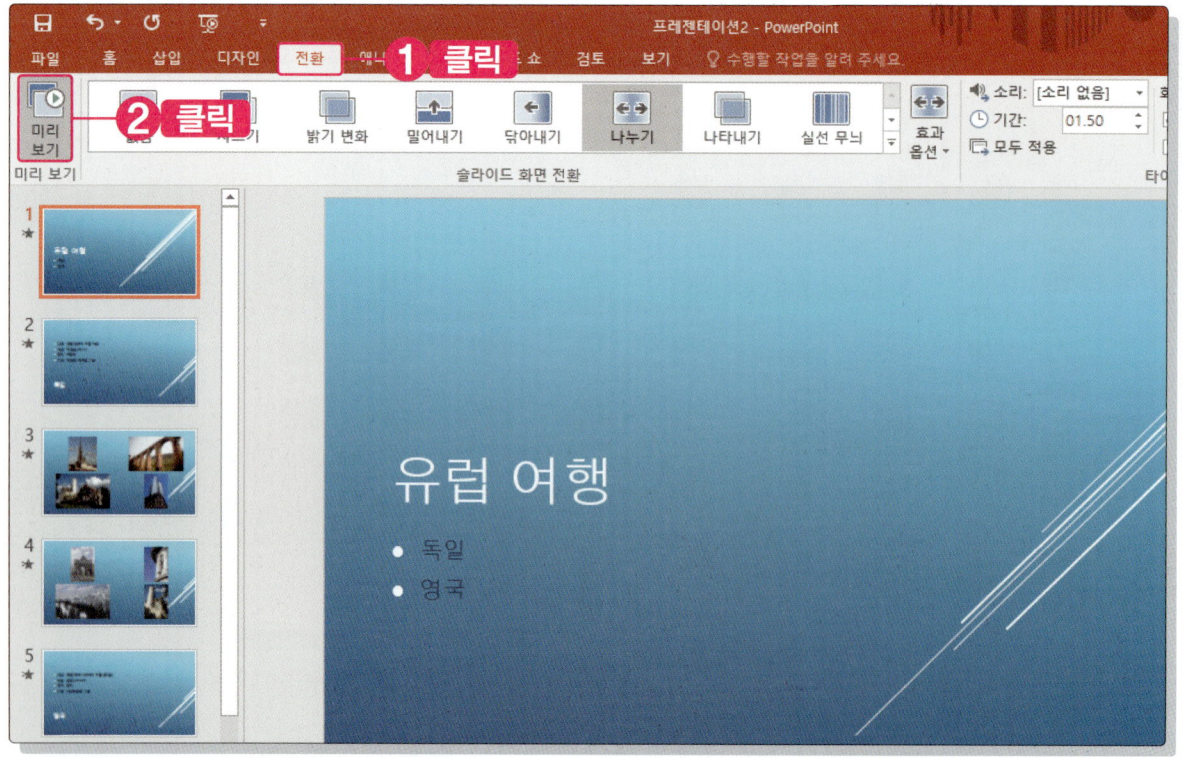

5 다음과 같이 사진 앨범에 지정된 화면 전환 효과를 미리보여줍니다.

6 애니메이션을 지정하기 위해 **부제목의 '독일'을 드래그하여 블록으로 설정**한 후 [애니메이션] 탭-[애니메이션] 그룹에서 **[자세히] 단추를 클릭**합니다.

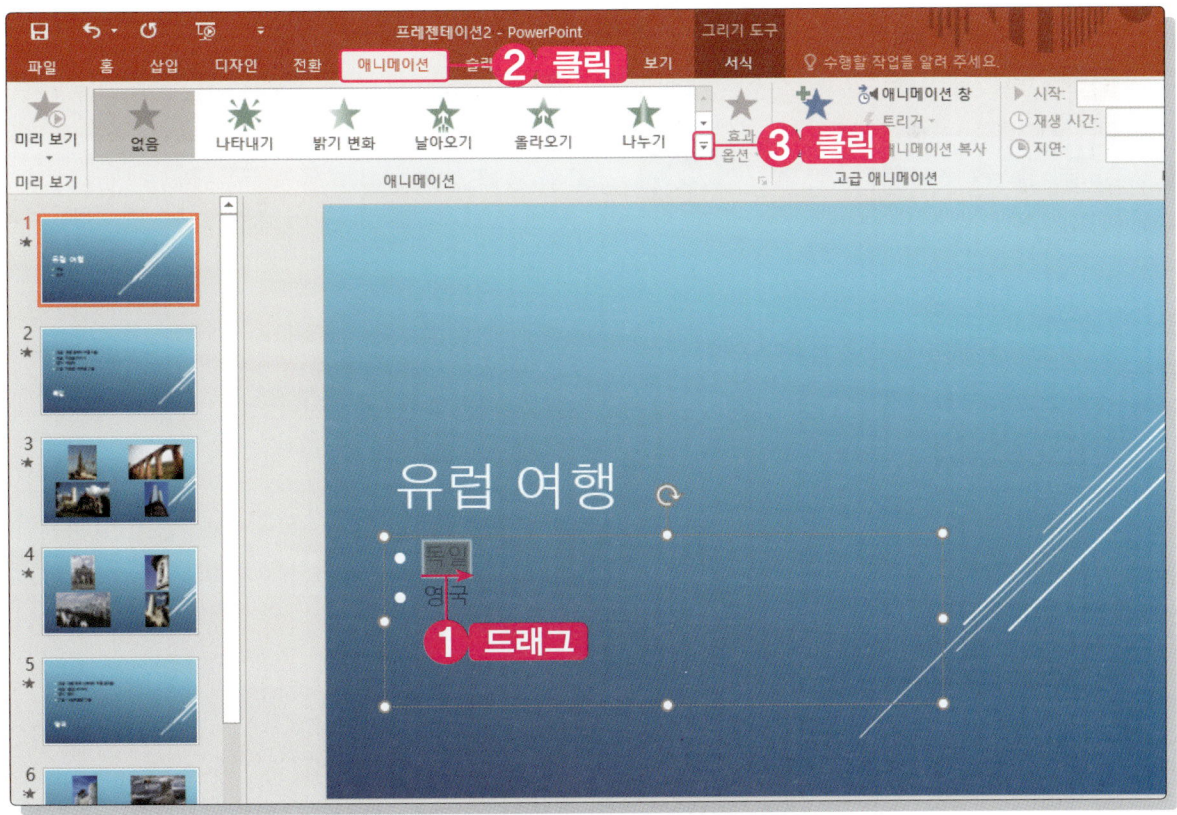

Chapter 10 - 사진 앨범 만들기 **157**

7 애니메이션 목록이 나타나면 ☆[날아오기]를 클릭합니다.

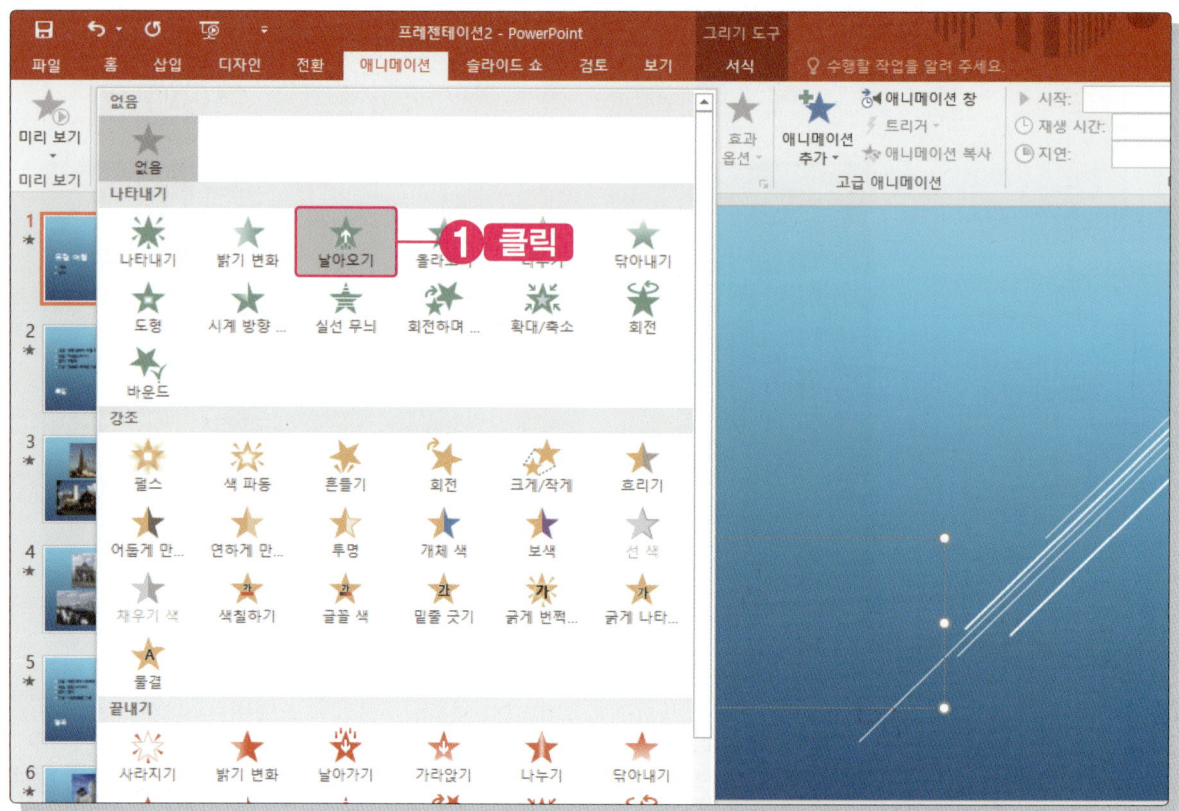

8 애니메이션이 지정되면 [애니메이션] 탭-[애니메이션] 그룹에서 [효과 옵션]을 클릭한 후 [왼쪽에서]를 클릭합니다.

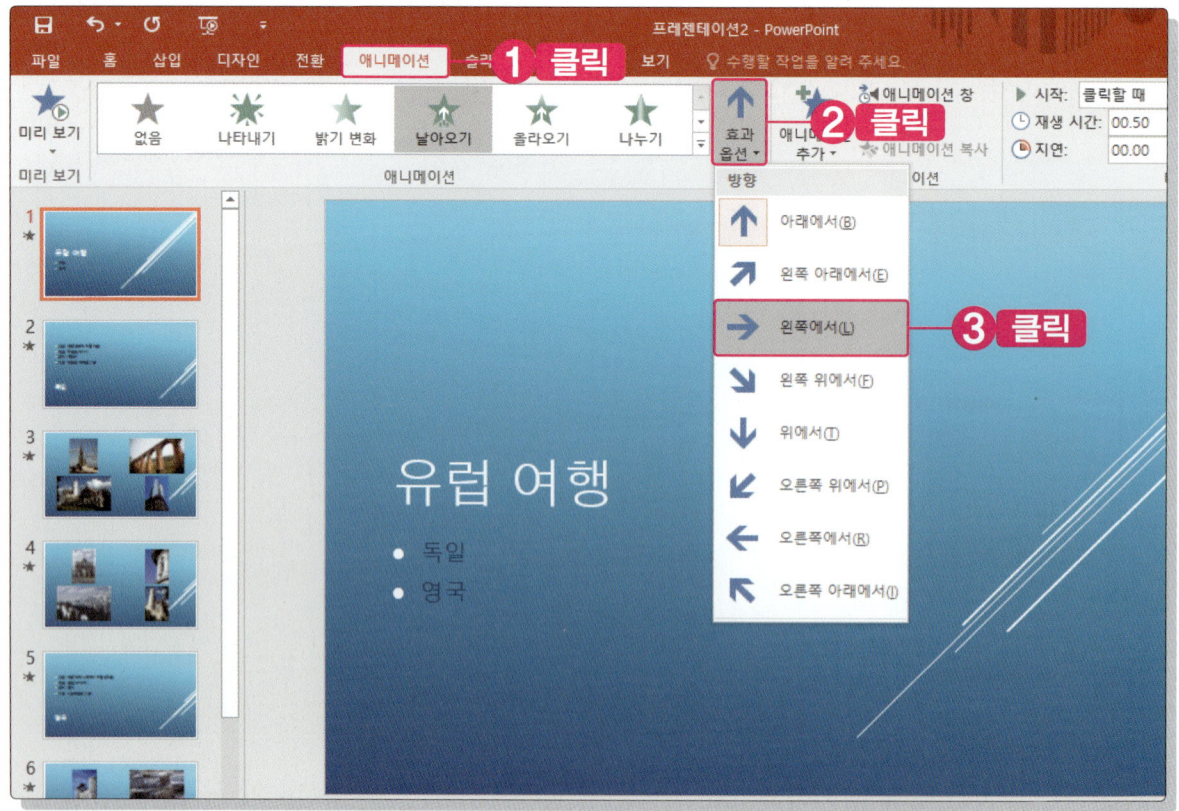

9 애니메이션의 날아오는 방향이 변경되면 [애니메이션] 탭-[타이밍] 그룹에서 **시작(이전 효과 다음에), 재생 시간(00:30)을 지정**합니다.

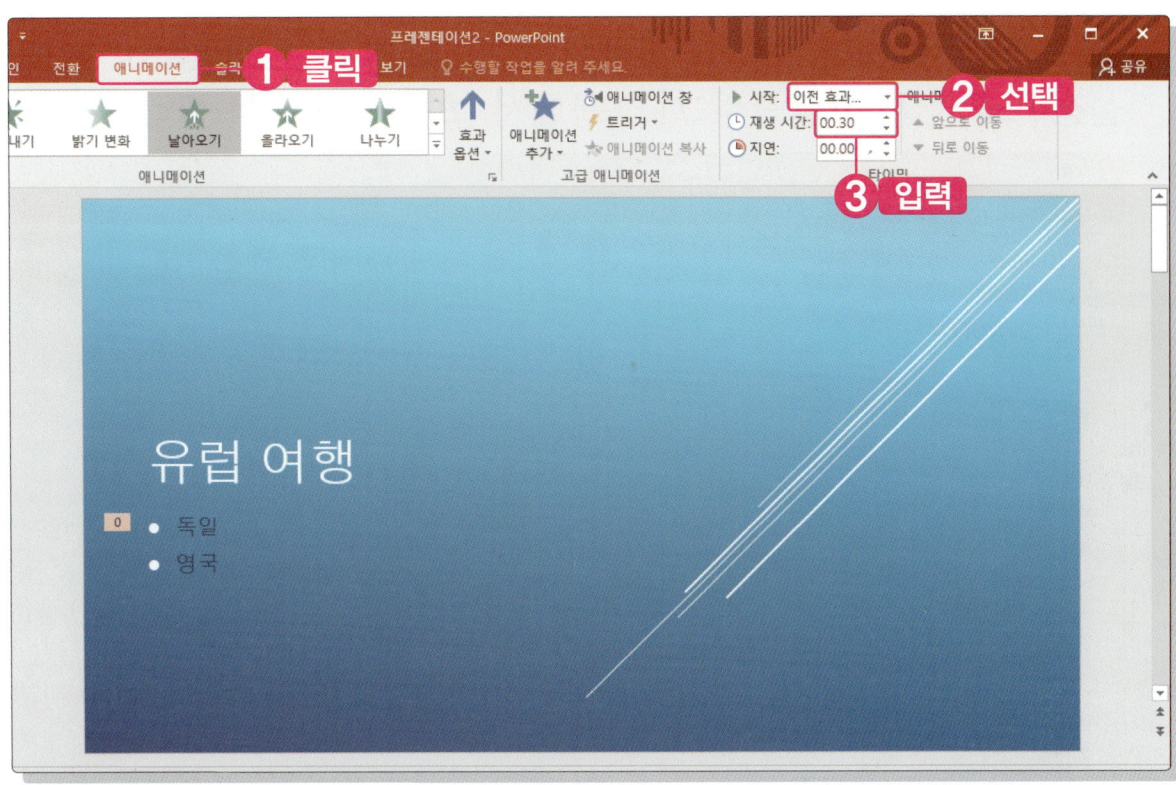

10 같은 방법으로 다음과 같이 '**영국**'에 애니메이션을 지정합니다.
- 애니메이션 : 날아오기
- 방향 : 오른쪽에서
- 시작 : 이전 효과 다음에
- 재생 시간 : 00:30

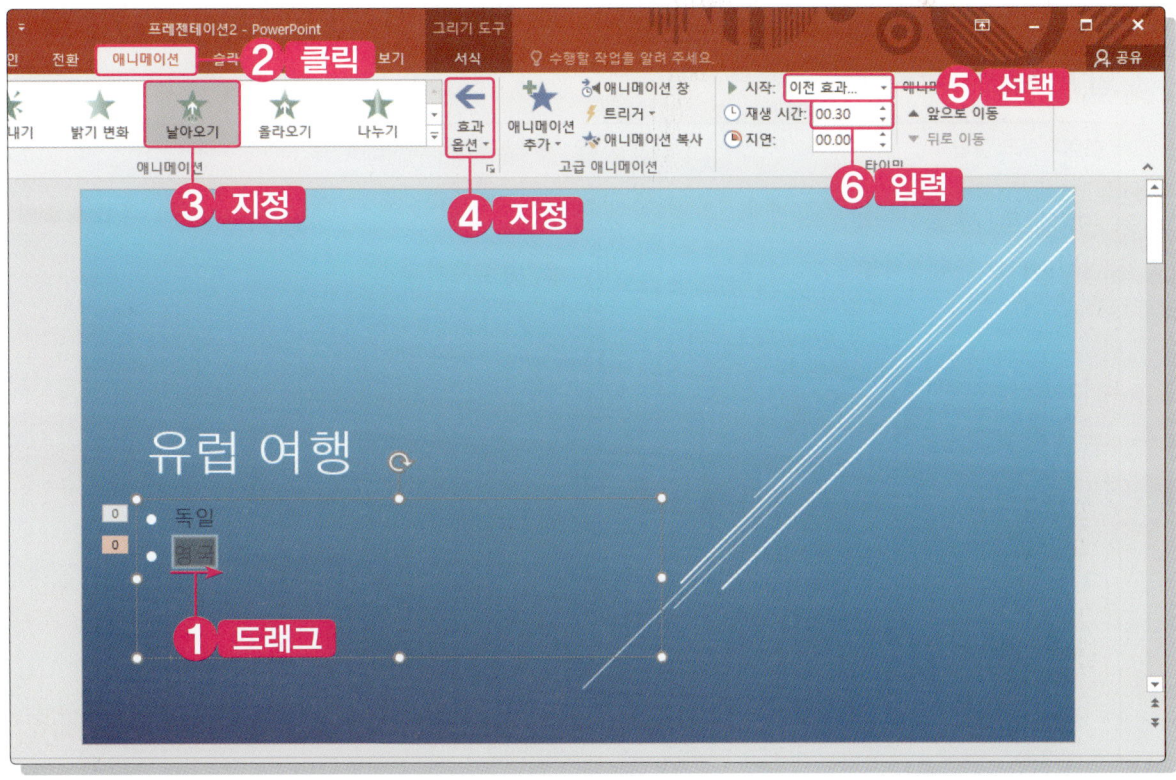

Step 03 사진 앨범에 하이퍼링크와 실행 단추 지정하기

1 텍스트에 하이퍼링크를 지정하기 위해 '독일'을 드래그하여 블록으로 설정한 후 [삽입] 탭-[링크] 그룹에서 [하이퍼링크]를 클릭합니다.

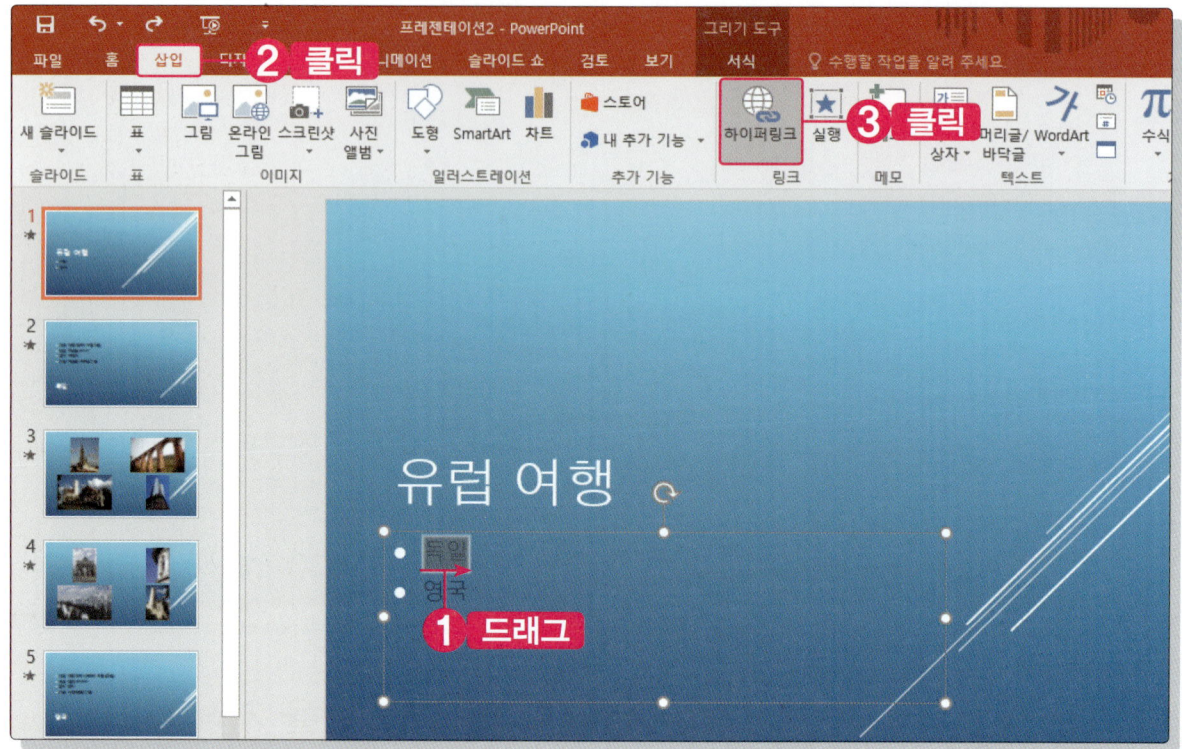

2 [하이퍼링크 삽입] 대화상자가 나타나면 **연결 대상(현재 문서)을 선택**한 후 **이 문서에서 위치 선택(2. 독일)**을 한 다음 [확인] 단추를 클릭합니다.

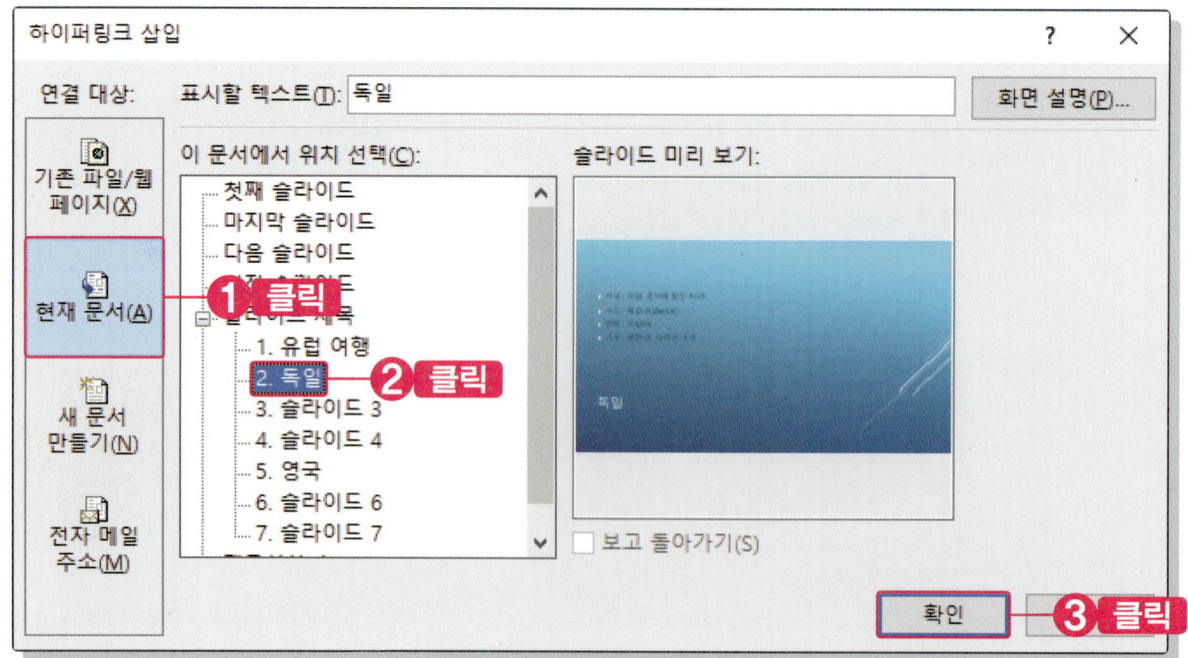

3 같은 방법으로 다음과 같이 **'영국'에 하이퍼링크를 지정**합니다.

- 연결 대상 : 현재 문서
- 이 문서에서 위치 선택 : 5. 영국

4 실행 단추를 삽입하기 위해 **4번 슬라이드를 선택**한 후 [삽입] 탭–[일러스트레이션] 그룹에서 [도형]을 클릭한 다음 [실행 단추: 홈]을 클릭합니다.

5 마우스 포인터 모양이 + 모양으로 변경되면 다음과 같이 **드래그하여 실행 단추를 삽입**합니다.

6 [실행 설정] 대화상자가 나타나면 **[확인] 단추를 클릭**합니다.

7 같은 방법으로 **7번 슬라이드**에 [실행 단추: 홈]을 삽입합니다.

8 슬라이드 쇼를 진행하기 위해 [슬라이드 쇼] 탭-[슬라이드 쇼 시작] 그룹에서 **[처음부터]**를 **클릭**합니다.

Chapter 10 - 사진 앨범 만들기 **163**

9 다음과 같이 1번 슬라이드가 전체 화면으로 나타나면 **'영국'을 클릭**합니다.

10 다음과 같이 5번 슬라이드가 나타나면 7을 누른 후 Enter 를 누릅니다.

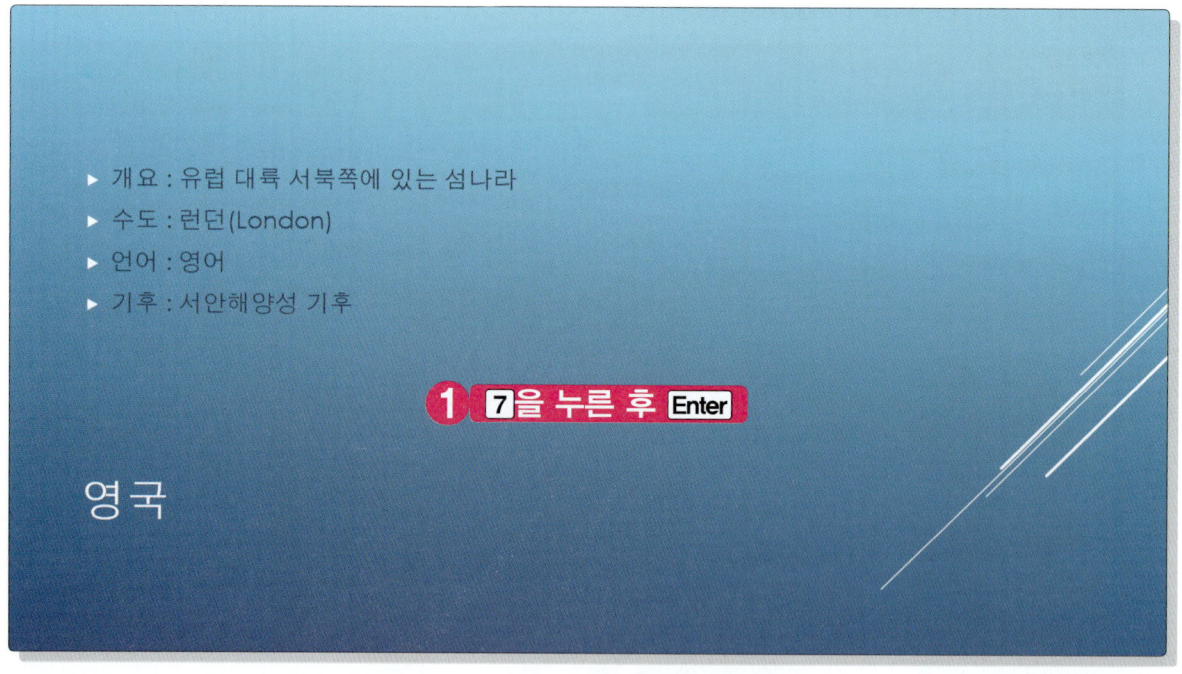

Tip
1번 슬라이드의 '영국'에 5번 슬라이드로 이동하는 하이퍼링크가 삽입되어 있기 때문에 5번 슬라이드가 전체 화면으로 나타납니다.

11 다음과 같이 7번 슬라이드가 나타나면 [실행 단추: 홈]을 클릭합니다.

12 1번 슬라이드가 나타나면 Esc를 눌러 슬라이드 쇼를 마칩니다.

13 작성한 프레젠테이션 문서를 저장하기 위해 [파일] 탭을 클릭합니다. 그런다음 백스테이지(Backstage) 화면이 표시되면 [다른 이름으로 저장] 탭을 클릭한 후 [찾아보기]를 클릭합니다.

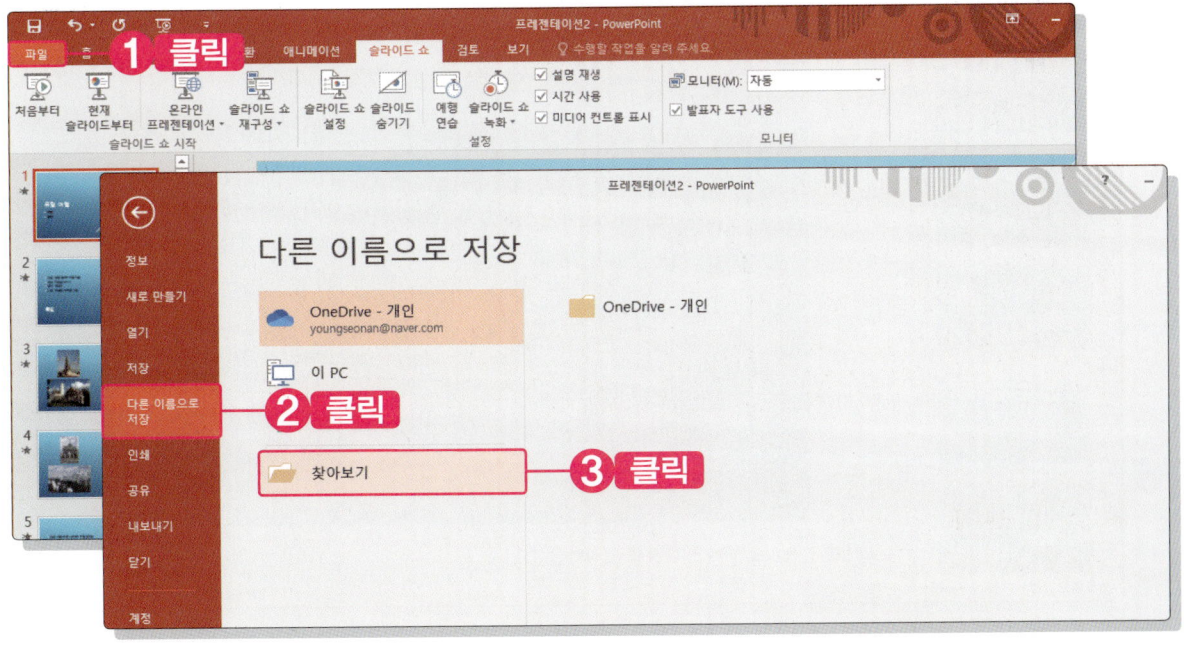

Tip

Ctrl + S를 눌러 프레젠테이션 문서를 저장할 수 있습니다.

14 [다른 이름으로 저장] 대화상자가 나타나면 **저장 위치(내 PC₩문서)를 지정**한 후 **파일 이름(독일과 영국)을 입력**한 다음 **[저장] 단추를 클릭**합니다.

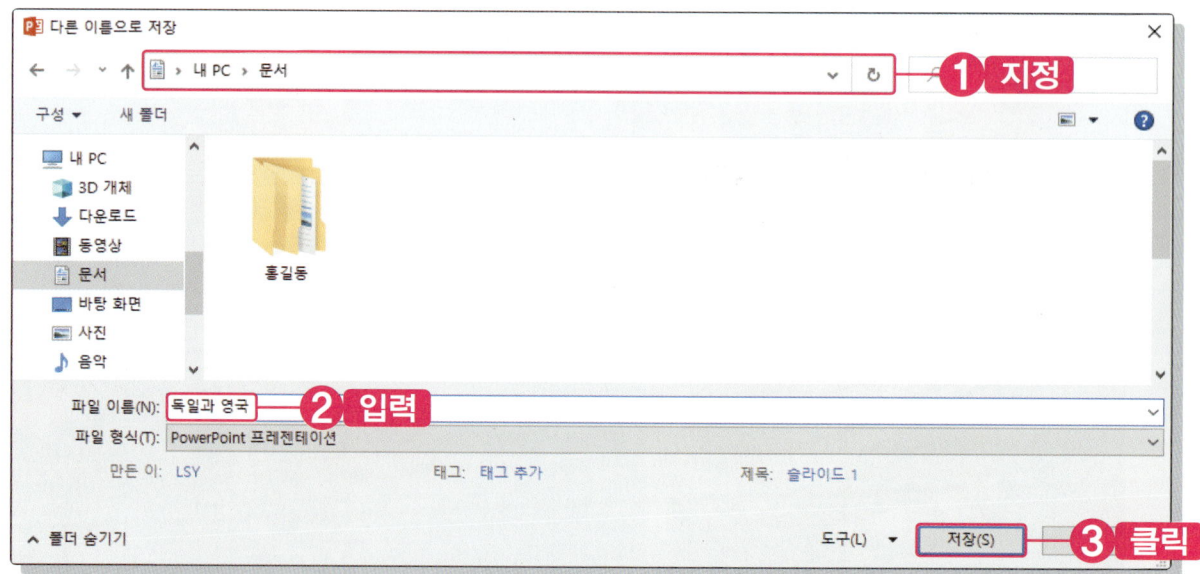

15 다음과 같이 사진 앨범이 저장됩니다.

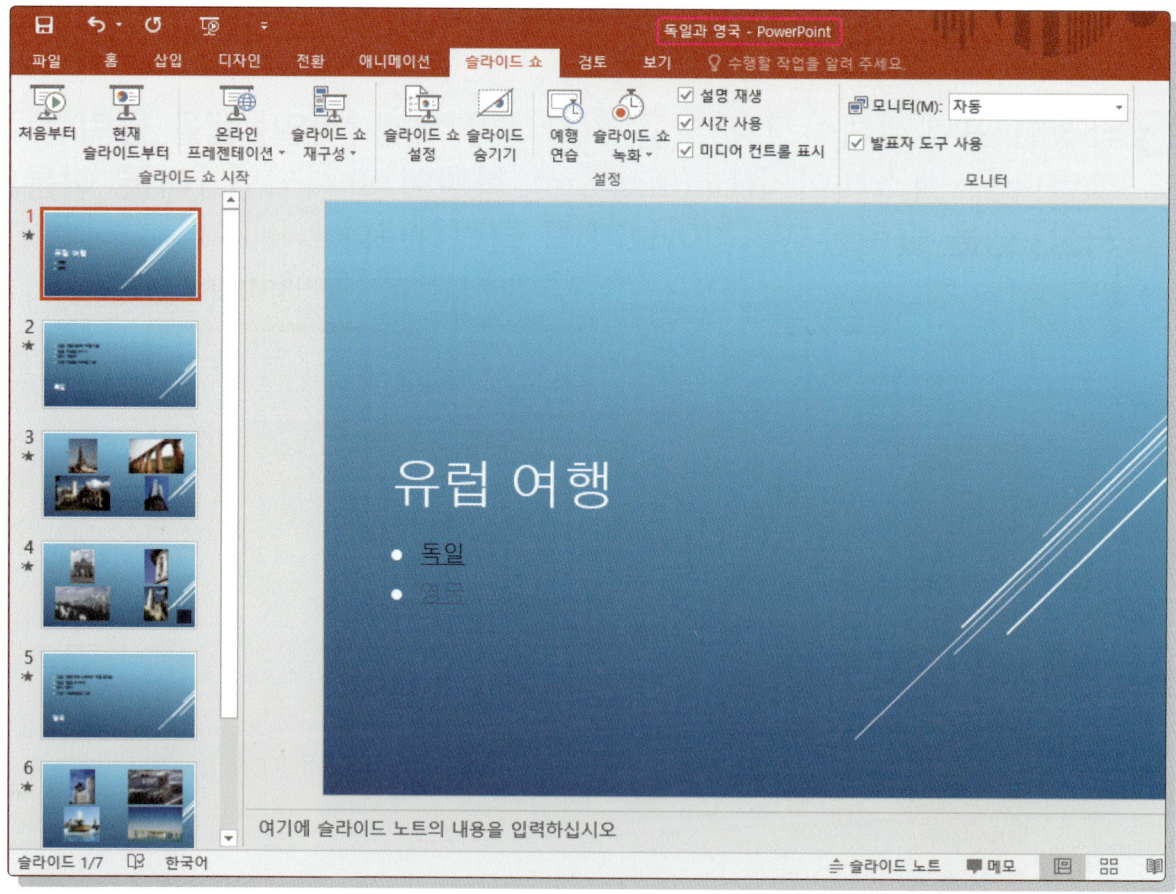

실전 연습 문제

01 다음과 같이 사진 앨범을 작성해 보세요.
- 그림 : 이탈리아1.jpg~이탈리아8.jpg, 프랑스1.jpg~프랑스8.jpg
- 그림 레이아웃 : 그림 4개 • 프레임 모양 : 단순형 프레임, 흰색
- 테마 : Wish(줄기)

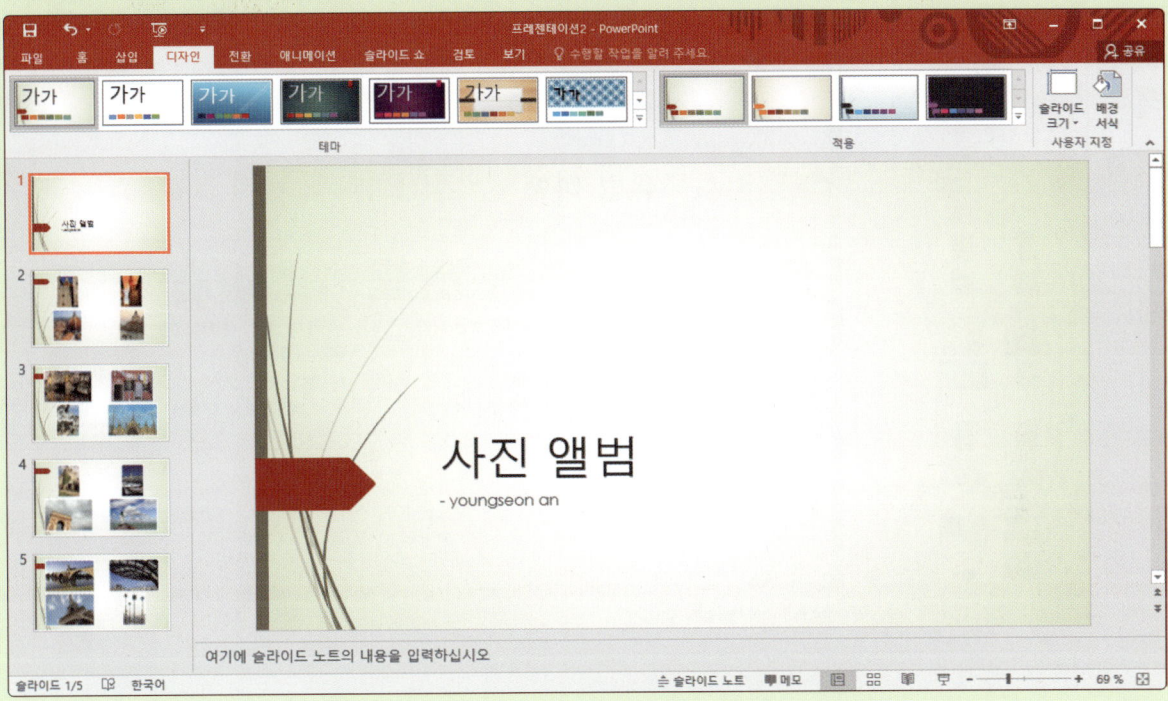

02 다음과 같이 1번 슬라이드의 레이아웃을 변경한 후 사진 앨범을 편집해 보세요.
- 1번 슬라이드 레이아웃 : 비교 • 테마 색 : 황록색
- 테마 글꼴 : Office • 비교 개체 : 강한 효과 – 라임, 강조 1

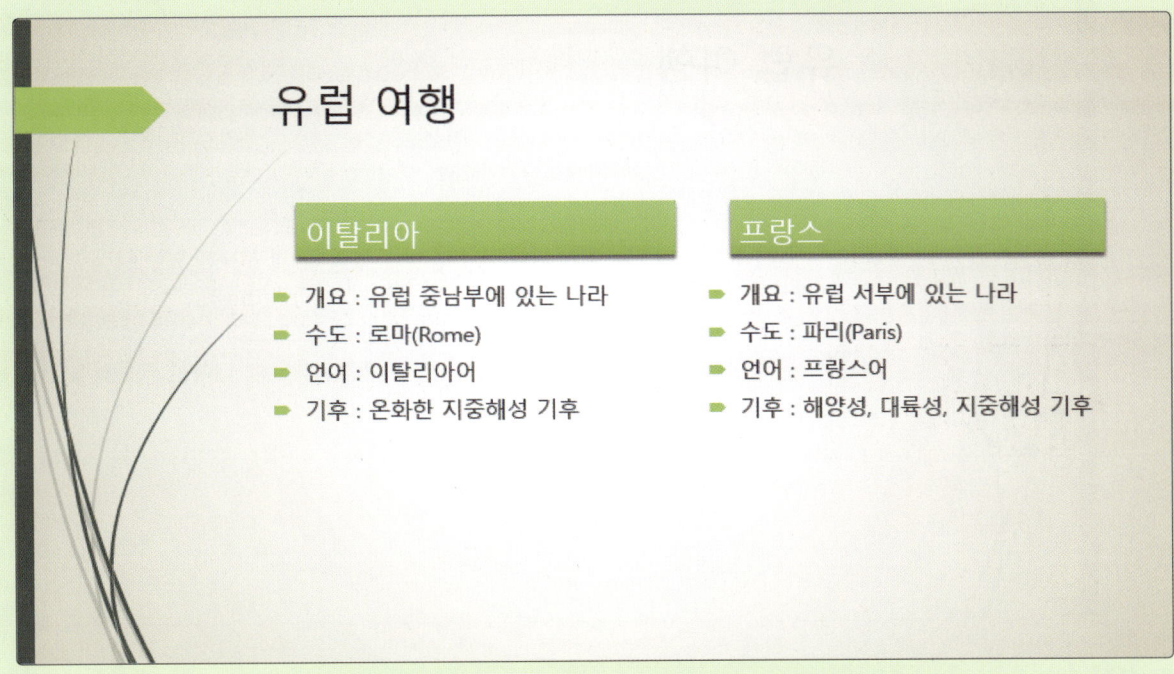

Chapter 10 – 사진 앨범 만들기

실전 연습 문제

03 다음과 같이 전환 효과를 지정해 보세요.
- 전환 : 닦아내기
- 효과 옵션 : 위에서
- 기간 : 01.25
- 다음 시간 후 : 00:02:00
- 적용 : 모두 적용

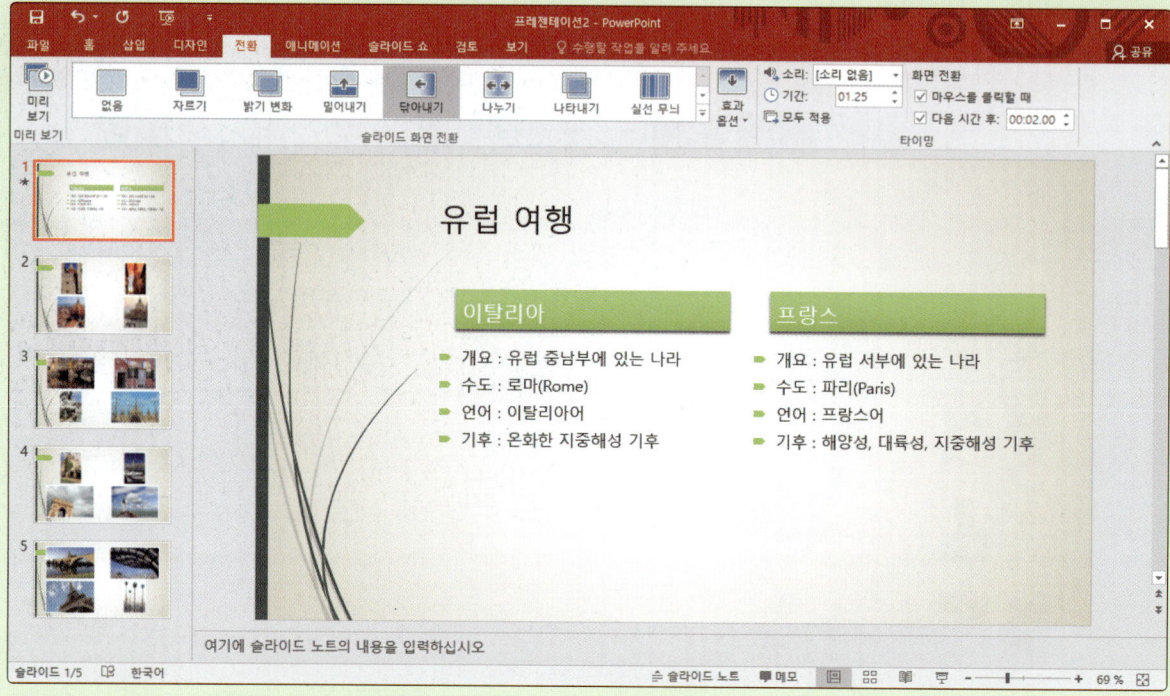

04 다음과 같이 하이퍼링크를 지정한 후 '이탈리아와 프랑스'로 저장해 보세요.
- 이탈리아 : 연결 대상(현재 문서), 이 문서에서 위치 선택(2. 슬라이드 2)
- 프랑스 : 연결 대상(현재 문서), 이 문서에서 위치 선택(4. 슬라이드 4)

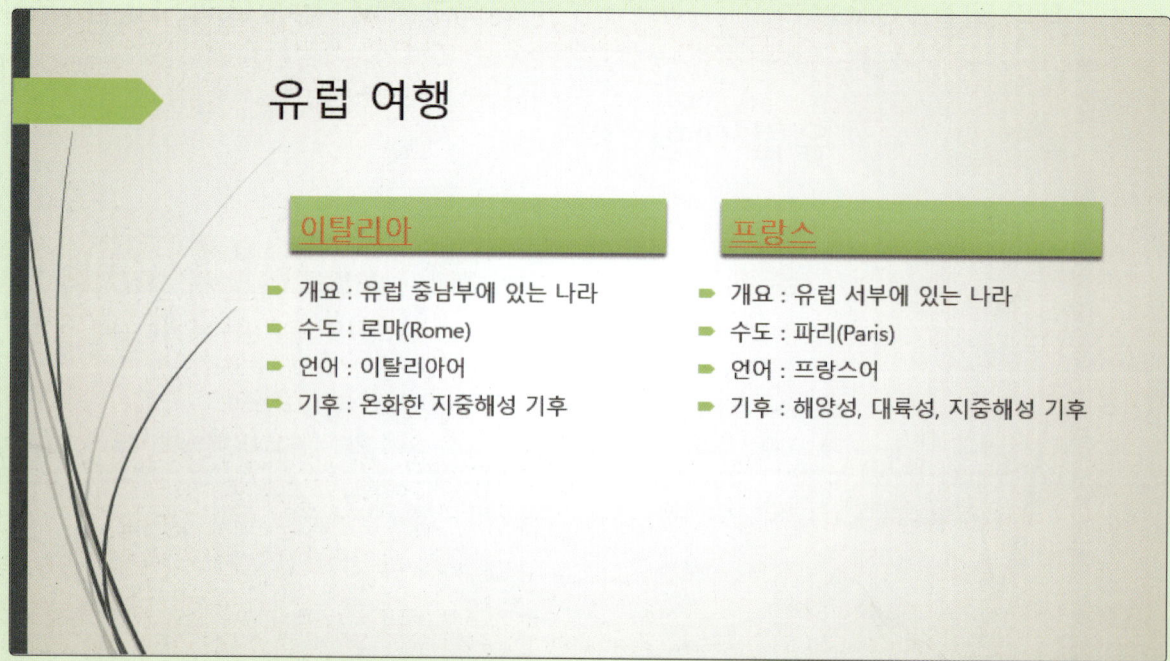